LIVROS QUE
CONSTROEM

CIP-Brasil. Catalogação-na-Publicação
Câmara Brasileira do Livro, SP

S42e
Schuré, Edouard, 1841-1929.
A evolução divina da esfinge ao Cristo
Edouard Schuré ; tradução de Augusta Garcia
Doria. -- São Paulo : IBRASA, 1982.
(Coleção gnose ; 9)

1. Ciências ocultas 2. Enigmas 3. Mistérios
religiosos I. Título.

CDD-135.4
-001.94

82-0830

Índices para catálogo sistemático:
1. Enigmas : Conhecimento controvertido e suposto
001.94
2. Esoterismo : Ocultismo 135.4
3. Mistérios religiosos : Esoterismo : Ocultismo
135.4
4. Tradições esotéricas : Ocultismo 135.4

A EVOLUÇÃO DIVINA
DA ESFINGE AO CRISTO

COLEÇÃO "GNOSE" — 9

Volumes publicados:

1. *As Grandes Religiões* — Félicien Challaye
2. *As Sociedades Secretas* — Herman e Georg Schreiber
3. *Fenômenos Ocultos* — Zsolt Aradi
4. *O Poder da Meditação Transcendental* — Anthony Norvell
5. *O Poder das Forças Ocultas* — Anthony Norvell
6. *A Bíblia Estava Certa* — H.J. Schonfeld
7. *O Ensino dos Mahatmas (Teosofia)* — Alberto Lyra
8. *Mistérios Cósmicos do Universo* — Adrian Clark
9. *A Evolução Divina da Esfinge ao Cristo* — Édouard Schuré
10. *Raízes do Oculto — A Verdadeira História de Madame H. P. Blavatsky* — Henry S. Olcott
11. *O Budismo do Buda* — Alexandra David-Neel
12. *Diálogos de Confúcio*
13. *A Sugestão Mental* — J. Ochorowicz
14. *A Magia e o Diabo no Século XX* — Alberto Lyra
15. *Catecismo Budista* — Henry S. Olcott
16. *Além da Razão — O Fenômeno da Sugestão* — Jean Lerède
17. *Os Grandes Iniciados* — Édouard Schuré
18. *A Arca da Aliança* — Michel Coquel
19. *Os Caminhos do Graal* — Patrik Rivière
20. *Os Mistérios da Rosa-Cruz* — Christopher Mcintosh
21. *Zoroastro — Religião e Filosofia* — Paul du Breuil
22. *Qabalah — A Doutrina Secreta dos Judeus Numa Perspectiva Ocidental* — Alberto Lyra
23. *A Alquimia e Seus Mistérios* — Cherry Gilchrist
24. *O Poder da Magia* — Israel Regardie
25. *Reencarnação e Imortalidade* — Alexandra David-Neel
26. *A Religião Astral dos Pitagóricos* — Louis Rougier
27. *Tao Te King / I Ching — O Caminho do Sábio* — Sérgio B. de Brito
28. *A Franco-Maçonaria* — Robert Ambelain
29. *A Ciência Sagrada dos Números* — Tuball Kahan
30. *O Mistério de Jesus* — Vamberto Morais
31. *A Meditação Pela Yoga* — Vamberto Morais
32. *Retorno ao Centro* — Bede Griffits

A EVOLUÇÃO DIVINA DA ESFINGE AO CRISTO

EDOUARD SCHURÉ
Autor de "Os Grandes Iniciados"

Tradução de
AUGUSTA GARCIA DORIA

2a. Edição

IBRASA
INSTITUIÇÃO BRASILEIRA DE DIFUSÃO CULTURAL LTDA.
SÃO PAULO

Direitos desta edição reservados à

IBRASA
INSTITUIÇÃO BRASILEIRA DE DIFUSÃO CULTURAL. LTDA.

Rua. Treze de Maio, 446 - Bela Vista
01327-000 - São Paulo - SP

Capa de
CARLOS CEZAR

Publicado em 2010

IMPRESSO NO BRASIL – PRINTED IN BRAZIL

SUMÁRIO

LIVRO I

A EVOLUÇÃO PLANETÁRIA E A ORIGEM DO HOMEM

CAP. I. – O enigma da esfinge e a sabedoria primordial 23

CAP. II. – O Fogo-Princípio e a hierarquia das Potências 28

CAP. III. – O período saturnino. O sacrifício dos Tronos.
O sonho dos Arqueus 36

CAP. IV. – O período solar. Incubação dos Arcanjos pelos Querubins.
Significação Oculta do Zodíaco 41

CAP. V. – Formação de Júpiter e de Marte. O Combate no Céu. Lúcifer e a
queda dos Arcanjos 45

CAP. VI. – A Terra primitiva ou Terra-Lúa. Desenvolvimento dos Anjos.
Nascimento do Homem 48

CAP. VII. – Separação da Lua e da Terra. Começo da Terra atual. A raça
lemuriana. Desenvolvimento dos sexos. Queda dos Anjos. Destruição
do continente lemuriano pelo fogo 50

LIVRO II

A ATLÂNTIDA E OS ATLANTAS

CAP. I. – Tradição sobre a Atlântida. Sua configuração e seus períodos
geológicos 63

CAP. II. – A Atlântida primitiva. Comunhão com a natureza e vidência
espontânea. O paraíso do sonho e o reino dos deuses 67

CAP. III. – A civilização atlântida. Os reis iniciados. O império dos Toltecas . . . 73

CAP. IV. – A explosão do eu. Decadência e magia negra. Cataclisma e dilúvio . . 78

CAP. V. – Primeiro desenvolvimento da raça branca. Sua religião solar e seu
êxodo 82

7

LIVRO III

O MISTÉRIO DA ÍNDIA

CAP. I. – O mundo védico e bramânico 89
CAP II. – A vida de Buda 112

LIVRO IV

AS ETAPAS DO VERBO SOLAR
I
ZOROASTRO

As etapas do verbo solar 139
Zoroastro 142
CAP. I. – A juventude de Zoroastro 144
CAP. II. – A voz na montanha e o Verbo solar. 150
CAP. III. – O grande combate e o Anjo da Vitória 158

LIVRO V

AS ETAPAS DO VERBO SOLAR
II
UM MAGO CALDEU NO TEMPO DO PROFETA DANIEL

Um mago da Babilônia no tempo do profeta Daniel 167
CAP. I. – O sol poente da Babilônia 169
CAP. II. – O mistério da partenogênese. 176
CAP. III. – O sonho de Nabu-Nassir: a descida de Istar aos infernos 179
CAP. IV. – A intervenção do profeta Daniel 183

LIVRO VI

AS ETAPAS DO VERBO SOLAR
III
A MORTE DE CAMBISIS E O SOL DE OSIRIS

A morte de Cambisis e o sol de Osiris. 187

LIVRO VII

O MILAGRE HELÊNICO
APOLO E DIONISO. OS MISTÉRIOS DE ELÊUSIS E A TRAGÉDIA

CAP. I. – O nó górdio 201
CAP. II. – A Grécia que se vê. O Apolo de Delfos 208
CAP. III. – A Pitonisa 214
CAP. IV. – A Grécia que não se vê. Deméter e Perséfone 221
CAP. V. – O Dioniso dos mistérios 227
CAP. VI. – O lado oculto da tragédia 238

LIVRO VIII

O CRISTO CÓSMICO E O JESUS HISTÓRICO

CAP. I. – O Cristo cósmico 253
CAP. II. – O mestre Jesus, suas origens e seu
desenvolvimento 260
CAP. III. – Estada de Jesus entre os Essenianos. O
batismo do Jordão e a encarnação de Cristo 266
CAP. IV. – Renovação dos mistérios antigos através da
vida de Cristo. Da tentação à transfiguração 276
CAP. V. – Os novos mistérios, a Paixão, a Morte e a
Ressurreição de Cristo 290

CONCLUSÃO

O vir a ser 301

9

Nós vivemos do Divino, nós todos
tantos quantos somos.
Na morada terrestre como no céu
radioso.
A lembrança dos Deuses é o néctar
dos homens;
O perfume do Amor é o nectar dos
Deuses.

A ALMA DOS TEMPOS NOVOS

PREFÁCIO

AO DOUTOR RUDOLF STEINER

Querido mestre e amigo
Este livro, do qual fostes o grande inspirador, somente a vós poderia ser dedicado. É indispensável, para aqueles que o forem ler, saber por que e como fui levado a escrevê-lo. E que melhor meio existe para se fazer compreender a idéia mestra do que revelar à luz do dia a fonte de sabedoria e de vida na qual tão intensamente tenho bebido?

Em uma de nossas últimas conferências, honrastes-me com as seguintes palavras: "O sucesso europeu de *Grandes Iniciados,* de Edouard Schuré, foi para mim e meus amigos o sinal irrecusável de que o Ocidente estava maduro para o esoterismo cristão e que havia chegado a hora de propagá-lo ao povo em geral." Na época em que tomastes essa decisão, ignorava eu totalmente vossa existência. Hoje, que tenho o grande privilégio de vos conhecer, cabe a mim o dever e a alegria de proclamar o que representou em minha vida o encontro convosco, e quão imensa foi a evolução que se deu em meu pensamento.

Para isto é necessário que eu volte um pouco mais no passado.

Escrito há mais de vinte anos, em circunstâncias muito especiais e sob poderosa inspiração pessoal, meu livro sobre os *Grandes Iniciados* teve um destino tão singular quanto sua origem[1]. É o caso de se dizer: "Habent sua fala libelli". Para mim, tinha encontrado o caminho de Damasco, um clarão de luz após longos enganos e cruéis trevas. À medida em que ia escrevendo as inflamadas páginas, descobria certo número de verdades cujo estudo e reflexão mais as tornaram irrefutáveis aos meus olhos. As mais essenciais são: a continuidade da inspiração na história, a unidade fundamental das grandes religiões e a revelação de um mundo divino através da alma dos grandes profetas da humanidade, quando se sabe penetrar em seu cerne, por meio do amontoado de textos e das tradições. Pois ali, como através de um véu que se rasga, fulgura, sob a forma de idéias-mães e de imagens vivas, a verdade central de onde saiu o mundo com todas as suas manifestações: religiões, cultos, artes, ciências e civilizações. O mais maravilhoso nisso tudo é que, ao fazer esta descoberta, sentimos a mesma verdade brotar das profundezas de nosso ser, em miríades de centelhas.

Tinha eu colocado em extrato de meu livro este pensamento: "A alma é a chave do universo". Após esta afirmação de um transcendental espiritualismo, o que esperar, de uma era que impõe seu orgulho para promover o nascimento da alma da matéria, a não ser a desconfiança e a hostilidade? Houve brilhantes exceções entre os espíritas independentes. Todavia, por um acordo tácito, os órgãos oficiais da Universidade e da Igreja mantiveram a meu respeito o mais completo silêncio. Em um grande jornal ultramundano de Paris, após haver noticiado o livro sem mesmo indicar vagamente o conteúdo, contentavam-se em dizer que, se eu tivesse verdadeiramente sede da verdade, encontra-la-ia abundantemente no seio da Igreja Católica. Por outro lado, um excelente amigo, protestante e livre pensador, veio fazer-me uma visita de condolências. Declarou-me, com sincera tristeza, que eu havia cometido um crime de lesa-crítica e de lesa-ciência, e que esperava de mim, para me perdoar, um ato de bom senso e de contrição, em novo volume. Outro amigo, distinto erudito e membro da *Académie des Inscriptions et Belles-Lettres*, me escreveu com indignação que "eu não tinha o direito de refazer a história para provar doutrinas", como se o acervo dos fatos e dos documentos significasse alguma coisa para si próprio, e como se cada século não refizesse a história com idéias novas.

Este mau humor estava, aliás, conforme a inelutável lógica das coisas. É preciso confessar que, se as idéias emitidas neste livro fossem algum dia adotadas por uma elite dirigente, os pensadores, os sábios e os críticos teriam de refazer, desde a base, toda sua filosofia, seus métodos – e sua alma – o que seria pouco cômodo. Não nos admiremos, portanto, se os atuais representantes da filosofia, da ciência e da religião se entrincheiram em suas cidadelas contra tais novidades.

Tive, contudo, grandes compensações. O número crescente, de ano para ano, das edições da obra, a simpatia entusiasta que lhe testemunhava uma parte da juventude e muitos artistas, sua larga difusão na França e no estrangeiro, me diziam bastante que ela correspondia a uma necessidade real das almas e que trazia em si uma força de vida. Várias pessoas me repetiram que, em meio à frieza assustadora dos tempos presentes, encontraram nestas páginas um conforto, uma fonte de fé, uma razão para crer e agir. Foi esta a minha mais bela recompensa.

Se, em *Grandes Iniciados*, voltei tão impetuosamente às fontes antigas da Sabedoria e da Beleza, foi por desesperança de encontrar na atmosfera do século XIX e em alguns ditos sábios, uma base sólida para a vida e o sopro divino, do qual o poeta tem necessidade, para crer no seu ideal. Do cume que havia atingido com imenso esforço, voltei às regiões que me eram caras. Durante os anos que se seguiram, esforcei-me por aplicar a nossa legenda francesa, à poesia, ao romance, ao drama e à estética, as descobertas preciosas que fizera e que me abriam agora suas perspectivas infinitas.[2]

Porém não se bebe impunemente na fonte dos Mistérios que abrem os olhos do espírito. Atrás de cada segredo desvendado se esconde um outro, e se deseja então penetrar até a causa última. Com a luz nova, que dá maior contorno às coisas, novos problemas se apresentam e os mais pungentes são aqueles que dizem respeito ao tempo presente. Em meio às minhas apaixonantes tarefas, duas inquietações voltavam muitas vezes a me atormentar.

A primeira se relacionava com o problema filosófico tal qual é colocado pela ciência e pelo público de hoje. Todos aqueles que têm um conhecimento, ainda que superficial, das idéias esotéricas, ficam maravilhados ao ver a diversidade de caminhos pelos quais a ciência moderna daí se aproxima: a paleontologia, a história, a biologia, a psicologia experimental e até as recentes hipóteses dos físicos e químicos sobre as transformações e a essência da matéria que reúnem as mais audaciosas concepções da alquimia — todas estas pontes lançadas para o desconhecido são o mesmo que portas abertas sobre um novo mundo espiritual. Em verdade, a ciência contemporânea está no limiar do Invisível e muitas vezes flutua em pleno ocultismo sem disso suspeitar.

Por outro lado, como negar que os espíritos mais prevenidos não percebem o centro luminoso para onde convergem todos os caminhos? Como atravessar a espessa muralha que os espera?

15

A segunda das minhas inquietações tem por objeto o movimento ocultista contemporâneo e particularmente a Sociedade Teosófica.

Em *Grandes Iniciados* tinha eu avaliado e feito justiça ao movimento da teosofia neobudista, que nos revelou, ainda que às vezes de uma forma um pouco confusa, a existência atual do esoterismo na Índia, e que desempenhou um grande papel no renascimento espiritualista que hoje ninguém mais nega. Mas, mesmo reconhecendo a importância capital desse movimento e a profundidade da sabedoria hindu, eu discordava em um ponto essencial. Nas obras de Mme. Blavatsky e de seus discípulos, especialmente Mme. Besant,[3] a ilustre e distinta presidente atual da Sociedade Teosófica, há uma tendência visível para diminuir a importância do Cristianismo e da pessoa de Cristo na história. Fala-se muito de "cristianismo esotérico", mas da maneira mais vaga e mais ambígua possível. Se não se nega abertamente a existência de Jesus de Nazaré, dá-se a entender confidencialmente que é duvidosa, mítica e além disso supérflua. Encobre-se, dilui-se, apaga-se o Cristo histórico, cujos reflexos deslumbrantes preenchem dois mil anos de história, para substituí-lo pelo fantasma de um Cristo futuro, do qual se anuncia a próxima encarnação, preparando-se sabiamente a sua vinda, e que seria então um produto sutil e um dócil instrumento da sabedoria hindu, única detentora do esoterismo universal...

Ao contrário desta teoria, concebido pelo espírito exclusivamente hindu, eu afirmava bem alto em *Grandes Iniciados* a realidade histórica de Jesus como o caminho necessário de toda a sabedoria oriental. Ele me aparecia como o profeta do Ocidente, e eu chamava este centro e pivô da história de "o maior dos filhos de Deus". Em seguida deixava entrever no esoterismo heleno-cristão dos primeiros séculos um prelúdio à síntese da Religião, da Ciência e da Arte, que é o problema de hoje e a tarefa de amanhã.

Se eu conservasse grande veneração pela sabedoria hindu, à qual devemos tanta luz sobre o passado, não seria dela, pois, que eu esperaria a palavra do futuro. Preocupado em ver renascer entre nós o esoterismo sob uma forma ocidental e de acordo com nossas tradições, eu senti germinar em mim o desejo de dar seqüência a *Grandes Iniciados* e de escrever uma espécie de história das doutrinas ocultas, desde Cristo até nossos dias. Eu me dizia: o esoterismo cristão sempre existiu, atrás da fachada impassível da Igreja e do teatro tumultuoso da história, como a luta surda das almas existentes por trás dos conflitos exteriores, como as correntes profundas do Oceano rolam sob o jogo das ondas. Existiu nos Ginóticos e nos Maniqueus, nos monges hibernais, como nos primeiros cavaleiros da Távola Redonda e na ordem do Santo-Graal, entre os Cátaros, os Albigenses, os Templários e os Rosa-cruzes, como entre os fundadores da Academia Platônica da Florença.

Adivinha-se facilmente que desses impulsos profundos nasceram os grandes movimentos da história, tais como a conversão dos povos do Norte ao Cristianismo, as Cruzadas, a arte da Idade Média, a Renascença e a própria ciência moderna. Mas onde encontrar a origem e os liames secretos de todas estas manifestações, uma vez que a Igreja e os poderes seculares apagaram por toda parte seus traços e destruíram seus arquivos? E acrescentava ainda: o tempo atual, com seu desenvolvimento científico e industrial, suas análises da matéria e sua marca sobre o mundo exterior, seu conhecimento do universo físico e seu sentido da evolução, tem necessidade de uma síntese espiritual mais profunda e poderosa do que todas as do passado. Se, como tenho convicção, o esoterismo ocidental existe, ele deve ter seus representantes e seu apóstolo. Eu, sem dúvida, não o verei, mas este apóstolo virá... E virá como uma resposta necessária ao grito que sai das entranhas do século XX!

Foi, então, que tive a felicidade de vos conhecer.

Jamais esquecerei o momento em que uma amiga comum, vossa eminente colaboradora, Mlle. Marie de Sivers, vos trouxe até mim. Era abril de 1906. Correndo o risco de fazer sorrir as pessoas que jamais conheceram tais impressões, devo confessar que vos vendo entrar em meu gabinete de estudo experimentei uma das mais profundas comoções de minha vida.

Não houve, em toda a minha vida, senão dois outros momentos semelhantes: no meu primeiro encontro com Wagner e diante da mulher a quem dediquei meu *Grandes Iniciados.*

Parece então que, no espaço de um segundo e de um só olhar, se descobre todo um mundo. Para provar ao leitor que eu não sou o único sobre o qual vossa personalidade produziu tão extraordinário efeito, citarei aqui o testemunho de um homem que não é teósofo, mas que se poderia considerar o mais profundo e completo dos intelectuais. Refiro-me ao conde M. Prozor, o notável tradutor e intérprete de Ibsen na França. Eis o que ele, há dois meses, dizia sobre vós: "Raramente se viu criatura humana concretizar a tal ponto, pela intensidade do olhar, pela expressiva mobilidade dos traços, pela flexibilidade do corpo e dos movimentos, o tipo do ser sensitivo, capaz de passar, num instante, da meditação ao arrebatamento, da emoção à energia, possuindo, além disso – o que se vê em sua fronte volumosa e seu desenvolvimento craniano, que impressiona à primeira vista –, o poder de controlar o impulso e a fantasia de uma forte disciplina que, dos movimentos da alma, faz sair a obra de arte."[4]

O que me impressionou antes de tudo nesta fisionomia macerada e marcada pelo pensamento, foi a serenidade perfeita que sucedera às lutas formidáveis, cujos traços nela se estampavam ainda. Havia aí um misto de extrema sensibilidade e extrema energia, indicando o mais completo domínio de si. Magnífica vitória da vontade sobre uma natureza capaz de tudo compreender e de tudo sentir. A candura da infância reencontrada na força do sábio, eis o que dizia o sorriso dessa boca de lábios finos e apertados. E depois, saía desse olhar negro um raio de luz que parecia verdadeiramente atravessar os mais espessos véus e ler no invisível. Um ser moral e intelectual completamente cristalizado em torno de um centro espiritual, de uma limpidez radiosa – eis o surpreendente espetáculo que me destes.

Nossas conversas íntimas, a audição de uma série de vossas conferências, de espantosa riqueza de idéias, e a leitura de vossa obra capital, a *Ciência Oculta,* vieram confirmar de maneira incontestável a primeira impressão.

A uma suprema intuição, a uma clarividência excepcional, juntastes uma elevada cultura científica e filosófica. Esta vos permite controlar e equilibrar vossas mais diversas percepções e daí construir um todo homogêneo. A perfeita coesão de vossas idéias, que se sustentam reciprocamente, e cujo conjunto se prende a um centro comum, e a contra-prova de sua exatidão. Se uma vidência superior vos fornece os mais elevados conhecimentos, não os admitis senão após tê-los feito passar por um severo crivo e tê-los classificado, por categoria, na hierarquia dos fenômenos, sob a grande lei da causalidade e das analogias universais. Não é a uma submissão cega e ao tartamudear de um catecismo aprendido de cor que incitais vossos discípulos, mas à iniciativa e à mais absoluta independência, quando a eles repetis: "Se vossa experiência e vossa razão não confirmam o que vos digo, não acrediteis em mim!"

Trouxestes-me assim a desejada luz. Em vosso ensinamento, o esoterismo cristão se desenrolava diante de mim com toda sua pujança, muito maior ainda do que eu podia acreditar. Pois, da maneira como vós o apresentastes, eu o via capaz de abranger, esclarecer e ampliar todas as outras tradições.

A inesperada realização de um dos meus mais ousados sonhos me levava ao antigo projeto de esboçar uma história do esoterismo cristão.

Quanto, graças a vós, havia se alargado o horizonte! Tanto antes como depois de Cristo abriam-se caminhos sem limites. Todavia, projetais, neste infinito, intensa luz sobre dois pungentes enigmas que preocupam com justiça o pensamento moderno. A impossibilidade de resolvê-los pelos métodos ordinários da investigação tornou-se, para um grande número de pensadores, a dificuldade imprevista de toda a concepção espiritualista da vida e de toda a fé religiosa. A primeira destas questões diz respeito à cosmogonia: é sobre a origem da humanidade; a segunda diz respeito à teogonia, sobre a natureza do Cristo. Em suma, nosso destino eterno depende dos dois problemas. Examinai atentamente: se não somos os filhos legítimos dos Deuses, que razão teríamos para vir a sê-lo e o que significaria a vã palavra imortalidade? E se o Cristo não é um Deus em toda a acepção da palavra, como seria Ele o Salvador da Humanidade? Em vosso pensamento as duas questões se resolvem por uma visão conjunta da evolução planetária, esclarecida de um lado pela ciência moderna, de outro pelas mais velhas tradições religiosas, reflexos da vidência e da sabedoria primordial. O cristianismo verdadeiramente católico, isto é, verdadeiramente universal, aqui se revela em toda a sua profundidade atingindo a fonte das coisas.

Colocando-se o problema sob esta forma dolorosa, o essencial não era tanto escrever uma história do esoterismo cristão, mas sim mostrar como o fenômeno de Cristo se prende ao enigma de toda a evolução terrestre e aos mistérios de nosso sistema solar. Era preciso refazer o caminho de *Grandes Iniciados,* dando uma volta maior e subindo mais alto. Sob este novo ponto de vista, o horizonte e o espaço se alargavam formidavelmente, como se do alto de uma torre se erguesse um aeroplano para percorrer um continente e transpor vários mares. Em *Grandes Iniciados* procurava eu perceber o mundo divino através da consciência dos grandes profetas da humanidade, da mesma forma como se olham as estrelas do alto de um farol. Agora ia fazer o inverso. Desejava ver a terra do ponto de vista dos astros ou, melhor dizendo, desejava contemplar a evolução humana através da ação dos poderes cósmicos, dos quais me fizestes compreender a grandiosa hierarquia e o múltiplo funcionamento.

Daí a concepção da *Evolução divina,* cuja primeira parte ofereço hoje aos meus leitores: *Da Esfinge ao Cristo*, sem saber se algum dia escreverei a segunda parte: *Do Cristo a Lúcifer.*

Ah! certamente eu previa... em um empreendimento de tal envergadura, quantas abordagens felizes e quantas imensas lacunas! Que vertiginosas subidas e que precipícios! Tive de transpor em vôo rápido abismos assustadores cujos topos não pude tocar, e atravessar vários desertos áridos como vales floridos. Atingir o fim, ainda que sacudido pelos eventos e esmagado pela tormenta, era meu único desejo... Em meio às angústias da perigosa viagem, uma esperança me restava. Eu a expresso com o reconhecimento infinito que vos dedico. Nos quadros vivos, nos panoramas sonoros que vossa palavra mágica fez nascer em mim, possais reconhecer as grandes linhas da Verdade, que resplandece deslumbrante sob vossos olhos!

Um poder maior do que todos os escrúpulos, uma voz mais imperiosa do que todos os temores me forçaram a escrever este livro. Talvez ele sirva como marco de união para todos aqueles que, sentindo a gravidade da hora presente, estão resolvidos a marchar para o futuro sob a bandeira do esoterismo heleno-cristão.

Fevereiro 1912
E.S.

NOTAS

1. Contei a gênesis deste livro em uma biografia de Marguerite Albana, que se encontra em meu volume sobre *As Mulheres Inspiradoras*.

2. Foi durante estes anos (de 1890 a 1906) que apareceram sucessivamente as *Grandes lègendes de France*, a *Vie Mystique*, *l'Ange et la Sphinge, o Double*, três volumes do *Thèatre de l'Ame*, *Précurseurs et Révoltés*, *Femmes inspiratrices*, a *Prétresse d'Isis*, a *Ame des Temps Nouveaux, etc.*

3. Os mais notáveis são uma autobiografia e seus dois belos volumes sobre *La Sagesse Antique*, escritos em uma época em que ela não sofria ainda nenhuma influência estrangeira.

4. Artigo do conde Prozor sobre "Um Mistério rosa-cruz" por R. Steiner no boletim de *L'Oeuvre* de Lugné-Poe, dezembro 1911.

LIVRO I

A EVOLUÇÃO PLANETÁRIA
E A ORIGEM DO HOMEM

Os Deuses pensam de forma inteiramente diversa dos homens. Os pensamentos dos homens são imagens; os pensamentos dos Deuses são seres vivos.

RUDOLF STEINER

CAPÍTULO I

O ENIGMA DA ESFINGE E A SABEDORIA PRIMORDIAL

Toda a sabedoria tem por fim resolver o enigma do homem, último termo da evolução planetária. Este enigma encerra o enigma do mundo. Pois o pequeno universo do homem, ou o *microcosmo*, é o espelho e a síntese minúscula do grande universo ou do *macrocosmo*. Constituídos dos mesmos princípios, são, um e outro, expressões diversas mas harmônicas do invisível Criador, visível em suas obras, do Espírito soberano que chamamos Deus.

Ora, nenhum símbolo exprime mais eloqüentemente o enigma entrelaçado da Natureza e do Homem do que a Esfinge antiga do imemorial Egito. Foi a decifrar seu sentido que se dedicaram o pensamento humano, os povos e as religiões.

Há cerca de dez mil anos, isto é, desde a origem das primeiras civilizações da África e da Ásia, anteriores a nossas civilizações européias, a colossal esfinge de Gisé, talhada na rocha e deitada na fulva areia do deserto, propõe a cada viandante o temível problema, pois uma linguagem sobre-humana, mais impressionante do que todas as línguas faladas, emana de sua forma muda e de sua fronte altiva: "– Olha-me, diz ela, eu sou a Esfinge-Natureza, Anjo, águia, leão e touro, tenho a face augusta de um Deus e o corpo de uma besta alada e rugidora. Não tens nem minhas ancas, nem minhas garras, nem minhas asas, mas teu busto é semelhante ao meu. Quem és tu? De onde vens? Aonde vais? Saíste do limo da terra ou desceste do disco cintilante do glorioso sol que surge lá embaixo na cordilheira arábica? *Eu sou, eu vejo, eu sei* desde sempre. Porque eu sou um dos Arquétipos eternos que vivem na luz incriada...

23

mas... me é proibido falar de outra maneira a não ser por minha presença. Quanto a ti, homem efêmero, viajante obscuro, sombra que passa, procura — e adivinha, senão — desespera!"

À questão lancinante, ao imperioso comando da besta alada, as mitologias, as religiões, as filosofias responderam sob mil formas no curso da história. Elas apaziguaram sem saciar esta sede de verdade que queima no coração do homem. Apesar da diversidade dos dogmas e dos ritos, todas elas estão de acordo num ponto essencial. Por seus cultos, seus símbolos, seus sacrifícios, suas disciplinas, suas promessas, estes guias espirituais não cessaram de dizer ao homem: "Vens de um mundo divino e podes para lá retornar se quiseres. Há em ti alguma coisa de efêmero e alguma coisa de eterno. Não te sirvas do primeiro senão para desenvolveres o segundo."

Desde o advento do Cristianismo, que prometeu a verdade aos mais humildes e fez vibrar de esperança a humanidade inteira, a lenda do paraíso, perdido pela falta do primeiro homem, e da salvação, restituída à humanidade degenerada pelo sacrifício de um deus, acalentou as almas durante quase dois mil anos. Mas a popular e sugestiva narração não satisfaz mais, em sua forma infantil, ao homem adulto transformado em mestre das forças da natureza, este homem que quer penetrar em todos os mistérios por sua razão, e que, do mesmo modo que o incrédulo Tomé, não crê mais senão naquilo que toca.

E eis que o homem de hoje se colocou diante da Esfinge antiga, cuja questão sempre repetida ainda hoje exaspera e atormenta, apesar de tudo, o pesquisador intrépido. Cansado, enfim ele grita: "Ô! Esfinge eterna, tola e vã é a velha questão. Não vem de Deus. Deve existir algum lugar em uma região inacessível aos meus sentidos, mas nada quero saber, pois saberei me privar dele. Os Deuses estão mortos. Não existe o Absoluto, nem o Deus supremo, nem a causa primeira. Somente existe uma torrente contínua de fenômenos que se seguem como as ondas e rolam no círculo fatal do universo. Ô! Esfinge falaz, tormento dos sábios, espantalho das multidões, eu não te temo mais. Pouco me importa por que azar nasci de tuas entranhas, todavia, desde que nasci escapo de teus grilhões, porquanto me chamo Vontade, Razão, Análise e tudo se inclina perante meu poder. Assim sendo, sou teu mestre e tu te tornas inútil. Vão simúlacro do passado, derradeiro fantasma dos Deuses evaporados, desaparece na areia e deixa-me a terra, onde vou enfim retomar a liberdade e a felicidade."

Assim fala o novo homem, o *super-homem* de uma ciência que não é senão a ciência da matéria. A Esfinge incompreendida pela humanidade atual, a Esfinge que perdeu sua auréola, seu disco de ouro do tempo dos Faraós, símbolo do sol alado, e seu poder de fazer falar os Deuses através da alma humana, no silêncio dos templos, a Esfinge que se queima no deserto, cala-se. E o super-homem triunfante se contempla no espelho de sua ciência. Então ele recua apavorado. Pois se vê a si mesmo sob a imagem de um gorila, cujo corpo peludo e a face de prognata lhe grita escarnecendo: "Eis teu ancestral... Saúda teu novo Deus!" Diante desta visão, o super-homem, obstinado em seu orgulho, estremece de horror e se sente humilhado por sua ciência implacável. E, nas profundezas de sua consciência, ele ouve uma voz que lhe parece a da longínqüa Esfinge, pois ela é sutil como uma onda etérea e harmoniosa como o murmúrio que sai da estátua de Menon, ao primeiro raio do sol: "Homem insensato, — diz ela — que crê descender do gorila, merecerias dele não evoluir. Sabe que teu maior crime foi ter matado Deus!"

Tal foi o estado de espírito que a ciência sem alma, a ciência sem Deus criou na humanidade. Daí as duas doutrinas, do agnosticismo e do materialismo, que imperam na mentalidade contemporânea. O agnosticismo diz: *"Ignorabimus* — jamais saberemos o fundo das coisas. Cessemos então de nos ocupar com isto." O segundo diz: "Não existe senão a matéria e o instinto. Tiremos deles o melhor partido possível." O resultado das duas doutrinas é o mesmo: Fatalismo na história e na filosofia, realismo na arte, supressão do sentimento religioso e da idéia divina. Acredita-se libertar o homem livrando-o de Deus e ele se torna escravo da matéria. Decapitando-se o universo, degola-se a pessoa humana. Devo dizer que não confundo aqui a ciência propriamente dita, admirável em sua obra de observação e de classificação, com seus fanáticos vulgarizadores, os teóricos do agnosticismo e do materialismo. São eles que lançam sobre o pensamento um negro véu, através do qual o mundo aparece como um cemitério.

Há muito tempo se formou uma legião daqueles que se revoltam contra esta cortina cujos recônditos escondem o universo vivo e amarram o pensamento. Mas, onde encontrar o gládio de luz capaz de rompê-la?

Uns recorrem às velhas metafísicas, mas seus conceitos abstratos, dissociados da natureza, fornecem apenas armas enfraquecidas. Outros se resignam à *filosofia das divisões estanques,* que coloca a ciência em um compartimento e a moral religiosa em outro, filosofia essa que conduz à impotência radical, pois divide o homem em dois. Outros ainda retomam, sem compreendê-los, os dogmas da Igreja e procuram uma consolação em seus ritos, cuja magia evocadora se perdeu juntamente com seu sentido sublime. Esses ritos podem adormecer a inquietação, todavia não fornecem a verdade.

Onde está o gládio de luz que penetra ao mesmo tempo nas trevas da Alma e nos abismos da Natureza para aí reencontrar Deus? A ciência que mata é a mestra do mundo? A sabedoria que dá vida não é uma palavra vã? Muitos o dizem, quase todos acreditam.

No entanto... há uma sabedoria primordial, transcendente, eterna, em que reside a plenitude do conhecimento. Outrora ela corria aos borbotões, como o Ganges que desaba das neves do Himalaia. Hoje parece apenas um minúsculo filete de água deslisando sobre um leito de seixos. Jamais, porém, secou completamente. Esta sabedoria procede de matrizes diferentes daquela que é usada pela ciência do presente. A intuição é apenas um vislumbre e a primeira etapa. Chama-se Vidência, Contemplação do Divino, Comunhão viva com o Eterno. Vem da luz interior que se acende no homem em determinada etapa de seu desenvolvimento. Penetra através do mundo astral, laboratório das forças criadoras, até o mundo espiritual, origem das coisas. Obscuras e imperfeitas são as traduções que a linguagem e a arte humanas nos dão dessa sabedoria, mas pura e radiosa é sua fonte, pois ela brota sob o influxo dos poderes espirituais que criaram o mundo. Os sábios primitivos não somente perceberam esses poderes, como também contemplaram interiormente os grandes mistérios da Criação, isto é, os aspectos sucessivos que revestiram o sistema solar antes da formação da terra. E eles os contemplam nos fortes clichês que flutuam na luz astral pela visão do espírito puro, e deram aos planetas os mesmos nomes das forças cósmicas que os modelaram.

Eis por que os planetas se tornaram Deuses na mitologia[1].

Os grandes ocultistas e os grandes místicos dos séculos XVI e XVII tiveram alguns vislumbres dessa sabedoria primordial que foi uma vidência sublime. Henri Kunrath procura condensá-la no pentáculo que ele chama de *Teatrum sapientiae aeternae,* Jacob Boehm dela se aproxima como um visionário, em sua *Auro-*

ra. Paracelso a estuda, em seu tratado sobre a *Astronomia magna.* Leibnitz a pressente, nomeando-a *perennis quaedam philosophia.* O grande teósofo atual, Rudolf Steiner, chama-a de *Urweltweisheit,* palavra intraduzível que significa apenas esta perífrase: *Sabedoria da origem dos mundos*[2].

NOTAS

1. Os grandes astrônomos dos séculos XVI e XVII, os Copérnicos, os Galileus, os Keplers, que formularam as leis da mecânica celeste e descobriram para nós as profundezas do espaço, tiveram dos astros uma idéia muito próxima da dos magos da Caldéia e dos sacerdotes do Egito.
Era um *dinamismo* hierárquico, um *animismo* universal, mas diferenciado e graduado. Pois, para eles, os astros e o céu, ainda que governados por leis matemáticas, eram seres vivos. Eles não os olhavam somente com a fria inteligência, mas com toda a alma. Por isso, nos astros, eles sentiam os Deuses, e, no Cosmos, o Espírito Criador. Atentai de preferência para esta passagem de Képler: "Toda a criação constitui uma maravilhosa sinfonia, tanto na ordem das idéias e do espírito como na dos seres materiais. Tudo se mantém e se liga por relações mútuas indissolúveis; tudo forma um conjunto harmonioso. Em Deus, a própria harmonia, uma suprema harmonia; pois Deus nos criou à sua imagem e nos legou a idéia e o sentimento da harmonia. Tudo o que existe é vivente e animado, porque tudo se segue e se liga; não há nenhum astro que não seja um ser vivo, que não tenha uma alma. A alma dos astros é a causa de seus movimentos e da simpatia que os une entre si; ela explica a regularidade dos fenômenos naturais." – KEPLER, *Harmonices Mundi* (1619), tradução de Bartholmèss no Dicionário filosófico de Frank.

2. "O que o homem adquire como inspiração e como vidência não é senão um reflexo dos poderes espirituais que criaram o mundo. O relojoeiro tem a idéia do relógio e o constrói de acordo com seu plano. Feito o relógio, pode-se, desmontando o aparelho, reencontrar a idéia que presidiu sua construção. Assim é a situação do homem frente à sabedoria divina e criadora. Antes de nosso mundo nascer, esta sabedoria existia; era o plano do mundo. Mais tarde foi comunicada ao homem. São estas as idéias expressas pelos Deuses." RUDOLF STEINER (Notas tomadas das conferências de abril, 1909).

CAPÍTULO II

O FOGO-PRINCÍPIO E A HIERARQUIA DAS POTÊNCIAS

O centro da antiga ciência oculta, formulada pela primeira vez pelos richis da Índia, era a doutrina do Fogo-Princípio (*Feu — Principe*), matéria do Universo e instrumento dos Deuses.

Agni, o Fogo oculto em todas as coisas, o Fogo originário e invisível, do qual a fumaça, a chama e a luz não são senão manifestações exteriores, Agni, o Fogo criador, é verdadeiramente o agente universal e a substância das coisas. Pois, de um lado, o Fogo é a forma elementar da matéria; de outro é a vestimenta e, de alguma maneira, o corpo dos Deuses, o meio pelo qual eles agem sobre o mundo. Caminho ardente por onde o Espírito desce à matéria; vereda luminosa, por onde a matéria se eleva ao Espírito.

Esta velha doutrina do Fogo-Princípio que enche e ilumina os Vedas, com sua poesia divinizadora, encontra-se mais tarde formulada de maneira científica no maior dos filósofos gregos da escola jônica, Heráclito de Éfeso. Heráclito via no Fogo o princípio do universo visível. "O fogo é o elemento gerador e é de suas transformações, seja quando se rarefaz, seja quando se condensa, que nascem todas as coisas. O fogo se condensando torna-se vapor; este vapor, tomando consistência, torna-se água; a água, pelo efeito de nova condensação, torna-se terra." Eis o que Heráclito chama de *movimento de alto a baixo.* — Inversamente, a terra, rarefazendo-se, transforma-se em água, da qual vem pouco a pouco todo o resto, por meio de uma evaporação que se opera em sua superfície. Está aqui o *movimento de baixo para cima.* Acrescentamos que o fogo não é somente o princípio vivificador, mas também o princípio destruidor. O Universo foi produzido pelo fogo e é pelo fogo que ele deve se dissolver.[1] Concluímos que, nesses dois movimentos, de alto para baixo e de baixo para cima, e nos dois fenômenos,' de condensação e de rarefação, resume-se toda a cosmogonia de nosso sistema planetário. Pois eles acompanham a descida do Espírito à matéria e a subida da matéria em direção ao Espírito. Acrescentemos que Heráclito depositou seu livro sobre o Fogo-Princípio no Templo de Diana, em Éfeso, querendo mostrar com isto que ele encerrava a ciência da iniciação e dos Deuses, isto é, da inspiração, e não somente da reflexão e da razão. Nessa época, a filosofia era sobretudo intuitiva e sintética. Tornou-se analítica somente com os Eleatas, e dialética com Sócrates, Platão e Aristóteles.

Escutemos agora, sobre este assunto, a palavra do mais sábio, do mais vidente dos teósofos contemporâneos. Ela coloca junto da ciência contemporânea a doutrina oculta dos quatro elementos e do Fogo-Princípio.

"Para compreender esta antiga e santa doutrina que nos vem do Oriente", diz Rudolf Steiner, "é preciso considerar o Fogo em suas ligações com os quatro elementos. O sentido desses quatro elementos não é mais compreendido pelo materialismo contemporâneo. No sentido esotérico, os elementos não significam corpos simples e irredutíveis, segundo o conceito da química moderna, mas os estados sucessivos da matéria. 1º — *A Terra* significa o elemento sólido (neste sentido o gelo é da terra). 2º — *A Água* significa o estado líquido (neste sentido o mercúrio e o ferro fundido são da água). *O Fogo* ou *o Calor* é um estado mais sutil e mais fino que o ar. Poder-se-ia chamá-lo de *a matéria radiante* (a palavra é dos Crookes). — O fogo se distingue dos outros três elementos sobretudo porque ele os penetra e penetra todas as coisas, enquanto eles são separados uns dos outros. Outra diferença: Pode-se tocar o sólido, o líquido e o gasoso. Sente-se exteriormente por um certo grau de resistência. Pode-se tocar do mesmo modo um corpo abrasador, todavia o calor se sente também interiormente. A sabedoria antiga acentuava isto. O fogo é ao mesmo tempo um elemento exterior e interior ao homem e a tudo. O sábios diziam: *Com o fogo, a matéria torna-se alma. Há alma no fogo, há fogo na alma.*

"O fogo é, pois, a porta pela qual se penetra do exterior no interior das coisas. Quando se olha um objeto que queima, vêem-se duas coisas com o fogo: a fumaça e a luz. A luz nasce do fogo, mas

pode-se vê-la? Acredita-se, e isto não é verdadeiro. Vêem-se objetos sólidos, líquidos ou gasosos iluminados pela luz. Não se vê a luz propriamente dita. A luz física é, portanto, realidade invisível. Indo do fogo à luz, entramos no invisível, no etéreo, no espiritual. O inverso sucede com a fumaça. Quando alguma coisa queima, assistimos à passagem do material para o espiritual, que produz a luz. Porém esta passagem se empana pela opacidade da fumaça. Com a fumaça o fogo insere um elemento espiritual na matéria. Nada nasce isoladamente. Todo progresso se paga por um retrocesso inverso e proporcional. Lá onde se produz a luz, produzem-se também as trevas. O ar nasceu do fogo transformado em fumaça, a água, do ar condensado em líquido, e a terra, do líquido solidificado. Sob este ponto de vista, *"o universo inteiro é de fogo concentrado e de espírito encantado na matéria."*[2]
Quando se penetra assim com o olhar no laboratório do mundo e se vê circular em suas veias a riqueza da vida universal, o fogo sutil e todo poderoso, compreende-se melhor a força e a majestade do culto dos Arias primitivos. Eles glorificavam o Fogo, pois viam nele o trono, a substância e a vestimenta dos Deuses.

Mas, antes de apresentar uma exposição sumária da evolução planetária, devemos dar uma idéia da hierarquia dos poderes engajados no drama cósmico. Os velhos sábios colocaram os Deuses sobre o trono do Fogo e da Luz, porque estas forças são seus elementos. Procuremos agora enumerá-las de baixo para cima, na ordem ascendente da inteligência humana. Vê-los-emos em seguida agir de cima para baixo, na ordem descendente da criação. O Antigo Testamento resume a hierarquia dos Poderes, que são as faculdades de Deus em ação, no sonho de Jacó, que vê os anjos descerem e subirem os degraus do universo. Este sonho representa simbolicamente a hierarquia do mundo invisível, organismo animador e sustentáculo do mundo visível. Esotericamente comentado, ele revela uma ciência mais profunda ainda do que aquela que procede de nossos microscópios e telescópios.
Subam os degraus da matéria e encontrarão o Espírito. Subam os degraus da consciência humana e encontrarão Deus. Assim como acima dos quatro elementos se encontram elementos mais sutis, também acima dos quatro reinos da natureza visível, reino mineral, vegetal, animal e humano, encontram-se outros reinos cor-

respondentes aos diferentes estados da matéria imponderável. São as esferas dos Asuras e dos Devas da Índia, idênticas às de Eloim de Moisés, das quais os deuses gregos são formas antropomórficas.

A tradição esotérica cristã, que remonta a Denis, o Areopagita, as divide em nove categorias, condensadas em grupos de três, formando um todo orgânico.

Acima do homem – todos os profetas o disseram e todos os povos acreditam – existem os *Anjos*, os "Ferueiros" dos Persas, os Gênios dos Latinos, que algumas vezes foram identificados com o Eu superior e eterno do homem. O anjo difere todavia deste Eu superior que ele está destinado a despertar. Esotericamente, os anjos se chamam também *filhos da vida*. Um anjo da guarda está ligado à personalidade de cada homem. Sua função é segui-lo e guiá-lo de encarnação em encarnação. O elemento do anjo é o ar. Acima dos anjos estão os *Arcanjos,* os Asuras dos Hindus, que dominam a alma das nações. Seu elemento é o fogo. A tradição oculta os considera como os fatores mais ativos na vida geral da humanidade, para a qual eles traçam os grandes rumos e despertam os múltiplos movimentos. Acima dos Arcanjos reinam os *Arqueus* (chamados Αρχαι por Denis, o Areopagita), ou espíritos da personalidade e da iniciativa, cujo papel se poderia definir com esta palavra: *os Iniciadores.* Pois foram eles que primeiro deram impulso aos Arcanjos, no período saturnino e no período solar. São eles ainda que presidem os grandes movimentos e as revoluções humanas, como a entrada em cena das grandes personalidades que mudam a face da história.

Este é o primeiro grupo de Poderes espirituais que está acima do homem e que se poderia chamar, por excelência, o grupo dos trabalhadores no laboratório planetário, porque sua ação é a mais ardente, a mais complexa, pois tanto mergulha nas profundezas da matéria como nos mistérios da individualidade humana.

A seguir vem a segunda tríade dos Poderes. São os Devas propriamente ditos dos Indus. Denis, o Areopagita, chamou-os de *Virtudes*, ἐξουσίαι; Dominações, δυνάμεις e Principados, χειρίότε. É preciso ver nesses poderes os dominadores e os ordenadores de todo o sistema planetário. Intermediários junto aos poderes inferiores e superiores, estes espíritos soberanos estão mais perto da divindade do que do homem; poder-se-ia chamá-los de *os Infalíveis,* pois não podem, como os Arcanjos, descer à voragem da matéria, nem podem absolutamente amar, como aqueles, o homem, ao qual deram o sopro e a vida. Foram esses os Poderes que cria-

31

ram no vazio as esferas planetárias, onde vieram se precipitar as forças do infinito. Eles sustentam a balança de todo o sistema e constituem sua norma. São os *Eloim* de Moisés e os criadores da Terra.

Bem acima de todo o conceito e de toda a imaginação humana, encontra-se a terceira tríade dos Poderes na ordem ascendente. *Os Tronos* são os Poderes supremos do dom de si e do sacrifício. Dentro em pouco veremos sua principal função na origem de nosso sistema planetário. Os *Serafins* (cujo nome caldeu significa Amor) e os *Querubins* (cuja denominação tem o sentido de Sabedoria e de Força infinita) estão tão perto de Deus que eles refletem imediatamente sua luz. Os poderes inferiores não poderiam suportar esse esplendor deslumbrante e o brilho fulminante. Os Serafins e os Querubins transmitem-nos peneirando-os e condensando-os em formas radiosas. Eles próprios revestem essas formas, penetrando-se de Amor e de Sabedoria. Mergulham no seio da Trindade Divina e daí ressurgem fulgurantes, pois os pensamentos de Deus se incorporam em sua essência espiritual. Eles não trabalham, resplandecem; eles não criam, mas despertam raios vivos do Deus impenetrável.

Em resumo, a TRÍADE INFERIOR (Anjos, Arcanjos e Arqueus) é a tríade dos *Poderes combativos,* aos quais incumbe o mais duro trabalho; são aqueles que têm a Terra por campo de batalha e o homem por objeto. A TRÍADE MÉDIA (Virtudes, Dominações e Principados) é a tríade dos *Poderes ordenadores* e *equilibrantes,* que agem no conjunto do sistema planetário. A TRÍADE SUPERIOR (Tronos, Querubins e Serafins) é a tríade dos *Poderes radiantes e inspiradores* que atuam no conjunto do cosmos. Fazem parte da esfera divina propriamente dita, pois estão, por natureza, acima do Espaço e do Tempo, como o próprio Deus, manifestando-o, porém, no Tempo e no Espaço.

Acrescentemos que, nesta vasta hierarquia, cada ordem de Poderes recebe o influxo dos Poderes superiores, e atua sobre todos eles de baixo para cima, nunca de cima para baixo.

Notemos ainda que as esferas de atividade dos Poderes se penetram sem se confundir e que as condições do Espaço e do Tempo variam em cada ternário da hierarquia. A esfera dos Anjos, dos Arcanjos e dos Arqueus, aquela que vem imediatamente acima do homem e onde o homem mergulha durante o sono, é a *esfera astral,* também chamada a *esfera da penetrabilidade.* Aí reina a quarta dimensão, o que significa que aí os seres se penetram sem se

32

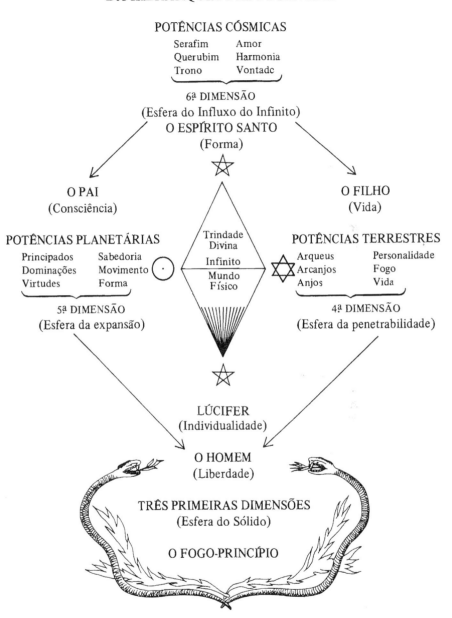

confundirem. A distância é suprimida ou modificada. As coisas se juntam imediatamente, por simpatia ou antipatia. A esfera dos Poderes do segundo Ternário é a *esfera espiritual*, que se poderia chamar também a esfera da *expansão* e da *concentração*. Aí dominam a quinta e a sexta dimensão, isto é, a criação no vazio pelo afluxo das forças do infinito. Com o terceiro Ternário nós entramos na esfera divina mais elevada, a do Infinito e do Eterno, que está acima do Espaço e do Tempo, mas comanda-os. O quadro da pág. 33 representa a série dos Poderes que têm por trono o Fogo-Princípio, por centro a Trindade Divina, e por coroa a Tríade seráfica. A Luz, a Vida e a Verdade se projetam do alto, sob o eflúvio dos Três Verbos, através dos Eloim e dos Arcanjos, e se lançam até o coração do homem com a chama de Lúcifer. No homem se concentram todos os raios divinos para que nele brote um ser, uma luz e um verbo novo.

Por esta cadeia, Deus-os-Deuses, os Elementos e o Homem formam um todo solidário e indivisível, que se regenera, se organiza e evolui constantemente, paralela e integralmente. Os Deuses superiores engendram os Deuses inferiores, os quais engendram os Elementos, cuja matéria não é senão a aparência, e dos quais o Homem, em gérmen desde a origem, se torna pouco a pouco o centro e o pivô.

Visto de alto a baixo, este quadro mostra o raio pelo qual os Deuses vêem o mundo e o Homem; é o lado da Luz. Visto de baixo para cima ele representa o prisma pelo qual o Homem percebe o mundo e os Deuses; é o lado da Sombra.

Vejamos agora os Poderes na obra da Criação.

NOTAS

1 Resumo da filosofia de Heráclito através dos fragmentos que possuímos. Ver RITTER, *História da Filosofia Jônica.* – É interessante aproximar da velha idéia de Heráclito, pela qual todo o mundo visível saiu do Fogo, isto é, do *Calor*, as descobertas da mais moderna astronomia devidas à espectroscopia das estrelas. Eis o que se lê no notável artigo de M.Ch. Nordmann sobre as *Metamorfoses das Estrelas e sua Temperatura* (Revista dos Dois Mundos, de junho 1910). "As diferenças essenciais que existem entre os diversos tipos de estrelas, do ponto de vista de sua composição química, são devidas às temperaturas variadas que aí dominam. Quando a temperatura se eleva, os átomos dos elementos químicos, caracterizados por seus raios espectrais ordinários, se deslocam para dar lugar a formas mais simples, caracterizadas pelos 'raios reforçados' que Lockyer chama de 'proto-elementos'. Estes proto-elementos, quando a temperatura se eleva mais, se dissociam para formar outros elementos cada vez mais leves e simples, e terminar finalmente na transmutação de todos os outros corpos em

hidrogênio e hélio. As estrelas de Orion seriam pois as mais quentes do céu; e a simplicidade relativamente grande dos espectros estelares, assim como a importância que aí têm os raios reforçados seriam características das temperaturas, das estrelas.

Duas grandes idéias filosóficas se destacam nessas pesquisas, a idéia de uma *evolução química e térmica das estrelas*, e a idéia da *transmutação dos elementos químicos pela ação do calor*... Assim se encontra demonstrada pela primeira vez sobre a terra a possibilidade da transmutação dos elementos, tão invocada pelos alquimistas medievais e tão ridicularizada pelos químicos do século XIX. As estrelas nos oferecem um exemplo completo de transmutação no sentido investigado pelos alquimistas, pois que os metais mais pesados aí aparecem somente depois dos elementos leves, e quando elas estão suficientemente resfriadas."

CHARLES NORDMANN

2   O universo inteiro não seria, após esta hipótese, senão um fenômeno de eletricidade. Eis-nos bem perto de Agni, o fogo oculto dos hinos védicos. É assim que a extrema análise se confunde com a extrema síntese e que a ciência moderna se confunde com a sabedoria antiga.

CAPÍTULO III

O PERÍODO SATURNINO. O SACRIFÍCIO DOS TRONOS.
O DESPERTAR DOS ARQUEUS

No universo inteiro se manifesta a lei do eterno movimento, a lei da rotação e com ela a lei da metamorfose ou da reencarnação. A lei das transformações ou do renascimento dos mundos sob formas semelhantes mas sempre novas, após longos sonos cósmicos, aplica-se tanto às estrelas como aos planetas, tanto aos Deuses como aos homens. É a própria condição da manifestação do Verbo divino, da irradiação da Alma universal pelos astros e pelas almas. Nossa terra teve três transformações antes de se tornar a terra atual. No começo ela era misturada, como uma porção indistinta, à nebulosa primitiva de nosso sistema, nebulosa chamada Saturno na cosmogonia oculta, e que nós chamaremos o *primeiro Saturno* para distingui-la do Saturno atual, que lhe sobreveio como seu resíduo. — Depois, ela fez parte do *Sol primitivo*, que se estendia até o limite do Júpiter atual. Em seguida a terra, formando um único astro com a Lua, se desprendeu do Sol primitivo. Este astro se chama simplesmente Lua na cosmogonia oculta. Nós a chamaremos de Lua primitiva ou *Terra-Lua* para distingui-la da Lua atual. — Enfim, a Terra expulsando a Lua de seu seio tornou-se a Terra atual.

O gérmen do ser humano existia já no Sol primitivo, sob a forma de um embrião etérico. Começou a existir como um ser vivo, tendo um corpo astral sob a forma de uma nuvem de fogo, somente sobre a Lua primitiva ou sobre a Terra-Lua. E foi apenas sobre a Terra atual que o ser humano conquistou a consciência de seu eu desenvolvendo seus órgãos físicos e espirituais. Indicaremos estas etapas no livro seguinte, ao falar sobre a Atlântida e os Atlantas.

Durante estas transformações sucessivas do sistema planetário, os Deuses e os Eloim das hierarquias superiores desenvolveram os Deuses da hierarquia inferior: Arqueus, Arcanjos e Anjos, que, com sua ajuda, foram os geradores da Terra e do Homem. Os períodos planetários dos quais vamos falar se estendem por milhões e milhões de anos. Desde o Tempo dos richis, a vidência dos grandes profetas decifrou todas as épocas do mundo, cujos reflexos vibram ainda na luz astral. Eles as viram se desenrolar em panoramas imensos diante de seu sentido interior. De era em era, essas visões foram transmitidas à humanidade sob formas mitológicas, adaptadas aos diversos graus de cultura. Entre os Hindus, as figuras astrais se chamam imagens do *Akacha* (ou luz astral). Na tradição judaico-cristã de Moisés e dos profetas, de Jesus Cristo e de São João, as páginas arrancadas da Alma do mundo são chamadas o *livro de Deus*. E não é notável que a vidente de Domrémy, nossa Joana d'Arc, a componesa ignorante mas inspirada, tenha se servido da mesma expressão quando respondia às sutilezas escolásticas dos doutores de Poitiers, com estas palavras imponentes: "Existe mais no *livro de Deus* do que nos vossos"! E é necessário aqui dizer quão imperfeitas ficam sempre as traduções desses videntes, quando eles procuram exprimir em linguagem terrestre as imagens sobre-humanas que a luz astral desenrola diante deles, não em formas imóveis e mortas, mas em multidões vivas e como rios transbordantes. Trata-se, pois, de encontrar, em meio a essa confusão atordoante, um sentido e um liame, de ordenar e classificar as visões submersas.

A nebulosa saturnina, primeira forma de nosso sistema planetário, não era senão uma massa de calor sem luz. O calor é a primeira forma do fogo. Por isto Heráclito dizia que o mundo nasceu do fogo. Tinha ela a forma de uma esfera, cujo raio media a distância do sol ao Saturno atual. Porém, nenhum astro brilhava em sua densidade tenebrosa, nenhum clarão daí saía ainda. Portanto, no interior da nebulosa passavam tremores de frio e emanações de calor, sob a ação dos poderes que se agitavam em seu seio. À superfície se elevavam às vezes, em formas ovóides, trombas de calor sob a atração dos Eloim, que desciam sobre ela do incomensurável espaço.

O Gênesis exprime que essa primeira fase planetária no segundo verso: "E a terra sem forma e vazia e as trevas estavam sobre a face do abismo e o Espírito de Deus[1] se movia sobre as águas."

Ora, os Eloim, que, na origem de nosso mundo, representavam o Espírito de Deus, pertenciam à mais alta hierarquia dos Poderes. Foram eles que a tradição cristã chamou de os Tronos. Afirma ela que eles deram seu corpo em holocausto para o renascimento dos Arqueus. E este corpo não era senão calor vital, emanação de amor. Quanto aos Arqueus ou Espíritos do começo, eram seres provenientes de uma evolução cósmica anterior, mantidos passivos por longo período e como que perdidos na divindade. Sua natureza os tornava capazes de virem a ser, em um novo período cósmico, deuses criadores por excelência, com a condição de retomar a sua personalidade. Esta personalidade, os Tronos lhes deram com o sacrifício de seu próprio corpo, vertendo neles toda sua força. Daí as trombas de calor que saíam do primeiro Saturno e que pareciam absorver a vida divina dos Tronos, como se vê, nas trombas do mar, a água se elevar em turbilhões em direção das núvens e o céu atrair o oceano.

Do mesmo modo que um ser vivo, a enorme nebulosa Saturnina tinha sua inspiração e expiração. A inspiração produzia frio e a expiração, calor. Durante a inspiração os Arqueus penetravam em seu seio; durante a expiração, aproximavam-se dos Tronos e bebiam sua essência. Assim, cada vez mais, eles tomavam consciência de si mesmos, e cada vez mais se desprendiam da massa saturnina. Porém, depurando-se, despojando-se de seus elementos inferiores, deixavam atrás de si uma fumaça gasosa. Ao mesmo tempo, os Eloim de segunda hierarquia, que atuavam na nebulosa por dentro, colocavam-na em rotação. Daí, ao seu redor, a formação de um anel de fumaça gasosa que, rompendo-se mais tarde, devia formar o primeiro planeta, o Saturno atual com seu anel e seus oito satélites.

Entretanto, os Arqueus, os Deuses da Personalidade, os grandes Iniciadores aspiravam à criação de um mundo... Eles o esboçavam em sonho, traziam em si os primeiros delineamentos. Mas, este mundo eles não poderiam criar no sombrio Saturno, esfera de bruma e de fumaça. Para isto era-lhes imprescindível... a Luz! ... a luz física... o agente criador. Em meio às trevas que os cercavam, crescia neles o pressentimento dessa luz criadora! Pressentimento... ou recordação? Recordação talvez de um mundo anterior... de um outro período cósmico, lembrança de glória e de esplendor longínquo na noite saturnina. Pressentimento também... pois, já na alma dos Arqueus tremia, como uma aurora precursora de auroras futuras... a majestade do Arcanjo, a beleza do Anjo e a melancolia do Homem! ...Todavia, para que este sonho se concretizasse, era preciso um sol no coração de Saturno, era preciso uma revolução na nebulosa, sob o sopro e o látego dos Poderes supremos.

... A sombria noite de Saturno chegava ao fim, os Tronos entorpeceram os Arqueus num sono profundo. Depois eles mergulharam como um tufão no caos da noite saturnina já repleta de fumaças sufocantes, para condensar a massa e transformá-la com a ajuda de outros Poderes e do Fogo-Princípio, em um astro de luz. Quantos séculos, quantos milhares de anos durou esse ciclone cósmico na nebulosa, onde se chocavam o frio e o calor, onde relâmpagos cada vez mais fortes e de todas as cores faiscavam na noite terrificante? Não havia então nem sol nem terra para medir os anos, nem clepsidra nem relógio para contar as horas... Mas, quando os Arqueus despertaram de seu profundo letargo, eles flutuavam sobre uma esfera de fogo, sob uma coroa de luz etérea, ao redor de um núcleo de fumaça sombria.

O primeiro Sol tinha nascido. O astro inteiro, com seu centro obscuro e sua fotosfera, ocupava o espaço que vai do sol atual ao planeta Júpiter. Os Arqueus, seus jovens mestres, os novos Deuses que deslisavam sobre um oceano de chamas, saudaram a luz envolvente. Então, através dos fluidos véus das ondas luminosas, eles perceberam pela primeira vez os Tronos, semelhantes a círculos alados que subiam se afastando na direção de um astro longínquo. Este ia diminuindo e se perdendo no infinito, onde os Tronos desapareceram com ele.

Então os Arqueus gritaram: "A noite saturnina acabou. Eis-nos vestidos de fogo e reis da luz. Agora podemos criar segundo nosso desejo. Pois nosso desejo é o pensamento de Deus!".

Ora, eis que, olhando a fotosfera etérea que os envolvia, os Arqueus perceberam para além de sua morada, no espaço, uma coisa sinistra:

Um grande círculo confuso, pálida mansão de sombrios espíritos elementares de uma ordem inferior, rodeava, à distância, o globo do sol nascente com um anel fatal. Era o golilha negro do astro luminoso. Deste anel, vagamente esboçado, devia nascer mais tarde, por meio de uma ruptura, o Saturno atual. Seria a primeira perda da criação. Saturno era a expiação do sol. Com ele já pesava sobre o jovem universo a inelutável fatalidade, que os Eloim devem vencer, mas não podem suprimir. Assim se verificava, desde a primeira etapa, a lei trágica, pela qual não há criação possível sem perda, luz sem sombra, progresso sem retrocesso, bem sem mal.

Tal foi a passagem do período saturnino para o período solar, que se encontra resumido no quarto verso do Gênesis de Moisés, nestes termos: "Então Aelohim (Ele-os-Deuses) separou a luz das trevas."

NOTA:

1. Notemos que o termo Aelohim, pelo qual Moisés designa Deus no Gênesis, significa *Ele-os-Deuses* ou *Deus-os-Deuses*. Deus está aí ao mesmo tempo concebido no singular e no plural; no singular, como princípio divino universal, no plural, como poder em ação nos Eloim.

CAPÍTULO IV

O PERÍODO SOLAR. INCUBAÇÃO DOS ARCANJOS PELOS
QUERUBINS. SIGNIFICAÇÃO OCULTA DO ZODÍACO

A esfera do primeiro Sol ia até o Júpiter atual. Mais do que qualquer dos planetas que deviam sair de seu interior, este astro estava vivo. Era constituído por um núcleo tenebroso de fumaça e por uma vasta fotosfera, não de metais em fusão como a do Sol atual, mas de uma matéria mais sutil, de fogo etéreo, límpido e transparente. Um espectador colocado em Sirius, que observasse o Sol de então, teria visto periodicamente a estrela brilhar e empalidecer, reacender-se e se dilatar de novo. Nossos astrônomos observaram estrêlas semelhantes no firmamento. O Sol primitivo tinha inspiração e expiração regulares. A inspiração, que parecia fazer voltar todo seu alento, tornava-o tenebroso e quase tão sombrio quanto Saturno; mas a expiração era uma maravilhosa irradiação que projetava no Infinito sua rota de luz.

Ora, estas trevas e esta luz provinham da vida dos Deuses, dos Eloim que reinavam no astro.

Os Arqueus, os Espíritos do começo, já haviam concebido os Arcanjos na nebulosa saturnina. Estes não eram, então, senão Formas-Pensamentos, tornadas objetos e revestidas por ele de um corpo etéreo, órgão da forma e da vida. Sobre o Sol, os pais dos Arcanjos deram além disso a suas criaturas divinas um corpo astral, órgão de sensibilidade resplandecente. Pois os Arqueus são os mais poderosos mágicos entre os Elohim. Eles podem, pela força de sua vontade, dar vida e personalidade a suas Formas-Pensamentos. Revendo este espetáculo, revivendo-o em si mesmo, Moisés escreveu:

41

"Deus disse – que se faça a Luz – e a Luz se fez." Sob o sopro dos Arqueus, os Arcanjos se elevaram e se tornaram a vida, a luz e a alma do primeiro Sol. "Este é o conceito de uma estrela fixa. Todo aquele que vive de si envia ao universo a vida dos Arqueus. Que fazem eles? Um Sol foi criado por eles. Os Arcanjos são seus mensageiros. E eles dizem ao universo: "Anunciamos as ações dos Espíritos do Começo!"[1]

Os Arcanjos foram os homens do primeiro Sol, os seus dominadores. Ora, elevando-se no espaço, acima do Fogo natal, eles procuravam algo em seu vôo. Por sua essência feita de luz e de êxtase, eles procuravam a fonte divina do mundo, de onde eles mesmos emanaram. No imenso universo, eles não viram logo senão constelações, mensageiras de outros Arcanjos, irmãos longínquos. As constelações! ... escritura cintilante do firmamento, onde o Espírito universal traça seu pensamento em hieróglifos flamejantes com miríades de sóis! Mas, à medida que se desenvolvia sua vida espiritual, eles perceberam, na linha do zodíaco, acampada em um círculo prodigioso, um exército de Espíritos sublimes, de formas diversas e majestosas. Eram os Querubins, habitantes do espaço espiritual, os Eloim da Harmonia e da Força, que mergulham muito antes nos mistérios de Deus com os Serafins, os Espíritos do Amor. Vindo de todos os lados, em doze grupos, das profundezas do céu, e se aproximando gradualmente, o exército dos Querubins se concentra em círculo, ao redor do mundo solar, para a incubação e a fecundação dos Arcanjos.

Este acontecimento, conhecido dos magos da Caldéia, é a origem dos doze signos do zodíaco, denominação conservada na astronomia moderna. Identificou-se cada uma das constelações com uma categoria de Querubins, que a tradição oculta representava por meio dos animais sagrados. Os Caldeus, os Egípcios e os Hebreus esculpiam por analogia os Querubins sob o símbolo do Touro, do Leão, de Águia e do Anjo (ou do Homem). São os quatro animais sagrados da arca de Moisés, dos quatro Evangelistas e do Apocalipse de São João. A Esfinge egípcia os resume em uma única forma, símbolo maravilhosamente adaptado da Natureza, visível e invisível, de toda a evolução terrestre e divina. Ora, estas quatro formas essenciais do mundo dos viventes se encontram nos quatro pontos cardeais do zodíaco, com uma exceção. A Águia foi substituída pelo Escorpião. A Águia causa a morte com suas garras e seu bico, porém, por suas asas representa o vôo até o sol, o entusiasmo e a ressurreição. No símbolo sagrado, que não é senão a tradução da alma das coisas, a Água significa ao mesmo tempo a morte e a ressurreição. O Escorpião, que a substituiu no zodíaco, entre a Balança e o Sagitário, não significa senão a morte. Talvez esta substituição seja também um símbolo. Por sua descida à matéria, a humanidade conservou somente o sentido da morte e esqueceu o da ressurreição.

Nenhuma forma terrestre saberia reproduzir a beleza e o esplendor dos Querubins, dispostos em um vasto círculo, sob os signos do Zodíaco, ao redor do mundo solar, para a inspiração e a fecundação dos Arcanjos. Nenhuma linguagem humana saberia exprimir absolutamente os transportes e os êxtases dos Arcanjos recebendo deles o influxo e, através deles, impregnando-se dos pensamentos divinos. Mas, já o dissemos, este primeiro mundo solar passava por eclipses periódicos. Tinha seus dias e suas noites, dias brilhantes e noites tenebrosas. De época em época, os Arcanjos se reproduziam com os raios solares no núcleo obscuro do astro e caíam numa sonolência. O vôo desvairado nos espaços do cosmos, sob o olhar dos Querubins, era seguido de uma prodigiosa emissão de luz e de uma harmonia grandiosa, a música das esferas. Vinha então o enfraquecimento do som, a mudança da claridade em penumbra, e o grande silêncio na voragem interior do astro. Lá no alto, em seus êxtases, os Arcanjos haviam concebido o mundo angélico. Aqui, nas trevas ameaçadoras, eles refletiam novamente os Querubins, mas suas figuras se contraíam à sua lembrança em formas de angústia, de desejo e de cólera. Ora, estas Formas-Pensamentos, engendradas pelo sono turvo dos Arcanjos, tornaram-se os protótipos do mundo animal que devia se desenvolver mais tarde sobre a Terra. Os animais não são senão cópias deformadas e, de algum modo, caricaturas de seres divinos.

Poder-se-ia, pois, pretender que, se os Anjos (e através deles os homens) nasceram do êxtase dos Arcanjos na luz, os animais, pelo contrário, nasceram do seu pesadelo nas trevas. O mundo animal é assim a contrapartida e a expiação do mundo angélico. Aqui ainda se explica a lei do progresso dos mundos e dos seres pela rejeição de seus elementos inferiores. Veremos esta lei se aplicar sobre toda a escala da criação e até nos mínimos detalhes da vida humana. A rejeição desses elementos não é somente indispensável à purificação dos elementos superiores, mas também necessária como contrapeso e como fermento da evolução total. Sua regressão momentânea parece uma injustiça, mas não é assim no infinito dos tempos, pois eles serão retomados mais tarde e impelidos adiante por uma nova onda de vida.

NOTA:

1. Conferências de Rudolf Steiner, abril 1909.

CAPÍTULO V

FORMAÇÃO DE JÚPITER E DE MARTE. O COMBATE NO
CÉU. LÚCIFER E A QUEDA DOS ARCANJOS

Apesar de os Poderes da segunda hierarquia (Principados, Dominações e Virtudes) desempenharem no sistema planetário a função de organizadores e vigiarem a distribuição das forças, Poderes que agem sobretudo por expansão e por concentração, agitavam o mundo solar por dentro. Sob sua atuação, o Sol primitivo sofreu duas novas contrações. Estas condensações sucessivas eliminaram de seu centro obscuro dois novos planetas, Júpiter e Marte.

Para o olho físico de um homem postado sobre o planeta Saturno durante a formação de Júpiter e de Marte, estes acontecimentos cósmicos são teriam sido notados senão pelo aparecimento de dois novos corpos esféricos girando ao redor do sol – um reluzente por dentro (Júpiter), o outro opaco (Marte). Esse observador teria visto uma luz mais viva e sem intermitência. – Eis o que se passava então no plano físico.

Mas a alma de um vidente ficou maravilhada com um acontecimento muito mais importante que· se desenrolava, por trás do mundo físico, sobre o plano astral. Este acontecimento, um dos mais decisivos da evolução planetária, chamou-se na tradição oculta o *Combate no Céu.* Deixou traços legendários em todas as mitologias. Eles aparecem fulgurantes na teologia de Hesíodo, com o célebre *Combate dos Titãs e dos Deuses,* ao qual se liga a história de Prometeu. Na tradição judaico-cristã, o combate no céu se chama a *Queda de Lúcifer.* Este acontecimento, que precedeu e provocou a criação da Terra, não foi um acidente. Fazia parte de um plano divino, mas sua determinação foi deixada à iniciativa dos Poderes. Empédocles disse: "O mundo nasceu de duas forças: o Amor e a Guerra *(Eros* e *Polemos)*". Esta idéia profunda se confirma na tradição esotérica do cristianismo judaico pela luta dos Eloim entre si. Lúcifer não é Satã. o Gênio do mal, segundo a tradição ortodoxa popular. Lúcifer é um Eloim como os outros e seu próprio nome, *portador de luz,* garantiu-lhe sua indestrutível dignidade de Arcanjo. Veremos mais tarde por que Lúcifer, Gênio do Conhecimento e da Individualidade livre, era tão necessário ao mundo como Cristo, Gênio do Amor e do Sacrifício; como toda a evolução humana resulta de sua luta; como, enfim, sua harmonia final e transcendente deve coroar a volta do homem à divindade. No momento, precisamos seguir Lúcifer em sua descida até a Terra e em sua obra de criação.

De todos os Arcanjos, Lúcifer, representante e chefe patronímico de toda uma classe de Anjos e de Espíritos, foi o que lançou o olhar mais penetrante e atrevido na sabedoria de Deus e no plano celeste. E era também o mais orgulhoso e o mais indomável. Não queria obedecer a nenhum outro Deus senão a si mesmo. Os outros Arcanjos desde então haviam gerado, de suas Formas-Pensamentos, os Anjos, protótipos ainda puros do homem divino. Estes Anjos possuíam apenas um corpo etéreo diáfano e um corpo astral resplandecente, que, por sua força receptiva e irradiante, uniam em uma perfeita harmonia o Eterno-Masculino e o Eterno-Feminino. Tinham também o Amor, irradiação espiritual, sem perturbação e sem desejo de posse egoísta, porque eram astral e espiritualmente andróginos. Lúcifer havia compreendido que para criar o homem independente, o homem com desejo e com rebeldia, era necessária a separação dos sexos. Para seduzir os Anjos com o seu pensamento, ele moldou na luz astral a forma deslumbrante da futura Mulher, da Eva ideal, e mostrou a eles. Uma multidão se inflamou de entusiasmo pela imagem que prometia ao mundo alegrias e delírios desconhecidos, e muitos deles se agruparam ao redor do Arcanjo rebelde.[1]

Ora, formava-se então entre Marte e Júpiter um astro intermediário, que tinha apenas a forma de um anel, destinado a se condensar em planeta depois de sua ruptura. Lúcifer o escolhera para criar com seus anjos um mundo que, sem passar pelas provas terrestres, encontrasse em si mesmo força e alegria, e saboreasse ao mesmo tempo o fruto da vida e do conhecimento, sem a ajuda do Todo-Poderoso. Os outros Arcanjos e todos os Eloim receberam ordem de impedi-lo, porque tal mundo implantaria a desordem na criação e romperia a cadeia da hierarquia divina e planetária. A luta ardente e prolongada que se travou, entre o exército do Arcanjo revoltoso e seus pares superiores, terminou com a derrota de Lúcifer e teve um duplo resultado: primeiro, a destruição do planeta em formação, cujos destroços são os planetóides; segundo, o lançamento de Lúcifer e seus anjos para um mundo inferior, um outro planeta que acabava de ser desprendido do núcleo solar pelos Principados e as Dominações. Ora, este planeta era a Terra, não a Terra de hoje, mas a Terra primitiva, que era apenas, então, um astro como a Lua[2].

Este foi o episódio cosmogônico que constituiu um fato de suma importância na história planetária, espécie de incêndio astral, cujo reflexo repercute em todas as mitologias como um cometa e arremessa suas pontas de fogo nas profundezas ocultas da alma humana.

Primeiro espocar do Desejo, do Conhecimento e da Liberdade, a tocha de Lúcifer não se acenderá com todo o seu brilho novamente senão no sol do Amor e da vida divina, em Cristo.

NOTAS:

1. Tal é sem dúvida o conceito primitivo da tradição oculta, a qual reza que da união primitiva de Lúcifer e de Lilith (a Eva primeira) nascera Caim, isto é, o homem rebaixado à matéria, condenado ao crime, ao sofrimento e à expiação. Relembramos que todas as narrações do que se passa no plano astral não são mais do que traduções imperfeitas dos acontecimentos que se tramam na esfera da penetralidade.

2. A tradição admite que, neste mesmo período, alguns dos Eloim, não querendo tomar parte na criação da Terra e dos mundos submetidos às duras leis da matéria condensada, afastaram-se do Sol para além do círculo de Saturno, para criar o planeta Urano, Netuno e outros ainda. Depois da vidência antiga, confirmada pela vidência moderna, nosso sistema solar primitivamente saiu da nebulosa saturnina. Por isto Saturno é o mais antigo dos Deuses. Aquele com o qual começam os tempos.

CAPÍTULO VI

A TERRA PRIMITIVA OU TERRA-LUA.
DESENVOLVIMENTO DOS ANJOS.
NASCIMENTO DO HOMEM

A separação da Terra primitiva do Sol (operada pelos Poderes da segunda hierarquia: Principados, Dominações e Virtudes) tinha dupla finalidade. Primeiramente, arrancar do astro luminoso seu núcleo mais obscuro e mais denso, oferecendo com esta perda um campo de ação ao mundo luciferino, um cadinho para a humanidade nascente; em segundo lugar, livrar o Sol condensado de seus elementos inferiores, fazer o trono dos Arcanjos e do Verbo propriamente dito, permitindo-lhe resplandecer com toda sua força e toda sua pureza. Com a Terra e o Sol se constituíram, simultânea e paralelamente, dois pólos do mundo físico e do mundo moral, destinados a fornecer à evolução planetária sua maior intensidade, por meio de oposição e ação combinadas.

A Terra primitiva ou a Terra-Lua se apresentava sob o aspecto de um astro com um núcleo líquido e um invólucro de gás inflamado. No seu centro fermentavam todos os metais e minerais em fusão. Mas, na superfície, formou-se uma camada vegetal, uma espécie de tufo lenhoso e esponjoso, onde viviam enraizados como parasitas seres gigantescos, semivegetais, semimoluscos, que estendiam suas ramagens ou braços movediços na atmosfera quente, como árvores de tentáculos. Nessa atmosfera gasosa, que envolvia a Terra-Lua como um imenso turbilhão, nadavam e flutuavam desde então, semelhantes a pequenas nuvens de fogo, os primeiros gérmens dos futuros homens. Esses embriões humanos não tinham corpo físico, somente um corpo etéreo, ou uma vitalidade interior e um corpo astral, ou uma aura resplandecente, por onde percebiam a atmosfera ambiente. Tinham pois a sensação sem a consciência do eu. Não tinham sexo e não eram submetidos à morte, pois reformavam-se, sem cessar, neles próprios, e se alimentavam dos eflúvios do ar úmido e ardente. Os Arcanjos tinham sido os senhores do primeiro Sol. Seus filhos, os Anjos, foram os senhores da Terra-Lua. Atingiram a consciência do seu eu revendo-se nos gérmens humanos que povoavam o astro, e insuflando-lhes seus pensamentos que aqueles lhes devolviam animados e viventes. Sem esse espelho e esse desdobramento, nenhum ser humano ou divino poderia tomar consciência de si mesmo.[1] A função especial dos Anjos era virem a ser os guias e os inspiradores dos homens no período cósmico seguinte, isto é, sobre a nossa Terra. Sobre a Terra primitiva (ou Terra-Lua), foram eles os despertadores do ser humano em formação. Excitaram nele as sensações, com o que tomaram consciência de si mesmos e de sua alta missão. Caídos com Lúcifer no abismo turvo da matéria, eles deveriam voltar à fonte divina animando o homem, sofrendo com ele, sustentando-o em sua lenta ascensão. E o Homem devia aspirar a Deus e compreendê-lo através do Anjo, que é o Arquétipo do Homem futuro. Da elevação do Homem ao estado angélico devia nascer no fim dos tempos planetários um novo Deus, a individualidade livre e criadora. Mas, antes, era preciso haver a descida, em sombria espiral, no doloroso laboratório da animalidade! E quem poderia decidir qual sofrerá mais, o Homem, mais humilhado, mais atormentado à medida que toma consciência de si mesmo, ou o Anjo invisível que sofre e luta com ele?

NOTA:

1. É porque o *desdobramento* é a condição primordial da consciência que a sabedoria rosa-cruciana coloca este axioma: *Lá onde há um Eu, há dois Eu.*

CAPÍTULO VII

SEPARAÇÃO DA LUA E DA TERRA. COMEÇO DA TERRA
ATUAL. A RAÇA LEMURIANA; DESENVOLVIMENTO DOS
SEXOS. QUEDA DOS ANJOS. DESTRUIÇÃO DO
CONTINENTE LEMURIANO PELO FOGO

Na formação do mundo planetário, tudo corresponde de alto a
baixo, tudo se encadeia, tudo progride paralelamente: os Deuses,
os homens, os elementos. Ao contrário do que ensina a filosofia
materialista de nosso tempo, que acredita poder deduzir a biologia
da química e fazer brotar a consciência do Eu com reações puramente fisiológicas, aqui tudo sai do Invisível e toma forma no Visível. Segundo o plano divino, o mundo espiritual se traduz com
uma riqueza crescente no mundo material. O Espírito se involui na
matéria, que por um choque de retorno evolui na direção do espírito, personificando-se e individualizando-se sem cessar. A cada
nova transformação do mundo planetário, a cada nascimento de
mais um planeta, todos os seres sobem mais um degrau na escala,
conservando as mesmas distâncias. Todavia essas ascensões não podem se operar sem perdas enormes, perdas que servem de leito e de
fermento para as ondas da nova vida.

Vimos essas leis se cumprirem no período saturnino, no período
solar e no período lunar de nosso mundo. A constituição definitiva
da terra atual nos fornecerá os mais brilhantes exemplos.

A Terra que habitamos, o Adama de Moisés, o Demeter de
Orfeu e de Homero, parece-nos bastante velha em razão da longa
vida da humanidade e do curto espaço de uma encarnação humana,
todavia, nosso astro é jovem ainda em relação à duração de seu

organismo atual; e o futuro longínquo reserva-lhe ainda duas outras transformações, dizem os grandes adeptos. Sua constituição como Planeta-Terra, que só deve nos ocupar neste capítulo, é devida à última grande revolução cosmogônica, a saber, à separação de Terra e da Lua.

A Lua atual era outrora parte integrante da Terra. Constituía o seu núcleo mais espesso e o mais pesado. Os Poderes espirituais que separaram a Terra da Lua foram os mesmos que arrancaram outrora a Terra-Lua do Sol. O fim principal desta cisão era a descida do homem, do plano astral para o plano físico, onde devia adquirir a consciência pessoal pelo desenvolvimento de novos órgãos. Ora, este acontecimento capital, na ordem humana, não seria possível senão pela separação da Terra e da Lua em dois pólos, nos quais a *Terra representaria o pólo masculino e a Lua, o pólo feminino*[1]. O desenvolvimento fisiológico correspondente teve por conseqüência o aparecimento dos sexos no reino animal, como também no reino humano. A espécie humana somente se resgatou da animalidade com o desdobramento dos seres vivos em sexos opostos. E pela bissexualidade, três novas forças entraram em ação: *o amor sexual, a morte e a reencarnação*, agentes poderosos de ação, de dissociação e de renovação, encantamentos e terrores, aguilhões e látegos temíveis da evolução humana.

Entretanto, antes de atingir sua forma atual, o ser humano, caído do plano astral para o plano físico, atravessou as principais fases da animalidade (peixe, réptil, quadrúpede, antropóide). Porém, ao contrário da teoria de Darwin e de Haeckel, os fatores essenciais da humanidade, ao atravessar *à sua maneira* as fases dos grandes espaços, não foram nem a seleção natural, nem a adaptação ao meio, mas um impulso interior, sob a ação dos Poderes espirituais, que seguiram o homem passo a passo e o aperfeiçoaram gradualmente. Jamais o homem transpôs as etapas terríveis, que o conduzem da animalidade instintiva à animalidade consciente, sem os seres superiores que a talharam, penetrando-a e moldando-a de geração em geração, e de século em século, através de milhões de anos. Foi ao mesmo tempo uma criação e uma cooperação, uma mistura, uma fusão, uma refundição incessante. Os espíritos-guias de então, nós o veremos, agiram duplamente sobre a humanidade nascente, seja encarnando-se em seus corpos, seja pelo influxo espiritual. Assim, o ser humano foi-se modelando ao mesmo tempo por dentro e por fora. Pode-se, pois, afirmar que o homem é também, concomitantemente, sua própria obra e a obra dos Deuses.

Dele veio o esforço, mas deles a centelha divina, o princípio da alma imortal.

Procuremos agora representar para nós o que foi o animal humano antes da separação dos sexos, no período da terra que os geólogos chamam de época primária. Por essa época, o sol móvel da terra ardia ainda. Por toda a parte diluía o fogo. O que constitui hoje os oceanos rolava ao redor do planeta como uma esfera semilíquida, semivaporosa, transpassada por mil correntes quentes ou frias, borbulhantes nos abismos tenebrosos, gasosa e transparente nas alturas. Através dessas camadas obscuras ou translúcidas, turbilhonantes ou calmas, movia-se desde então, em numerosos exemplares, um ser dotado de estranha vitalidade e de uma volubilidade singular.

Este bizarro ancestral, que hoje nos parece tão inquietante, tinha sua beleza. Assemelhava-se menos a um peixe do que a uma longa serpente de um azul esverdeado, de corpo gelatinoso e transparente, deixando ver seus órgãos interiores e refletindo todas as cores do arco-íris. À guisa de cabeça, saía de sua parte superior uma espécie de leque ou de penacho fosforescente. Neste órgão ficava o protoplasma daquilo que se tornou o cérebro no homem. No ser primitivo servia ao mesmo tempo de órgão de percepção e de reprodução. De percepção porque, não tendo orelhas nem olhos, ele percebia à distância, devido à extrema sensibilidade do órgão, tudo o que dele se aproximava, podendo prejudicá-lo ou favorecê-lo. Mas esta espécie de lanterna, esta grande flor, luminosa como uma medusa do mar, preenchia também a função do órgão masculino e fecundante. Além disso, ágil e vivaz, encobria também no corpo onduloso um órgão feminino, uma matriz. Em determinadas épocas do ano, esses nadadores hermafroditas eram lançados nas partes superiores e menos densas do oceano pelos raios solares. A fecundação se operava então sob sua influência.

Isto quer dizer que o ser bissexuado se fecundava a si mesmo, inconsciente e involuntariamente, como o fazem ainda hoje muitas plantas, cuja semente, caída dos estames, fecunda o estigma. Então, o novo ser que se formava em seu seio tomava, pouco a pouco, o lugar do primeiro. Toda a vida do antigo passava para o novo que, quando havia atingido seu pleno crescimento, rejeitava a carapaça, como a serpente rejeita sua armadura de escamas ao produzir pele nova. Havia, pois, renovação periódica do animal, mas não havia nem morte nem renascimento. Esse ser não possuía ainda o *eu*. Faltava-lhe o que os Indus chamam de *maná*, o gérmen da *mentalidade*, a centelha divina do homem, centro cristalizador da alma imortal. Ele não tinha, como todos os animais atuais, a não ser um corpo físico, um corpo etéreo (ou vital) e um corpo astral (ou resplandecente) e, por último, sensações que se assemelhavam a uma mistura das sensações tácteis, auditivas e visuais. Seu modo de percepção era, sob uma forma rudimentar, alguma coisa semelhante ao que hoje ainda é o sexto sentido, ou o sentido divinatório, nos seres especialmente dotados desta faculdade.

Transportemo-nos agora a alguns milhões de anos mais tarde, à época eocênica e miocênica. A terra mudou de aspecto. Todo o fogo se recolheu ao interior. A massa aquosa aumentou. Uma parte do invólucro vaporoso do globo se condensou, depois se estendeu na superfície como oceano. Um continente surgiu no hemisfério astral: a Lemúria[1].

Sobre o solo desse continente, feito de granito e de lava endurecida, desenvolvem-se feitos gigantescos. A atmosfera está sempre carregada de nuvens, mas uma luz incrível a atravessa. Tudo o que fervilhava outrora na atmosfera da Terra-Lua, gérmens de plantas e de animais, reapareceu na terra em formas mais avançadas, que nadam no oceano, pulsam, alastram-se, marcham sobre o solo ou voam no ar pesado. O ser destinado a tornar-se o homem, o hermafrodita medusiano, meio peixe, meio serpente da época primária, tomou a forma de um quadrúpede, de uma espécie de sáurio, mas muito diferente dos sáurios atuais, que são apenas o rebento e a degenerescência daquele. Seu sistema cerebrospinal, revelado apenas na Medusa humana primitiva, desenvolveu-se fortemente. Sua glândula pienal se revestiu de um crânio e tornou-se o cérebro, mas ela escapa ainda por um orifício situado na parte superior da caixa craniana e se apresenta como um penacho móvel. Nesse crânio surgem dois olhos, dotados apenas de uma visão turva; mas o penacho pienal conservou seu dom de sensibilidade astral, de sorte que o ser imperfeito, híbrido e desconcertante, tinha duas espécies de percepção: uma ainda bastante forte, mas que ia diminuindo, *no plano astral;* a outra, mais fraca, que ia aumentando, porém, *no plano físico.* Suas guelras tornaram-se pulmões, as barbatanas, patas. Quanto à cabeça, ela lembra a cabeça do delfim, com saliências frontais semelhantes às do leão.

Para tornar este ser, meio rastejante,.meio andante, já dotado de fortes potencialidades, porém ainda tão profundamente humilhado e miserável, um homem ereto, da cabeça erguida para o céu, um ser que pensasse, precisava-se de forças maiores, de procedimentos mais sutis e mais engenhosos do que todos aqueles imaginados por nossos sábios naturalistas. Era preciso uma concentração de forças espirituais que operassem milagres. Eram necessários Espíritos do alto, Deuses que, surgindo sob o véu da matéria, elevassem aqueles seres rudimentares até o Espírito. Era preciso, em resumo, dar-lhes nova forma e imprimir-lhes o cunho divino. O Gênesis diz simplesmente: "Deus criou o homem à sua imagem" (Gen. I,27). E mais adiante: "Ele soprou em suas narinas uma respiração de vida e se fez nele uma alma viva" (Gen. II, 7). Enfim, acrescenta, no VI, 1-4, que "os filhos de Deus pediram para mulheres as filhas da Terra, de onde nasceram os gigantes". Estas afirmações encobrem verdades profundas. A ciência esotérica fornece, a esse respeito, explicações que esclarecem ao mesmo tempo as palavras de Moisés e as descobertas da ciência moderna, ligando-as mutuamente.

Antes de tudo o esoterismo determina a função dos *filhos de Deus,* que foi complexa e diversa.

Sobre a Lua tinha ficado toda uma classe de Anjos da categoria luciferina e da mais inferior, isto é, aqueles que aspiravam não somente a ser guias dos homens, mas a viver a sua própria vida, revestindo-se de um corpo físico e imergindo nas sensações violentas da matéria. Eles vieram em massa se encarnar no corpo dos futuros homens ainda reduzidos ao estado de sáurios com cabeça de delfim. Sob a intensidade de sua ação se desenvolveu o sistema sangüíneo e o sistema nervoso. Penetrando na humanidade nascente, eles lhe trouxeram, com o desejo insaciável, a centelha divina, o princípio imortal do *eu.* Entretanto, era preciso também que este *eu,* assim cristalizado, fosse iluminado e fecundado por espíritos de uma ordem inteiramente superior e verdadeiramente divina.

O planeta Venus era habitado nesse tempo por uma ordem de Espíritos dos quais temos falado bastante – os Arqueus ($A\rho\chi\alpha\iota$), educadores dos Arcanjos, os mais poderosos entre aqueles que a mitologia indu designa pelo nome de Asuras. Acima de todos os outros, esses chefes da terceira hierarquia divina, designada para a criação e a educação do homem, têm o nome de Deus. Pois eles não podem se revestir de um corpo físico nem identificar-se, de maneira alguma, com a matéria. Desdenham o fogo e não vivem senão na luz. Mas podem tornar-se visíveis aos seus inferiores revestindo-se de um corpo etéreo, ao qual emprestam à vontade todas as formas de seu pensamento e um invólucro astral resplandecente. Foram estes os seres superiores que vieram habitar por algum tempo a Terra, na época Lemuriana. Hesíodo parece falar deles quando diz: "Os Deuses vestidos de ar caminhavam entre os homens." Estamos, por assim dizer, em contacto com as energias divinas que atuaram na formação do homem. O gênio plástico dos Helenos reuniu toda esta evolução na imagem de Prometeu, remodelando a argila humana com o fogo. É ele quem coloca o homem rastejante em direção ao céu, ensinando-lhe, com os Deuses, as artes do lar. Devemos, a seguir, descrever detalhadamente, segundo a história verídica, como os homens primitivos perceberam os Deuses do Alto, os Arqueus, os Senhores do Começo e da Luz.

Imaginemos o Sol em movimento e ainda atormentado pelo fogo do continente lemuriano. Estendem-se, a perder de vista, imensos pântanos, de onde emergem milhares de vulcões de incomensurável grandeza. Jamais o sol atravessa a espessa camada de nuvens que encobre o céu. Aqui e lá se ramificam cadeias de montanhas cobertas de florestas gigantescas. Sobre um cume desnudo, maciços esparsos de rochedos graníticos arrebentam a crosta das larvas arrefecidas. Reunem-se aí, em grande número, sáurios de cabeça leonina e vagamente humana. Aproximam-se atraídos pelo estranho luar que sai de uma gruta. Pois nesse lugar aparece, de tempos em tempos, o Mestre, o Deus que eles temem e veneram por um instinto invisível.

Recordemos que em todas as épocas os Deuses, para se fazerem compreender pelos seres vivos, são forçados a se revestir de uma forma semelhante à deles. Assim, o Instrutor que fala para aquela assembléia tem a forma imponente de um dragão alado e luminoso. O corpo do poderoso pterodáctilo não é senão um corpo etéreo, envolto em um nimbo astral como uma auréola resplandecente. Mas, para aqueles que o contemplam, ele parece mais vivo do que eles mesmos. E ele está lá. Não fala uma linguagem articulada como a nossa, e sim por gestos e pela luz que dele emana. Seu corpo, suas asas e o penacho da cabeça reluzem... e seus olhos fulguram. Os raios que daí emanam parecem iluminar o interior das coisas. Seguindo-os, os sáurios fascinados começam a compreender a alma dos astros, ouvem mesmo sua voz, seus gritos. Respondem a tudo e imitam. De repente, o animal assustador e divino se ergue sobre os pés, suas asas se agitam, sua crista chameja. A este apelo se faz uma abertura no céu negro. Um exército de Deuses aparece sob um tufão de luz; faces desconhecidas, múltiplas, sublimes. E, acima deles, por um instante se irradia um disco de luz... Então, o povo deslisante e rastejante que segue os gestos de seu mestre se ergue em um transporte de entusiasmo, e com seus braços ainda uniformes adora o Deus supremo sob a forma do Sol, què logo se encobre e desaparece.

Era este o gênero de ensinamento pelo qual o culto dos Deuses e o sentimento religioso penetraram, pela primeira vez, na humanidade dos tempos de Lemúria. Estas iluminações precoces devem ser consideradas como as mais fortes agentes da evolução física do homem, pois purificaram seus órgãos vitais e tornaram flexíveis seus membros. Avocaram, do caos das sensações tácteis, sua visão e audição. Deram-lhe sucessivamente a estatura vertical, a voz, a palavra e os primeiros rudimentos da linguagem. À medida que o homem se aperfeiçoava, os Arqueus se revestiam de formas mais nobres e terminaram por aparecer sob a figura do Arcanjo de face humana. Mas a lembrança dos primeiros mestres da humanidade não cessou de surgir na imaginação dos homens, sob a forma de pterodáctilo. É verdade que essa familiaridade provém em parte de uma lembrança confusa dos monstros antediluvianos que tinham formas aproximadas. Todavia, nas mais antigas mitologias, o dragão não é um ser malfeitor, é antes um Deus, um mágico que tudo sabe. O Japão, a Índia, as mitologias germânicas e célticas fazem dele um animal sagrado. "O rei das serpentes", na época indu, de *Naal* e *Damaianti*, fornece um curioso exemplo. A veneração do dragão como um Deus é ainda uma lembrança dos primeiros Instrutores da humanidade.

Á medida que o homem perdia as formas animais e se aproximava da forma atual, a separação dos sexos se acentuava. A oposição entre os sexos e a atração sexual deviam ser, nas épocas seguintes, um dos mais enérgicos propulsores da humanidade em ascendência. Todavia, seus primeiros efeitos foram terríveis. Tantas foram as discórdias e tão grande o transtorno geral que o planeta chegou a um estado vizinho do caos. No mundo animal como na humanidade que nascia, a primeira erupção dos sexos na vida, o novo prazer de criar a dois agiu como uma bebida inebriante sobre todos os seres vivos. As espécies tiveram uma tendência para se juntarem. Os pterodáctilos, unidos às serpentes, conceberam as aves de rapina. O mar tornou-se um laboratório de monstros. Do acoplamento das espécies inferiores da humanidade com os mamíferos nasceram os símios. O homem não é, pois, absolutamente um símio aperfeiçoado. Ao contrário, o símio é uma degenerescência e uma degradação do homem primitivo, um fruto de seu primeiro pecado, sua caricatura e seu remorso vivo[3]. O macaco causa horror ao homem justamente porque ele lhe diz: "Toma cuidado para não recair ao instinto em vez de subir até a consciência, senão tu te tornarás semelhante a mim! "

Jamais calamidade mais espantosa assolou o mundo. Dessa desordem das gerações saíram todas as más paixões: os desejos sem freio, a inveja, o ódio, o furor, a guerra entre os homens e os animais, a guerra dos homens entre si. As paixões se espalharam na atmosfera astral da terra como fumaças envenenadas, mais pesadas ainda do que as espessas nuvens que pesavam sobre a terra.

O gênio grego, que humaniza tudo o que toca e encerra todos os terrores da natureza nas linhas redentoras da beleza, perpetua esse momento da pré-história na lenda de Pandora.

Os Deuses, invejosos de Prometeu, portador do fogo celeste, enviam aos homens o fantasma sedutor da Mulher, ornada de todos os encantos. O imprudente Epimeteu aceita o presente. Então Pandora abre a tampa do jarro que sustenta nos graciosos braços. Logo uma imensidade de males, calamidades e doenças daí se escapa e se espalha sobre a terra como uma fumaça negra para derrotar o gênero humano. Depressa ela fecha novamente a tampa. Somente a Esperança, detida na borda do jarro, aí permanece. — Imagem maravilhosa das desordens criadas pelo primeiro desencadeamento do amor sexual sobre a Terra — e o desejo infinito da Alma cativa que estremece, apesar de tudo, sob o Eterno-Feminino manifestado na sensualidade.

Um desastre era iminente. Um cataclisma devia destruir grande parte do continente lemuriano[4], mudar a face do globo e transportar os sobreviventes para uma nova onda de vida. Pois há uma correlação íntima e constante entre as paixões que agitam o mundo dos vivos e as forças que se chocam nas entranhas da Terra. O Fogo Primordial, o Fogo criador, fechado e condensado numa das esferas concêntricas da Terra, é o agente que provoca a fusão das massas subjacentes da crosta terrestre e produz erupções vulcânicas. Não é um elemento consciente, mas passional, de extrema vitalidade e de uma formidável energia, que responde magneticamente aos estímulos animais e humanos por meio de repercussões violentas. Esse era o elemento luciferiano que a terra encobria sob as outras carapaças. Ocorrendo esta correspondência na vida anímica do globo e seus habitantes, não é de se surpreender que a atividade vulcânica do continente astral atingisse o apogeu no fim desse período.

Formidáveis abalos telúricos agitam a Lemúria de um extremo a outro. Inúmeros vulcões se puseram a expelir torrentes de lava. Novos cones explosivos de erupção surgiram em toda parte do solo, cuspindo feixes de chamas e montanhas de cinzas. Milhões de monstros, encolhidos nos precipícios ou suspensos nos cumes, foram asfixiados pela fumaça ou tragados pelo mar fervente. Alguns dentre eles escaparam do cataclisma e reapareceram no período seguinte. Quanto aos homens deteriorados, foram exterminados em massa com o continente que, após uma série de erupções, vergou e recolheu-se pouco a pouco sob o oceano.

Entretanto, uma elite da raça lemuriana se refugiou na extremidade ocidental do continente, sob o comando de Manon ou Guia divino. — Daí esta elite pôde alcançar a Atlântida, a terra virgem e verdejante, recentemente imersa das águas, onde devia se desenvolver uma raça nova e a primeira civilização humana.

Neste rápido ensaio de uma cosmogonia esotérica, vimos a formação do nosso mundo solar por meio de condensações sucessivas, análogas àquelas descritas por Laplace em seu *Sistema do mundo*. Contudo, por trás das leis físicas, que são os métodos da matéria, discernimos os Poderes espirituais que o animam. Sob a ação destes Poderes, vimos Saturno se desligar da nebulosa e o Sol se iluminar no centro, depois, os planetas nascerem um a um da vida e da luta dos Deuses. Cada uma dessas etapas é um mundo à parte, um longo sonho cósmico, onde se exprime um pensamento ou se mostra uma face da Divindade. — Com os Arqueus, é a palavra do Começo. Com os Arcanjos, é o êxtase celeste diante do cosmos no esplendor solar. Com Lúcifer, é o clarão criador nas Trevas do Abismo. Com os Anjos, é a santa piedade. Com o Homem, é o sofrimento e o desejo.

Gota trêmula de luz, caída do coração dos Deuses, vai ele refazer o caminho em sentido inverso, reunir os Poderes que o geraram e tornar-se por sua vez uma espécie de Deus, permanecendo ele próprio e livre? — Arrojada, temível aventura, sobre uma rota interminável, cuja sombra apaga as primeiras armadilhas e uma glória deslumbrante vela o fim. Procuremos segui-lo em alguns degraus da escala que se perde no infinito.

NOTAS:

1. Ao contrário, em face do Sol a Terra representa o elemento feminino.

2. Os naturalistas, que estudam o globo terrestre do ponto de vista da paleontologia e da antropologia, anunciaram há muito tempo a existência de um antigo continente, hoje submerso, ocupando o hemisfério astral. Constituía-se da Austrália atual, uma parte da Ásia e da África meridional, chegando até à América do Sul. Nessa época, a Ásia central e setentrional, toda a Europa, assim como a maior parte da África e da América, estavam ainda sob a água. O inglês Sclater chamou o antigo continente de *Lemúria*, por causa do antropóide assim denominado. Segundo o naturalista alemão Haeckel, os animais do tipo lemurídio se desenvolveram sobre o continente. (Ver: Haeckel, *História Natural da Criação).* Eis as conclusões de um naturalista inglês sobre o antigo continente lemuriano: "A paleontologia, a geografia física e as observações sobre a distribuição da fauna e da flora revelam uma estação pré-histórica entre a África, a Índia e o Arquipélago oceânico. A Austrália primitiva deve ter existido no começo do período pérmico até o fim do período miocênico. A África do Sul e a quase ilha Indu são os restos desse continente." (Blandfort: *On the age and correlation of the plan-bearing series of Índia and the former existence of an Indo-Oceanic Continent).* A provável duração do continente lemuriano foi de quatro a cinco milhões de anos. Sua flora se caracteriza pelas coníferas com agulhas, fetos gigantes e quentes pântanos. Sua fauna consistia de todas as espécies de répteis. Os ictiosauros, os plesiosauros, os dinossauros aí dominavam com os pterodáctilos de asas de morcego. Havia lagartos voadores de todos os tamanhos, desde a grossura de um pardal até sáurios munidos de asas de cinco metros. Os dragões ou dinossauros, terríveis animais de rapina, tinham dez a quinze metros de extensão (Ver *Lost Lemurie* por Scott Elliot, Londres).

3. Em seu belo livro *A Evolução Criadora,* M. Bergson reconhece um *sopro de vida,* um *elã vital* que trapassa as espécies animais. A intuição aplicada ao estudo detalhado da fisiologia revela-lhe que o homem não é o produto das espécies inferiores, mas que, ao contrário, todas as espécies descendem de um único tronco, do qual o homem é o *ápice.*

4. A Austrália, a Índia, a Indochina, Madagascar, um pedaço da África e da América do Sul são o restante.

59

LIVRO II

A ATLÂNTIDA E OS ATLANTAS

Durante a idade de ouro, os Deuses revestidos de ar caminhavam entre os homens.

HESÍODO, Os Trabalhos e os Dias.

CAPÍTULO I

TRADIÇÃO SOBRE A ATLÂNTIDA. SUA CONFIGURAÇÃO
E SEUS PERÍODOS GEOLÓGICOS

Os sacerdotes do antigo Egito conservavam sonhadoramente a recordação de um vasto continente que ocupava, outrora, grande parte do oceano Atlântico, e de sua poderosa civilização, tragados, ambos, por catástrofe pré-histórica.

Eis os termos com os quais Platão relata essa tradição, segundo Sólon, que a conseguiu, diz ele, dos sacerdotes egípcios: "O Atlântico era então navegável e havia, diante do desfiladeiro que vós chamais de coluna de Hércules (atualmente o estreito de Gibraltar), uma ilha maior do que a Líbria e a Ásia. Desta ilha podia-se facilmente passar para as outras ilhas e destas a todo o continente que orlava tudo ao redor do mar interior. Pois o que está aquém do desfiladeiro do qual falamos, assemelha-se a um porto com uma entrada estreita, mas lá existe um verdadeiro mar, e a terra que o cerca, um verdadeiro continente. Sobre esta ilha atlântida, reinavam reis de grande e extraordinário poder; tinham sob seu domínio a ilha inteira, assim como várias outras ilhas e algumas partes do continente. Além disso, aquém do desfiladeiro, reinavam também sobre a Líbria até o Egito, e sobre a Europa até o Tirreno."

É isto apenas que Platão narra no final de seu diálogo *Tímeo* ou *Sobre a Natureza*. Porém, em outro diálogo, intitulado *Crítias* ou *Sobre a Atlântida,* do qual somente a primeira parte foi conservada, ele descreve longamente a ilha de Poseidon, sua cidade de portas de ouro cercadas de canais superpostos, seu templo, sua federação de reis-sacerdotes, soberanos hereditários, indissoluvelmente ligados entre si por uma constituição, obra de um fundador divino, ao qual dá o nome de Netuno. Este curioso fragmento se interrompe no momento em que, após ter descrito a prosperidade do povo que permaneceu longo tempo fiel às virtudes hereditárias, fala sobre sua decadência irremediável provocada por uma avassaladora ambição e perversidade.

Por mais curto que seja, este fragmento é infinitamente sugestivo, pois nos abre uma brecha sobre um passado longínquo que a decorrência dos séculos e o silêncio dos anais furtaram à visão da história. Através das formas helenizadas desta pintura, aplicou-se a cor estranha dos costumes e ritos, onde uma simplicidade patriarcal se mistura ao fausto da Babilônia e à majestade dos Faraós. Platão conta que a ilha dos Poseidons, último resquício do grande continente da Atlântida, foi destruída e submersa por uma catástrofe que teve lugar nove mil anos antes da época de Sólon. Strabão e Proclus relatam os mesmos fatos. Acrescentemos que os sacerdotes egípcios, que forneceram estas noções aos viajantes gregos, pretendiam possuir essa tradição dos próprios Atlantas, através de uma filiação longínqua mas ininterrupta, e diziam a Sólon: "Vós outros, gregos, falais de um só dilúvio, embora tenha havido vários outros anteriormente", afirmação confirmada pela geologia moderna, que encontrou traços desses dilúvios sucessivos nas camadas superpostas da terra. Os esqueletos dos mamutes, de outros animais e, enfim, do homem fóssil, encontrados nos solos terciários e quaternários, são até o momento os únicos documentos dessas épocas longínquas do globo.

Esperando que uma ciência mais prodigiosa faça reviver esse mundo perdido, as descobertas da oceanografia vieram corroborar as antigas tradições. Ressurgiram a espinha dorsal da Atlântida e permitiram adivinhar seus contornos. As sondagens do oceano Atlântico provaram a existência de uma imensa cadeia de montanhas submarinas, cobertas de destroços vulcânicos, que se estendem de Norte a Sul.[1] Erguem-se, quase subitamente, do fundo do oceano, a uma altura de 9.000 pés: os Açores, São Paulo, a ilha da Ascensão, Tristão da Cunha constituem os mais altos picos. Estes pontos extremos do continente desaparecido ainda emergem, isoladamente, das ondas. Por outro lado, os trabalhos de antropologia e etnologia comparada de Le Plongeon, de Quatrefages e de Bancroft provaram que todas as raças do globo (a negra, a vermelha, a amarela e a branca) ocuparam outrora a América, que existia, em parte, antes do tempo da Atlântida e a ela se unia primitivamente. Notaram também analogias surpreendentes entre os velhos monumentos do México, do Peru e a arquitetura da Índia e do Egito. Servindo-se de todos esses documentos, juntando as tradições dos Índios da América do Norte, do Centro e do Sul e as de todos os povos sobre o dilúvio, M. Scott Elliot tentou reconstruir uma história da Atlântida que encerra uma considerável parte de hipóteses, mas forma um todo homogêneo e um conjunto concludente[2]. Por outro lado, o Doutor Rudolf Steiner, dotado de elevada cultura esotérica e de uma clarividência especial, forneceu, sobre a constituição física e psíquica dos Atlantas, em relação com a evolução humana anterior e posterior, exposições de uma novidade e profundeza surpreendentes.[3]

Apresentaremos a seguir um resumo da história geológica da Atlântida, segundo Scott Elliot.

Há um milhão de anos, a Atlântida se unia, por trás, a um extenso trecho já emerso da América oriental.

Não somente ela ocupava todo o espaço representado pelo atual golfo do México, como também se estendia muito mais além, para o Nordeste, em um vasto promontório que compreendia a Inglaterra atual. Escavando e curvando-se para o Sul, ela formava um outro promontório na direção da África. Apenas a África do Norte emergia das águas. Um braço do mar a separava da Atlântida, de sorte que as raças humanas, nascidas e desenvolvidas sobre este continente, podiam alcançar diretamente a Inglaterra e mais tarde a Noruega. Por outro lado, elas não tinham senão um estreito canal a transpor para atingir a África do Norte e daí a Ásia meridional, que já fizera parte da Lemúria.

Após um primeiro dilúvio, há 800.000 anos, a Atlântida, dividida de alto a baixo, ficou separada da América por um estreito. Do lado do Oriente ela conservou a forma de concha aberta, enquanto que a Irlanda e a Inglaterra, ligadas à Escandinávia novamente emersa, formavam com ela uma grande ilha.

Em um novo cataclisma, há 200.000 anos, a Atlântida se separou em duas ilhas, uma grande, ao Norte, chamada Ruta, outra menor, ao Sul, com o nome de Daitia. Por esta época, a Europa atual estava já formada. Durante esses três períodos a comunicação da Atlântida com a África do Norte e a Europa mantinha-se com facilidade.

Essa comunicação foi bruscamente interrompida, há 80.000 anos, por novo transtorno geológico. Então, da antiga e vasta Atlântida restou apenas a ilha que Platão denominou Poseidon, último pedaço da grande ilha de Ruta, situada a igual distância da América e da Europa.

A ilha de Poseidon foi tragada por sua vez, no ano de 9.564 antes de Cristo, conforme narração dos sacerdotes egípcios a Sólon.

Assim, lentamente, mas com segurança, a velha Atlântida ressurge do fundo do Oceano. Acredita-se ver os véus milenares se retirarem um a um e uma civilização desaparecida se esboçar a nossos olhos, em linhas cada vez mais distintas, em cores cada vez mais fortes. A princípio, uma prodigiosa eflorescência de vida, Éden tropical de uma humanidade meio selvagem ainda, mas como que ofuscada e inundada do Divino. Depois, uma longa série de lutas, seguida de uma federação de reis neófitos, calmaria fecunda da mistura de raças, na fornalha humana de onde deveria sair o ouro puro do tipo ariano. Afinal, a decadência e o reino da magia negra, que lançou sobre o mundo a matilha de paixões e desencadeou as forças do abismo.

Procuraremos adiante fixar com alguns traços estas rápidas visões.

NOTAS:

1. A Atlântida, este misterioso continente que ligava outrora a África à América Latina e que, se formos acreditar na lenda, desapareceu um dia tragada pelas ondas, será que existiu apenas nos cantos do poeta? M. Edmond Perrier anuncia que um naturalista, M. Germain, dedicou-se a procurar a solução do problema baseando-se em dados científicos e rigorosos. Estudou com cuidado minucioso a fauna e a flora fósseis das ilhas do continente que ainda emergem do oceano. Esses fósseis são idênticos por toda parte, nas ilhas da Mauritânia como na América. Em São Tomé os corais são idênticos às madrepérolas da Flórida. Tudo prova que havia um traço de união entre os continentes atuais. Tudo leva a crer que a Atlântida desapareceu no fim do período terciário. Um primeiro desabamento deve ter-se produzido entre a costa da Venezuela e o arquipélago que ainda existe em nossos dias. A Mauritânia e as ilhas do Cabo devem ter sido separadas um pouco mais tarde." *(Le Temps,* 29 de novembro de 1911).

2. *Histoires de l'Atlantide,* por Scott Elliot, traduzido do inglês, com quatro mapas, Librairie Théosophique. Bailly, 10, rue Saint-Lazare, Paris.

3. *Unsere atlantischen Vorfahren,* por R. Steiner. Ver também o capítulo intitulado *Die Weltentwickelung* em sua obra capital *Die Geheimwissenschaft im Umris.* Altmann, Leipzig, 1910.

CAPÍTULO II

A ATLÂNTIDA PRIMITIVA. COMUNHÃO COM A NATUREZA
E VIDÊNCIA ESPONTÂNEA; O PARAÍSO DO SONHO E O
REINO DOS DEUSES

O período atlântido, cujas etapas geológicas acabamos de descrever, representa, na história, a passagem da animalidade à humanidade propriamente dita, isto é, o primeiro desenvolvimento do *eu* consciente, de onde consideráveis faculdades do ser humano deviam brotar como a flor da germinação. Não obstante se, pelo desenvolvimento físico, o atlanta primitivo aproximou-se mais do animal do que do homem atual, não o imaginamos um ser degradado como o selvagem de hoje, seu descendente degenerado. Certamente, a análise, o raciocínio e a síntese, que são nossas conquistas, não existiam nele senão no estado rudimentar. Possuíam, ao contrário, certas faculdades psíquicas que deveriam se atrofiar na humanidade posterior: a percepção instintiva da alma das coisas, a segunda visão em estado de vigília e de sono, como aquela dos sentidos de uma acuidade singular, uma memória tenaz e uma vontade impulsiva, cuja ação se exercia de maneira magnética sobre todos os seres vivos, algumas vezes até sobre os elementos.

O atlanta primitivo, que manejava a flecha de ponta de pedra, tinha um corpo impetuoso, muito mais elástico e menos denso do que o homem atual, membros mais ágeis e mais flexíveis. Seu olhar cintilante e fixo como o das serpentes parecia esquadrinhar o solo, mergulhar sob a crosta das árvores e na alma dos animais. Seu ouvido escutava crescer a relva e caminharem as formigas. Sua fronte fugidia, seu perfil cavalar lembrava o de certas tribos indígenas da América e as esculturas dos Templos do Peru.[1]

Era bastante diferente de nossa época a natureza que emoldurava a vida do Atlanta. Uma espessa camada de nuvens pesava então sobre o globo.[2] O sol somente começou a penetrá-la depois das convulsões atmosféricas dos primeiros cataclismas. Privado dos raios solares, o homem de então, domador de aninais, cultivador de plantas, vivia em comunhão íntima com a exuberante e gigantesca flora e com a fauna selvagem da terra. Esta natureza era de algum modo transparente para ele. A alma das coisas lhe aparecia em vislumbres fugitivos, em vapores coloridos. A água das fontes e dos rios era muito mais leve, mais fluida do que hoje, mas ao mesmo tempo mais vivificante. Quem a bebesse inspirava os eflúvios poderosos da terra e do mundo vegetal. O ar que zumbia era mais quente e mais pesado do que nossa atmosfera cristalina e azulada. Tempestades surdas se abatiam às vezes no cume das montanhas ou na crista das florestas, sem pancadas de trovão, com uma espécie de crepitação semelhante a longas serpentes de fogo cercadas de nuvens. E o Atlanta abrigado nas cavernas ou no tronco das árvores gigantescas, observando estes fenômenos ígneos do ar, acreditava distinguir aí formas gigantescas, espíritos de seres vivos. O Fogo Primordial, que circula em todas as coisas, animava então a atmosfera com mil meteoros. À força de contemplá-los o Atlanta se apercebeu de que ele tinha certo poder sobre eles, podendo atrair as nuvens repletas de um fogo latente e delas se servir para espantar os monstros da floresta, as grandes feras e os pterodáctilos, os terríveis dragões alados, sobreviventes do mundo lemuriano. Bem mais tarde, quando a magia negra se tornou a única religião de grande parte da Atlântida, o homem iria abusar desse poder a ponto de fazer dele um terrível instrumento de destruição.

O Atlanta primitivo era, pois, dotado de uma espécie de magia natural, da qual algumas tribos selvagens conservaram resquícios. Ele tinha poder sobre a natureza, através do olhar e da voz. Sua linguagem primária, constituída de gritos imitativos e de interjeições apaixonadas, era um apelo contínuo às forças invisíveis. Ele encantava as serpentes e dominava as feras. Sua ação sobre o reino vegetal era particularmente enérgica. Ele sabia subtrair magneticamente das plantas sua força vital. Sabia também acelerar seu crescimento doando-lhes parcela de sua própria vida, e vergar em todos os sentidos os ramos flexíveis dos arbustos. As primeiras aldeias atlantas foram construídas assim, de árvores sabiamente entrelaçadas, refúgios vivos e frondosos, que serviam de habitação a numerosas tribos.

Quando, após suas viagens e caças desenfreadas, o Atlanta descansava na orla das florestas virgens ou à margem dos grandes rios, a imersão de sua alma nesta natureza luxuriante despertava nele uma espécie de sentimento religioso. Era um sentimento instintivo que se revestia de uma forma musical. Pois, no fim do dia, à descida da noite misteriosa e profunda, todos os ruídos se extinguiam. Nada de zumbidos de insetos, nada de silvos de répteis. O rugido das feras se apaziguava, os pios dos pássaros se calavam de repente. Então, não se ouvia nada mais além da voz monótona do rio, sobre o qual pairava, como um leve vapor, o som longínquo da catarata. Estas vozes eram doces como as da concha marinha que outrora, à beira do Oceano, o caçador errante levara ao ouvido. E o Atlanta escutava... escutava sempre... Logo não ouvia mais nada além do silêncio... Mas então, concentrado em si mesmo e tornando-se sonoro com a concha dos mares, ele ouvia uma outra voz... Ela retumbava por detrás e através de todas as outras, para além do silêncio! ... Parecia vir ao mesmo tempo do rio, da catarata, da floresta e do ar. Convertia-se em duas notas musicais ascendentes, repetindo-se sem cessar, em gorjeio rítmico como o da vaga que se quebra e se desfaz sobre a praia. Elas falavam: "Ta-ô! ... Ta-ô! ..." Então o Atlanta tinha a sensação confusa de que esta voz era a de um grande *Ser* que respirava em todos os seres. — E ele repetia com um sentimento de singela adoração: "Ta-ô! ... Ta-ô! ..." E era esta sua única oração, que encerrava, num suspiro, o pressentimento de tudo o que a religião tem de mais profundo e mais sublime.[3]

À noite — uma outra vida começava para o Atlanta — uma vida de sonho e de visões, uma viagem através de mundos estranhos. Seu corpo etéreo e o corpo astral, menos ligados do que o nosso ao corpo material, permitiam-lhe uma ascensão mais fácil na esfera hiperfísica. E o mundo espiritual, que é o interior do universo, invadia a alma do homem primitivo em torrentes de luz. Em estado de vigília, o Atlanta não via nem o sol, nem os planetas, nem o azul, nem o firmamento que dele se escondia através de pesada camada de nuvem com a qual o globo se cobria então. Durante o sono ele não via mais as formas materiais, porém sua alma desgarrada do corpo mergulhava na alma do mundo e os poderes cósmicos, animadores da terra e dos planetas, lhe apareciam em formas impressionantes e grandiosas. Algumas vezes ele via Manu, o pai, o fundador da raça, aparecer-lhe sob a forma de um ancião com bastão de viandante. Conduzido por este, aquele que dormia tinha a sensação de transpor a pesada coberta de vapores e de subir, de subir sempre. De repente ele se via no centro de uma esfera de fogo, ao redor da qual rolava em círculo um rio de espíritos luminosos, alguns dos quais se inclinavam em sua direção e lhe estendiam familiarmente a taça da vida ou o arco de combate. — Estás no coração do Gênio da Terra, dizia-lhe Manon, mas há outros Deuses acima dele. — E a esfera se dilatava prodigiosamente. Os seres de fogo que aí se moviam tornavam-se tão sutis e tão transparentes que, através do delicado véu, se percebiam cinco outras esferas concêntricas, parecendo bastante distanciadas entre si e brilhando, a última, como um ponto luminoso. Arrebatado como uma flecha, o Atlanta se transportava de uma esfera à outra. Via semblantes augustos, cabeleiras de chama, olhos imensos e profundos como abismos, porém não podia atingir a última esfera, a fornalha fulgurante. — É daí que todos nós descendemos, dizia-lhe Manu. — Finalmente o guia divino reconduzia para a terra o viajante astral, que havia mergulhado por um instante na alma do mundo onde irradiavam os Arquétipos. Atravessavam o exterior vaporoso do globo e então, passando pelos astros irmãos, ainda invisíveis aos olhos físicos, o guia lhe mostrava as luminárias da futura humanidade — aqui, a lua sinistra encalhada em negras nuvens como um navio naufragado entre os escolhos; lá, embaixo, o sol saindo de um mar de vapores como um vulcão vermelho.

Quando despertava desses sonhos, o Atlanta tinha a convicção de ter vivido em um mundo superior e de ter conversado com os Deuses. Guardava a memória de tudo, mas muitas vezes confundia a vida do sonho com a vida real. Para ele os Deuses eram protetores, companheiros com os quais convivia em base de amizade. Não somente era hóspede deles durante a noite, como também eles lhe apareciam às vezes em pleno dia. O Atlanta ouvia sua voz nos ventos, nas águas e recebia suas advertências. Tinha a alma impetuosa tão saturada do sopro divino que ás vezes ele sentia os Deuses em si mesmo, atribuindo a eles suas ações e acreditando ser um deles.

Conclui-se, à vista de tudo o que foi dito sobre este homem selvagem, que é preciso imaginá-lo como um caçador de mamutes e touros e um ágil matador de dragões voadores durante o dia, transformado à noite em uma espécie de criança inocente, uma pequena alma errante, *animula, vagula, blandula* e levado pelas torrentes de outro mundo.

Era assim o paraíso do homem primitivo no tempo da Atlântida. À noite, ele se saciava nas ondas do Letargo e esquecia seus dias de suor e de sangue. Porém, transportava para o dia seguinte os fragmentos das esplêndidas visões noturnas, que ele levava até para suas desvairadas caças. Estas visões eram seu sol e faziam brechas luminosas na confusão inextricável dos bosques tenebrosos. Depois da morte seus sonhos recomeçavam em escala mais avançada, de uma encarnação à outra. E quando, decorridos séculos, o Atlanta renascia em um berço de cipós, sob cascatas de folhagens das florestas sufocantes de calor e perfumes penetrantes, restava-lhe de sua viagem cósmica um vago clarão e como que uma ligeira embriaguez.

Assim, nos tempos primitivos, a noite e o dia, o despertar e o sono, a realidade e o sonho, a vida e a morte, o aquém e o além se misturavam e se confundiam, para o homem, em uma espécie de imensa quimera que se desenrolava ao infinito em um panorama de contextura translúcida. Nem o sol nem as estrelas varavam a atmosfera de nuvens, mas o homem, embalado pelos poderes invisíveis, respirava os Deuses por toda a parte.

A longínqua lembrança desta época criou todas as lendas do paraíso terrestre. Confusa memória foi transmitida de era em era e transformada nas mitologias dos diversos povos. Entre os Egípcios, é o reino dos Deuses que precede o reino de Schesu-Hor, dos reis solares e dos reis iniciados. Na Bíblia, o Paraíso de Adão e Eva guardado pelos Querubins. Em Hesíodo, a idade de ouro em que "os Deuses caminham sobre a terra revestidos de ar". A humanidade deveria desenvolver outras potencialidades e fazer novas conquistas, entretanto, por mais que as raças se sucedam, ou milênios se acumulem uns sobre os outros, sobrevenham cataclismas e o globo mude de aspecto, ela guardará a lembrança indelével de um tempo em que se comunicava diretamente com as forças do universo. Esta lembrança pode mudar de forma, mas permanecerá como a nostalgia inextinguível do Divino.

NOTAS:

1. A propósito da fronte fugidia do Atlanta e de sua constituição craniana, uma nota de importância capital é necessária. Pois as observações da ciência oculta completam as da antropologia. No homem adulto de hoje, o corpo etéreo ou vital é completamente absorvido pelo corpo físico. No Atlanta, ao contrário, o primeiro ultrapassa o segundo cerca de uma cabeça ou mais. Acontece o mesmo ainda hoje com as crianças. O corpo etéreo, sendo a sede da memória, e o cérebro, o órgão por onde o homem percebe seu *eu*, em estado de vigília, a plena consciência do *eu* não é possível senão quando o corpo etéreo se identifica completamente com o corpo físico e sua parte su-

perior cabe exatamente na caixa craniana. Este fenômeno se produziu pouco a pouco na raça atlântida, mas somente no decorrer de sua evolução. No Atlanta primitivo não era assim. Sua memória flutuava por assim dizer acima dele, com o corpo etéreo. Ele podia recordar as menores imagens, mas acontecia, então, que o passado se tornava presente. Apenas vagamente distinguia um do outro, porque ele não vivia senão o momento atual, também não tinha de seu *eu* senão uma consciência indefinida. Falava de si mesmo na terceira pessoa e, quando começou a dizer *eu*, ele confundia logo este *eu* com o de sua família, de sua tribo e de seus ancestrais. Vivia imerso na natureza e sua vida interior era intensa. Seu *eu* não refletido agia ao seu redor com uma força cada vez maior e alternadamente recebia impressões violentas ou projetava sua vontade por meio de relâmpagos.

2. A mitologia escandinava conservou a lembrança desta época quando fala sobre *Nibetheim*, o país das nuvens onde vivem os anões, fundidores de metais.

3. Deste fato primitivo, conservado pela tradição, veio nome da divindade suprema em determinados povos. O nome de *Taô* foi o de Deus entre os primeiros egípcios; tornou-se o nome do iniciador de sua religião *Tot-Hermes*, como o nome de *Wod* ou *Wotan* tornou-se o de *Odin-Seig*, o domador da raça escandinava.

CAPÍTULO III

A CIVILIZAÇÃO ATLÂNTIDA. OS REIS INICIADOS.
O IMPÉRIO DOS TOLTECAS

Segundo a tradição esotérica, a civilização atlântida, remontando às suas origens, abrange cerca de um milhão de anos. Esta primeira sociedade humana, tão distante e tão diversa da nossa e da qual, entretanto, procedemos, representa a fabulosa humanidade anterior ao dilúvio, à qual se referem todas as mitologias. Quatro dilúvios, já o dissemos, quatro grandes cataclismas, separados por longos milênios, atormentaram o velho continente, cujo último vestígio se desmoronaria com a ilha de Poseidon, deixando atrás de si a América atual, primitivamente ligada à sua massa e que cresceu do lado do Pacífico, à medida que a Atlântida, corroída por baixo pelo fogo terrestre, se desmoronava e passava a fazer parte do Oceano. Durante milhares de séculos, vários períodos glaciais, provocados por uma ligeira oscilação do eixo terrestre em sua órbita, expulsaram os povos do norte na direção do Equador, e os do centro muitas vezes repeliram os outros na direção dos dois hemisférios do globo. Houve êxodos, guerras e conquistas. Cada transtorno geológico foi precedido de um período de prosperidade e de um período de decadência, em que causas semelhantes produziram efeitos análogos. Sete sub-raças ou variedades da grande raça-mãe atlântida se formaram sucessivamente e dominaram alternadamente, misturando-se entre si. Nelas já se encontravam os protótipos de todas as raças atualmente espalhadas sobre o globo: a vermelha, a amarela e a branca, tronco da nova grande raça-mãe, a raça semítico-ariana, que devia se separar ciumentamente das outras, para começar um novo ciclo humano. Encontra-se aí também, se bem que em uma subordem, a raça negra, vestígio já em regressão da velha humanidade lemuriana, de onde saíram, por meio de cruzamentos, os Negros e os Malaios.

Da história tumultuosa destes povos, a tradição dos adeptos não guardou senão os grandes momentos e os maiores acontecimentos. Revela-se com Platão o fenômeno dominante de uma teocracia espontânea e de um governo geral, que surgiu desta mistura de raças, não pela força bruta, mas por uma espécie de magia natural e benfazeja. Uma federação de reis iniciados reina pacificamente durante séculos, e a hierarquia dos poderes divinos se reflete mais ou menos nessas massas humanas, impulsivas mas dóceis, nas quais o sentimento acentuado do *eu* ainda não desenvolveu o orgulho. Este, uma vez liberado, permitiu que a magia negra se levantasse perante a magia branca, como sua sombra fatal e seu adversário eterno, serpente de pregas sinuosas, de sopro empeçonhado, que a partir deste momento não cessaria de instigar o homem em busca do poder. Os dois partidos dispunham, então, sobre os elementos, de um poder natural que o homem de hoje perdeu. Daí surgiram as lutas formidáveis que só atingiram o seu epílogo com o triunfo da magia negra e o desaparecimento total da Atlântida.

Daremos, a seguir, uma visão sumária dessas peripécias.

A primeira sub-raça dos Atlantas chamava-se os *Rmoahalls*. Desenvolvera-se sobre um promontório da Lemúria e se estabelecera ao sul da Atlântida, em uma região úmida e quente, povoada por enormes animais antediluvianos que habitavam imensos brejos e sombrias florestas. Encontraram-se deles alguns restos fósseis nos caminhos de hulha. Era uma raça gigante e guerreira, de tez morena acaju, que agia sob fortes impressões coletivas. Seu nome provinha do grito de guerra pelo qual suas tribos se reuniam e lançavam o terror entre os inimigos. Seus chefes tinham a sensação de serem impelidos por forças de fora, que os invadiam em ondas poderosas, e os lançavam para a conquista de novos territórios. Mas, terminada a expedição, esses domadores improvisados voltavam para o povo e tudo ficava esquecido. Não tendo senão um pouco de memória e nenhum espírito de organização, os Rmoahalls foram logo vencidos, rechaçados ou subjugados pelos outros ramos da raça atlântida.

Os *Tlavatlis,* da mesma cor que seus rivais, raça ativa, ágil e astuta, preferia as rudes montanhas às ricas planícies. Alojavam-se como em fortalezas e aí faziam o ponto de apoio de suas incursões.

Este povo desenvolveu a memória, a ambição, a habilidade dos chefes e um rudimento do culto dos ancestrais. Apesar destas inovações, os Tlavatlis desempenharam apenas uma função secundária na civilização atlântida; entretanto, por sua coesão e tenacidade, mantiveram-se no poder sobre o velho continente mais tempo do que os outros. O último vestígio desse continente, a ilha de Poseidon, foi habitado sobretudo por seus descendentes. Scott Elliot vê nos Tlavatlis os ancestrais da raça dravidiana que se encontra ainda hoje no sul da Índia.

Coube aos *Toltecas,* cujo nome se encontra entre as tribos mexicanas, levar a civilização atlântida ao apogeu de seu desenvolvimento. Era um povo de tez cobreada, da talhe alto, traços fortes e regulares. À coragem dos Rmoahalls, à destreza dos Tlavatlis, acrescentava uma memória mais fiel e uma profunda necessidade de veneração para os chefes. O sábio ancião, o condutor feliz e o intrépido guerreiro foram honrados. As qualidades transmitidas voluntariamente de pai a filho tornaram-se o princípio da vida patriarcal e a tradição se implantou na raça. Estabeleceu-se deste modo a realeza sacerdotal, edificada sobre uma sabedoria conferida por seus superiores, herdeiros espirituais do Manon da raça primitiva, personagens dotados de vidência e de adivinhação. Pode-se, pois, dizer que estes reis-sacerdotes foram reis iniciados. Grande foi o seu poder durante longos séculos, o qual lhes adveio de uma compreensão singular entre si e de uma comunhão instintiva com as hierarquias invisíveis, exercendo-o auspiciosamente. Esse poder, protegido por certo mistério, rodeou-se de majestade religiosa e de grande pompa, de acordo com aquela época de sentimentos simples e de sensações fortes.

Ao fundo do golfo formado pela Atlântida, cerca de quinze graus acima do equador, os reis toltecas construíram a capital do continente. Cidade-rainha, ao mesmo tempo fortaleza, templo e porto de mar. A natureza e a arte aí rivalizavam para fazer dela algo de único. Elevava-se além de uma fértil planície, sobre uma elevação arborizada, última colina de uma grande cadeia de montanhas que a cercava como um imponente circo. Um templo de pilastras quadriláteras e grossas coroava a cidade. Seus muros e seu teto eram recobertos desse metal peculiar chamado *orichalque* por Platão, espécie de bronze com reflexos de prata e ouro, luxo preferido pelos Atlantas. De longe se viam brilhar as portas do templo. Daí o nome da cidade de portas de ouro. A maior singularidade da metrópole atlântida, tal como nô-la descreveu o autor de *Timeo,* consistia no seu sistema de irrigação. Atrás do templo, uma fonte de água translúcida jorrava do solo em longos borbotões, em um bosque, como um rio que se despenca pela montanha. Ela provinha de um reservatório e de um canal subterrâneo, transportando a massa líquida de um lago das montanhas. Recaía em toalhas e cascatas para formar ao redor da cidade três círculos e canais, que lhe serviam ao mesmo tempo como bebedouro e como defesa. Mais longe, esses canais se religavam a um sistema de lagunas e ao mar, por onde as frotas transportavam os produtos de países longínquos. A cidade se dispunha entre os canais, ao pé do templo. Se acreditarmos em Platão, sobre os altos diques de arquitetura ciclópica que protegiam os canais, viam-se estádios, campos de corrida, ginásios e até uma habitação especial reservada para os visitantes estrangeiros que a cidade hospedava.[1]

Enquanto durou a primeira florescência da Atlântida, a cidade de portas de ouro foi o objetivo de todos os seus povos e seu templo, o símbolo incontestável, centro animador de sua religião, onde se reuniam anualmente os reis federais. O soberano da metrópole os convocava para julgar as desavenças entre os povos, deliberar a respeito de seus interesses comuns e decidir sobre a paz ou a guerra com as populações inimigas da confederação. A guerra entre os reis federados era severamente proibida e todos deviam se unir contra o que rompia a paz solar.[2] Essas deliberações eram acompanhadas de ritos graves e religiosos. No templo se elevava uma coluna de bronze, sobre a qual estavam gravadas, com os sinais da linguagem sagrada, os ensinamentos de Manu, fundador da raça, e as leis promulgadas por seus sucessores no decurso dos séculos. A coluna era coroada por um disco de ouro, imagem do sol e símbolo da divindade suprema. O sol então não rompia senão raramente o invólucro nebuloso da Terra, mas venerava-se o astro-rei assim que seus raios roçavam o cume das montanhas e a fronte do homem. Intitulando-se filhos do sol, os reis federados pretendiam que sua sabedoria e seu poder lhes vinham da esfera desse astro. As deliberações eram precedidas de toda sorte de purificações solenes. Os reis, unidos pela oração, bebiam em uma taça de ouro uma água impregnada do perfume das mais raras flores. Esta água se chamava o *licor dos Deuses* e simbolizava a inspiração comum. Antes de tomar uma decisão ou de formular uma lei, os reis dormiam uma noite no santuário. Pela manhã, cada um contava seu sonho. Em seguida, o soberano da cidade-rainha procurava reunir todas as mensagens emanadas dos sonhos para daí retirar a luz que guiaria o encontro. Então, somente quando o acordo se estabelecia entre todos, o novo decreto era promulgado.

Assim, no apogeu da raça atlântida, uma sabedoria intuitiva e pura se derramava do alto sobre os povos primitivos, transbordando como o rio das montanhas que envolvia a metrópole com suas torrentes límpidas e caía de canais em canais na fértil planície. Quando um dos reis iniciados partilhava com seus subordinados preferidos da taça de ouro da inspiração, estes tinham a sensação de tomar uma bebida divina que vivificava todo o seu ser. Quando o navegador, aproximando-se da margem, via brilhar ao longe o teto metálico do palácio solar, ele acreditava ver um raio de sol invisível sair do templo que coroava a cidade de portas de ouro.

NOTAS:

1. Ver a descrição detalhada da cidade de portas de ouro no diálogo *Críticas* ou *Sobre a Atlântida*, de Platão. Ele aí fala da capital de Poseidon, que sobreviveu ao resto do continente, mas tudo leva a crer que sua descrição se aplica à metrópole da Atlântida. É provável que os sacerdotes egípcios, de quem Platão conservava esta tradição, confundiram as duas cidades pelo hábito de condensar e simplificar a história do passado, que foi o método dos antigos tempos.

2. Ver *Críticas*, de Platão. Descreve-se aí uma época de decadência, onde a magia negra já dominava o culto há longo tempo. No lugar de beber a água pura da inspiração, os reis bebem o sangue de um touro imolado, mas a constituição federativa permaneceu a mesma.

CAPÍTULO IV

A EXPLOSÃO DO EU. DECADÊNCIA E MAGIA NEGRA.
CATACLISMA E DILÚVIO

O desenvolvimento da riqueza material sob os reis-pontífices da raça Tolteca devia ter uma repercussão fatal. Com a crescente consciência do *eu*, despertaram o orgulho e o espírito de dominação. A primeira erupção de más paixões se produziu em uma raça aliada dos Toltecas. Era uma raça cruzada dos Lemurianos, de tez de um amarelo trigueiro. Os Turanianos da Atlântida foram os ancestrais dos Turanianos da Ásia, e foram também os pais da magia negra. À magia branca, trabalho desinteressado do homem em harmonia com os poderes do alto, se opõe a magia negra, apelo às forças inferiores, sob o impulso da ambição e da luxúria. Os reis turanianos quiseram dominar e desfrutar esmagando seus vizinhos. Romperam o pacto fraternal que os ligava aos reis toltecas e mudaram o culto. Sacrifícios sangrentos foram instituídos. Em lugar da bebida pura da inspiração divina, ingeriu-se o sangue negro dos touros, evocador das influências demoníacas[1]. Ruptura com a hierarquia do alto, pacto concluído com as forças inferiores, foi a primeira organização do mal. Esta jamais gerou nada além da anarquia e da destruição, pois tinha aliança com a esfera cuja máxima era justamente a anarquia e a destruição. Aí cada um quer abater o outro em seu proveito. É a guerra de todos contra todos, o império da cobiça, da violência e do terror. O mágico-negro não apenas se coloca em relação com as forças perniciosas que são a decadência do cosmos; ele cria novas forças por meio das formas-pensamentos das quais ele se cerca, formas astrais inconscientes que se tornam seus

78

íntimos e cruéis tiranos. Ele paga seu prazer criminal de oprimir e explorar os semelhantes tornando-se escravo cego de carrascos mais implacáveis do que ele mesmo, os fantasmas terríveis, os demônios alucinatórios, os falsos-deuses que ele criou. Tal era a essência da magia negra que se desenvolveu no declínio da Atlântida, em proporções colossais jamais atingidas depois. Assistiram-se cultos monstruosos, viram-se templos consagrados a serpentes gigantescas e a pterodáctilos vivos, devoradores de vítimas humanas. O homem poderoso se fez adorar por manadas de escravos e de mulheres.

Desde que, com a corrupção da Atlândida, a mulher se tornou um instrumento de prazer, o delírio sensual cresceu assustadoramente. A poligamia pululou. Daí a degenerescência do tipo humano nas raças inferiores e em uma parte dos povos do continente atlântico. O culto insensato do *eu* aí se revestiu, além disso, de uma forma ingênua e extravagante. Os ricos adquiriram o hábito de fazer colocar suas estátuas feitas em *orichalque,* ouro e basalto nos templos. A estes ridículos ídolos da pessoa humana era rendido um culto pelos sacerdotes especiais. Todavia essa foi a única forma de escultura que os atlantas conheceram.

De século em século o mal se acumulou: a irrupção avassaladora do vício, o furor do egoísmo e a anarquia atingiram tal extensão que toda a população atlântida se dividiu em dois campos. Uma minoria se agrupou em torno dos reis Toltecas, mantidos fiéis à velha tradição; o resto adotou a religião tenebrosa dos turanianos. A guerra entre a magia branca enfraquecida e magia negra em crescimento, cujo teatro foi a Atlântida, teve inúmeras peripécias. As mesmas fases se repetiram com verdadeiro furor. Muito tempo antes da primeira catástrofe que revolucionou o continente, a cidade de portas de ouro foi conquistada pelos reis turanianos. O pontífice dos reis solares foi obrigado a se refugiar no Norte, junto de um rei aliado dos Tlavatlis, onde se estabeleceu com um grupo de fiéis. A partir deste momento começaram as grandes migrações para o Oriente, enquanto que a civilização propriamente atlântida não fez senão se enfraquecer cada vez mais. Os Turanianos ocuparam a metrópole e o culto do sangue profanou o templo do sol. A magia negra triunfava. A corrupção e a perversidade se propagaram em proporções assustadoras na humanidade impulsiva, ainda desprovida do freio da razão. A ferocidade dos homens se espalhou também no mundo dos animais, por meio de contágio. Os grandes felinos, primitivamente domesticados pelos Atlantas, transformaram-se nos jaguares, tigres e leões selvagens. Enfim, a desordem imperou nos elementos e em toda a natureza, Nêmesis inelutável da magia negra. Uma primeira catástrofe separou a Atlântida da América nascente. Outras se seguiram com longos intervalos.

As quatro grandes catástrofes que absorveram esse continente soberbo não tiveram o mesmo caráter dos cataclismas da Lemúria. Vemos aí os mesmos poderes em jogo, mas eles se manifestam de outra forma, sob impulsos diversos.

A terra é um ser vivo. Sua crosta sólida e mineral é apenas uma fina película em comparação com o interior, composto de esferas concêntricas e uma matéria sutil. São os órgãos sensitivos e geradores do planeta. Como reservatórios de forças primordiais, essas entranhas vibrantes do globo respondem magneticamente aos movimentos que agitam a humanidade. Elas acumulam de algum modo a eletricidade das paixões humanas e a devolvem periodicamente para a superfície em enormes quantidades.

No tempo da Lemúria, desencadeamento da brutal animalidade tinha feito brotar o fogo terrestre diretamente para a superfície do globo, e o continente lemuriano transformou-se em uma espécie de fornalha, em que milhares de vulcões se encarregaram de exterminar o mundo repleto de monstros disformes.

No tempo da Atlântida, o efeito das paixões humanas sobre a alma ígnea da terra foi mais complexo e não menos temível. A magia negra, então com todo o seu poder, agia diretamente sobre o centro da terra, de onde ela tirava sua força. Desse modo ela provocou no círculo do fogo elementar outra espécie de estímulos. O fogo, vindo das profundezas por vias tortuosas, acumulou-se nas fissuras e cavernas da crosta terrestre. Então, os Poderes que presidiam os movimentos planetários, imprimiram ao elemento ígneo sutil, mas de uma força prodigiosa de dilatação, a direção horizontal para o Ocidente. Daí os abalos sísmicos que, de época em época, abalaram a Atlântida de leste a oeste, cujo eixo principal seguia a linha do equador. Do ponto de partida ao ponto de chegada, as ondas do fogo subterrâneo escavavam e esquadrilhavam a crosta terrestre do antigo continente. Desaparecendo a base, a Atlântida se esfacelou e terminou por perecer no mar com grande parte de seus habitantes. Mas, à medida que desaparecia o continente submerso, outra terra surgia no Ocidente com sua barreira de picos. Pois, tendo chegado ao termo de suas grandes ondulações as lâminas de fundo do planeta inflamado, as vagas gigantescas do fogo interior levantaram em crateras vulcânicas a cadeia das Cordilheiras dos Andes e das Montanhas Rochosas, espinha dorsal da futura América. Acrescentamos que as descargas de eletricidade que acompanharam esses fenômenos desencadearam ciclones, tempestades e tormentas inauditas na atmosfera. Uma parte da água, que até então vagava no ar sob forma de vapores, fundiu-se sobre o continente em cascatas e em torrestes de chuva. A submersão do sol acompanhou seu desabamento, como se poderes do céu e do abismo tivessem se conjurado para sua perda. A tradição diz que sessenta milhões de homens pereceram ao mesmo tempo no último dos dilúvios.

Assim foi exterminada a terra da Atlântida, transformada em arsenal da magia negra. E eis por que a cidade de portas de ouro, as ilhas de palmeiras verdejantes, Ruta e Daitia, e os picos altaneiros de Poseidon desapareceram sucessivamente sob a vaga impassível do Oceano vencedor, enquanto que o azul profundo e luminoso se alargava entre as nuvens diaceradas, como o olho do Eterno.

Nada se perde na evolução terrestre, mas tudo se transforma. Os Atlantas deviam reviver na Europa, na África, na Ásia através das raças emigradas e pela reencarnação periódica das almas. Contudo a imagem do continente tragado se apagou na memória da nova humanidade pensante, conquistadora e combativa, como um sonho fabuloso, uma miragem de além mar e além céu. Ficou apenas a lembrança perturbadora de um Paraíso perdido, de uma queda profunda e de um dilúvio assustador. Os poetas gregos, cujas evocações plásticas escondem muitas vezes um sentimento maravilhoso, falavam de um fantasma colossal sentado no meio do Oceano, além das colunas de Hércules, sustentando o céu coberto de nuvens com sua poderosa cabeça. Eles o chamavam de gigante Atlas. Saberiam eles que na aurora de seus dias os Atlantas viajantes tinham realmente comungado com os Deuses através do céu obstruído de nuvens? Ou saberiam que no fundo de toda a consciência humana dorme o sonho de um paraíso perdido e de um ،eu a conquistar?

NOTA:

1. Estas coisas se passavam assim na ilha de Poseidon, nos últimos tempos da Atlântida. Ver *Critias,* de Platão.

CAPÍTULO V

PRIMEIRO DESENVOLVIMENTO DA RAÇA BRANCA.
SUA RELIGIÃO SOLAR E SEU ÊXODO

Após a exposição sumária da civilização atlântida, de suas origens, seu apogeu e decadência, resta-nos ver como nossa humanidade semítica e ariana se desligou da antiga Atlântida, do mesmo modo que o busto meio humano, meio divino sai dos flancos da esfinge de Gisé. Pois, à entrada em cena de cada raça-mãe, assiste-se ao milagre da fênix renascendo das cinzas. Antes que a velha raça entrasse em decomposição, via-se aí se formar o núcleo de uma raça de elite, que extrai de uma vida melhor uma nova juventude.

Mostraremos a seguir a mudança total que o brilho gradativo da atmosfera produziu na mentalidade humana. Enquanto espessas nuvens encobriam seu céu, o homem estava reduzido fatalmente a uma vida de penumbra e de sonho. Mas agora o sol passeava todo o dia com sua tocha pelo azul. À noite, inumeráveis estrelas varavam o firmamento, e esta sinfonia de mundos flamejantes se movia em ritmos harmoniosos. O universo revelado resplandecia em sua beleza. Todos os caminhos da terra e do mar se abriam sob o céu sem limites. Não era a hora dos longos desejos e das grandes partidas? Se tudo marcha no universo, o homem não deve marchar para conhecer e para conquistar?

Foi esta a obra da raça branca, origem comum dos Semitas e dos Arianos, nos quais as qualidades vigorosas da razão, da reflexão e do julgamento deviam dominar sobre todas as outras.[1] Mas, para desenvolver estas potencialidades, era preciso uma longa disciplina e uma vida à parte, separada das outras raças. Em boa hora seus guias a levaram consigo na direção do Este e do Norte.

O objetivo final deste êxodo que durou séculos e milênios devia sèr a região central da Ásia. Sobre os altos planaltos, de ar saudável, fora do alcance das outras raças, ao pé do Himalaia, "o teto do mundo", devia se formar definitivamente a civilização ariana. Foi daí que emigraram mais tarde os diversos grupos da nova raça destinada a governar o mundo, denominada muitas vezes a raça indo-européia: Árias da Índia, Iranianos, Scitas, Sarmatos, Gregos, Celtas e Germanos, assim como os Semitas primitivos da Caldéia. Entretanto, antes de atingir a cidadela da Ásia, protegida pelas mais altas montanhas da terra, a raça branca passou por várias etapas e fez longas paradas em diversos países. A primeira e mais importante teve lugar na Irlanda, que formava então uma grande ilha, com a Inglaterra, o Norte da França e a Scandinavia. Esta paragem serviu de exercício e de educação para a elite branca da Atlântida, que caminhava para uma nova pátria. Aí seus guias a submeteram a uma preparação particular.[2]

"A Humanidade, diz Rudolf Steiner, tinha então guias que conservavam uma sabedoria sobre-humana. Eles eram venerados como *mensageiros dos Deuses* e o foram realmente, agindo como instrutores dos reis Atlantas. Dizia-se que eles mantinham *relações com os Deuses*, e isto era verídico. O que se passava nos templos da Atlântida era inacessível ao povo, e não continha nada mais do que as intenções dos seus guias. Seus ensinamentos deviam também ser concebidos de uma forma diferente de todos os outros.

"A linguagem com a qual os Deuses falavam a esses mensageiros nada tinha de terrestre. Apareciam-lhes em "nuvens de fogo" para lhes dizer como deviam guiar os homens. E os mensageiros podiam captar essas revelações porque eram os mais perfeitos entre seus irmãos humanos, tendo já alcançado um alto grau de desenvolvimento em suas vidas precedentes. Podia-se chamá-los de espíritos superiores sob forma humana, mas sua verdadeira pátria não era a terra. Os espíritos guias ou mensageiros dos Deuses comandavam os homens sem lhes revelar os princípios pelos quais os dirigiam. Pois, antes da quinta raça atlanta, origem dos Semitas primitivos, os homens não teriam podido compreendê-los. *O pensamento* ainda não tinha sido elaborado neles. A raça semítico-ariana é que foi preparada para uma nova forma de pensamento... Até ela os Deuses tinham conduzido os homens por intermédio dos mensageiros. A partir dela os homens passaram a conhecer a essência dos Deuses e a se considerarem como òs executores da Providência."[3]

Estas linhas resumem a orientação dominante da raça branca e sua diferença em relação à raça atlântida. Esta se comunicava instintivamente com as forças cósmicas; a outra recebeu a missão de realizar o Divino por seu próprio esforço. A fim de prepará-la para esta difícil tarefa, seus guias lhe impuseram uma vida penosa, em um clima frio e chuvoso. Toda a civilização da Atlântida foi amaldiçoada. Os chefes guerreiros lançaram imprecações terríveis contra as monstruosas cidades em que muitos brancos cativos tinham trabalhado como escravos em construções ciclópicas, entre rebanhos de outros escravos, machos e fêmeas, de pele vermelha, amarela ou negra. Amaldiçoaram-se os tiranos da Atlântida, seus vícios e seu luxo perverso. Amaldiçoou-se a rocha esculpida como um signo de escravidão; e a pedra bruta, os blocos angulosos dos rochedos foram considerados símbolos de liberdade e os únicos altares dignos dos Deuses. Não se desejou mais senão a vida na amplidão dos ares, nas cabanas de madeira ou sobre carros de guerra e de combate. Acampou-se no meio das florestas de abetos onde saltavam o cervo e o alce. Nada de templos baixos, recobertos de metal, onde corria o sangue das vítimas, onde resplandeciam estátuas de orichalque e de ouro, fetiches duvidosos, mas rochas de pé sob o céu, em vastas charnecas, como as de Carnac na Bretanha ou grandes círculos de menir, como o de Stonehenge na Inglaterra, verdadeiros barômetros astronômicos, orientados segundo as revoluções solares. A vida humana devia se pautar pelo curso das estações e a marcha dos astros. Os fenômenos atmosféricos serviam de ponto de partida para o ensinamento religioso.

O guia de um desses povos é representado de pé sobre um penhasco, no fim de um dia tempestuoso, quando o céu clareou sobre o Oceano atrás das fraldas abertas das nuvens: a figura de Manu é apresentada mostrando à assembléia o arco-íris, um pé apoiado no Oceano e o outro numa ilha acossada pelas ondas, e dizendo ao auditório: "Vossos ancestrais habitavam em um país sempre coberto de bruma, onde não se via o sol; entretanto eles tinham relações com os Deuses. Hoje os Deuses não se mostram mais, a não ser raramente, porém deixaram aos homens um signo de aliança. É pelo arco-íris que os Deuses descem sobre a terra e voltam em direção as suas residências. Lembrai-vos de que sois filhos dos Deuses! "
– Esta não era mais a visão direta do mundo divino, – mas a natureza, temperada pelo mistério divino, servindo de pedestal e de veículo.

Em alguns desses povos brancos, o culto dos ancestrais se ligava à lua, o astro consagrado dos mortos. Muitos séculos mais tarde, seus descendentes, voltando aos mesmos lugares por uma rota contrária, evocaram a alma dos avós aos raios lunares em suas florestas brumosas e os chamaram em auxílio contra os inimigos. Naquelas épocas remotas o culto dos ancestrais tinha uma significação mais profunda e desempenhava um papel misterioso na geração das crianças. No solstício de inverno, na noite mais longa que se chamava a *noite-mãe* do ano, considerada a noite das concepções felizes, Manu dizia aos homens e às mulheres reunidos ao redor da pedra sagrada: "Vossos ancestrais estão próximos dos Deuses. Vivei segundo os ritos e as leis santas e eles virão reviver entre vós. Eles se encarnarão nas crianças de vossas esposas. Homens, sede fortes e procriareis guerreiros intrépidos. Mulheres, sede puras e concebereis heróis para a futura raça! "

Completamente outra era sua linguagem no solstício de verão, quando o povo se reunia durante o dia no vasto círculo dos menires gigantes, os quais personificavam ao mesmo tempo os meses e as estações, os ancestrais e os Deuses. Quando o sol aparecia entre as duas rochas mais altas do recinto sagrado, Manu dizia ao povo: "Eis a imagem do Deus supremo, em cuja direção é preciso marchar para conquistar a terra dos puros e dos fortes e aí construir a cidade viva dos Deuses. Marchai para o sol levante! "[4]

Marchar na direção do sol com o fogo arrebatado do céu, não é o signo da raça ariana, tanto na aurora como em pleno meio-dia de sua história, em seu primeiro fluxo para o Oriente e mais tarde em seu refluxo para o Ocidente? Sol levante ou porvir terrestre; sol poente ou porvir celeste, seu fim será sempre a Verdade e sempre o Divino. Luz da ciência, fogo do sacrifício ou chama da fé, seu meio será sempre o livre esforço e o elã harmônico do coração e do espírito. Quando um desses elementos faltar ao Ariano, ele cairá no fanatismo e na anarquia e será infiel a seu gênio e à sua missão. Pois o Ariano teve a coragem de procurar o Eterno por meio da Liberdade.

NOTAS

1. Ver a admirável característica da raça branca, em comparação com a raça amarela e a raça negra, em *A Desigualdade das Raças Humanas,* de Gobineau.

2. A ciência do século XIX estabeleceu a unidade da raça ariana com base na filologia e mitologia comparadas. Pôde assim fixar o berço de nossas civilizações na Ásia central, de onde partiram suas migrações em direção do Sul e do Ocidente, e cujos tra-

ços se conservaram em nossas línguas e anais. Este foi um grande resultado, mas a ciência esotérica não vai além. Faltam-lhe dados para nos dar a conhecer a origem e o desenvolvimento primitivo da raça branca.

Daí veio a concepção um pouco infantil de que a raça ariana apareceu no mundo como um fato primordial, como um todo acabado, e que ela é de algum modo o fruto natural da Ásia central. — A tradição oculta, fazendo surgir a raça branca, como todas as outras, da raça Atlântida, que por sua vez surgiu nos Lemurianos, une assim nossa humanidade à assembléia orgânica do desenvolvimento terrestre e planetário, segundo as leis da história natural.

3. *Unsere Atlantischen Vorfahren,* por Rudolf Steiner (Leipzig, Altmann).

4. Ver o êxodo da raça branca em direção da Ásia em *Grands Initiés,* no livro de Rama.

LIVRO III

O MISTÉRIO DA ÍNDIA

> CRISNA. Eu tive muitos
> nascimentos, e tu mesmo também,
> Ardjuna: eu os sei todos; mas tu,
> herói, tu não os conheces.
>
> O CANTO DO BEM-AVENTURADO
> (Baghavad-Gita)

CAPÍTULO I

O MUNDO VÉDICO E BRAMÂNICO

A Índia é por excelência a terra dos mistérios e das tradições ocultas, porque é a mais velha do mundo e a mais repleta de história. Nenhuma outra parte da humanidade foi mais beneficiada pela natureza. Lá, montanhas enormes surgiram atrás de montanhas, as espécies fervilharam sobre as espécies e as raças humanas rolaram umas sobre as outras como o limo dos rios. O *Djampoudvipa*, a terra guarnecida de montes (é assim que Valmiki, o Homero da Índia, chama sua pátria) viu evoluir os seres vivos desde os sáurios e as serpentes monstros da Lamúria até os mais belos exemplares da raça ariana, os heróis do *Ramaiana* de tez clara e de olhos de lótus. A Índia viu toda a escala dos tipos humanos, desde os descendentes das primeiras raças, recaídos num estado vizinho da animalidade, até os sábios solitários do Himalaia e ao perfeito Buda, Sáquia-Muni. E de tudo o que pululou por inúmeros anos, ao sol dos trópicos sobre o solo fecundo, ela conservou alguma coisa. Monumentos grandiosos, animais raros, tipos de humanidades desaparecidas, lembranças de épocas imemoráveis que flutuam ainda no ar carregado de perfume e nas velhas preces. Dos tempos antediluvianos ela guarda o majestoso e sábio elefante, a jibóia devoradora e exércitos de macados galhofeiros. Dos tempos védicos, resta-lhe o culto dos elementos e dos ancestrais. Apesar da invasão muçulmana e da conquista inglesa, a civilização bramânica aí reinou sempre como mestra, com seus milhares de divindades, suas vacas sagradas e seus faquires, seus templos cavados no coração das montanhas, seus pagodes erguidos além das florestas e das planícies, pirâmides de deuses superpostos. Encontram-se aí os mais violentos contrastes sem que ninguém os ofusque. O mais grosseiro fetichismo aí vive em paz com a filosofia mais requintada. Ao lado do misticismo e do pessimismo transcendentes, as religiões primitivas aí celebram ainda seus cultos comoventes.

Os viajantes que assistiram à festa primaveril de Siva, em Benares, constataram-no. Viram, não sem espanto, todo um povo, brâmanes e marajás, príncipes e mendigos, sábios e faquires, jovens seminus e mulheres de assombrosa beleza, crianças sérias e velhos indecisos, sair como uma maré humana dos palácios e dos templos que orlam a margem esquerda do Ganges em um percurso de duas léguas. Viram esta multidão, exibindo sedas suntuosas e sórdidos farrapos, descer as escadas gigantescas para lavar seus pecados nas águas purificadoras do rio sagrado e saudar, com gritos entusiastas acompanhados de uma avalanche de flores, a Aurora indiana, a Aurora de face rosa e de coração âmbar que precede o sol fulgurante.[1] Puderam sentir a sensação inundante do culto védico ainda vivo no coração da Índia e das grandes emoções religiosas dos primeiros dias da humanidade ariana. Outros viajantes, impelidos por uma espécie de devolução ancestral e pela sede das origens, penetraram nos mananciais do Ganges. Experimentaram a sensação mais rara e mais pungente, pois ouviram os cantos sagrados dos lábios dos peregrinos, ao fim do dia, no ruído das águas que fluem das neves eternas e, aos primeiros luares da aurora, no puro éter dos cumes himalaios.[2]

De onde virá o caráter único e maravilhoso dessa terra e desse povo? Por que lá o passado longínquo e venerável domina ainda o presente, enquanto que, em nossas cidades do Ocidente, o presente renega o passado com uma febre de invenção e parece querer triturá-lo sob a fúria cega de suas máquinas?

A resposta para esta questão está na missão providencial da Índia. Esta missão foi a de conservar, através das idades, e de espalhar entre as outras nações as mais antigas tradições humanas e a ciência divina, que é a sua alma. Tudo lá contribuiu para isto, a configuração geológica, as virtudes resplandescentes da raça iniciadora, a grandeza e a elevação de sua primeira inspiração e também a diversidade das raças, que fez da terra um perturbador e prodigioso formigueiro humano.

O mar e a montanha, que moldam a fisionomia do planeta, se conjuraram para fazer da Índia a terra da contemplação e do sonho, cercando-a com suas massas líquidas e rochosas. Ao Sul, o oceano Índico banha suas costas, por toda a parte quase inacessíveis. Ao Norte ergue-se, como barreira intransponível, a mais alta cadeia do globo, "o Himalaia, teto do mundo e trono dos Deuses", que a separa do resto da Ásia e parece querer religá-la com o céu. Desse modo, o Himalaia confere à Índia seu caráter único entre os países tropicais. Todas as estações, todas as floras, todas as faunas se superpõem em seus flancos, desde a palmeira gigante até o pinheiro alpino, desde o tigre rajado de Bengala até a cabra lanuda de Cachemir. De suas cúpulas de gelo, três grandes rios vertem para as planícies abrasadoras: o Indo, o Ganges e o Bramputra. Enfim, foi pelas fendas do Pamir que desceu a raça eleita dos conquistadores trazendo-lhe os Deuses. Rio humano não menos fecundo, que, misturando-se às raças indígenas, deveria criar a civilização indiana. Parece que o poeta Valmiki resumiu o milagre ariano no início de seu *Ramaiaṇa,* quando descreve o Ganges caindo do alto dos céus sobre o Himalaia, ao apelo dos mais poderosos ascetas. Incontinenti os imortais se mostram em todo o seu esplendor e o céu ilumina, à sua chegada, de uma claridade reluzente. Depois o rio desce e a atmosfera fica cheia de espumas brancas como um lago coberto de uma multidão de cisnes. Depois de saltar de cascata em cascata, de vale em vale, o Ganges atinge a planície. Os Deuses o precedem sobre seus carros brilhantes; os delfins e as ninfas celestes, as Apsaras, dançam sobre as ondas. Homens e animais seguem seu curso majestoso. Finalmente ganha o mar, e nem o próprio oceano consegue detê-lo. O rio santo mergulha até o fundo dos infernos e as almas se purificam em suas ondas para subir até os imortais.[3] Imagem soberba da sabedoria primordial que tomba das alturas e desce até as entranhas da terra para dela arrancar o segredo.

I. Os richis dos tempos védicos e a sabedoria primordial

Depois que Manu, conquistador da Índia, chamado Rama[4] pela tradição indu e identificado mais tarde pelos gregos com seu Dioniso, abriu caminho para seus sucessores, uma forte corrente da raça ariana desceu dos planaltos do Irã pelo vale do Indo para as planícies do Industão. Então as populações negras e amarelas da Índia primitiva se encontraram em presença dos vencedores de pele branca, cabelos dourados e fronte brilhante, que pareciam semideuses. Sobre um carro puxado por cavalos brancos, o chefe ariano aparecia coberto de armas reluzentes, lança em punho ou o arco à mão, semelhante ao deus Indra dos hinos védicos, que, com relâmpagos e raios, afasta as nuvens negras do céu. O ariano com seus companheiros facilmente triunfava sobre as hordas negras que combatia, rechaçando-as e subjugando-as sem violência, sem crueldade, algumas vezes unicamente por sua presença. Transformava os vencidos em artesãos, ferreiros, tecedores de lã e de linho ou guardiães dos grandes rebanhos de gado do qual vivia a população. O indígena, supersticioso e temeroso, que adorava seus fetiches, serpentes ou dragões, que não via no sol e nos astros senão demônios hostis, ouvia com assombro o chefe ariano narrar que ele provinha deste sol e que o deus Indra, que trovejava no céu, era seu protetor, manejando a lança como ele próprio manejava as armas. Muitas vezes também, no meio das grandes pastagens rodeadas de paliçadas, na casa de madeira habitada pelo patriarca, o servidor de tez escura via, com idêntica surpresa, a esposa resplandecente de brancura avivar o fogo da lareira com gestos graves, pronunciando fórmulas mágicas e invocar uma determinada chama: o deus Agni. Dizia-se então que essa raça possuía uma magia nova e que o fogo que trazia consigo provinha dos deuses temíveis, dos deuses do alto.

Se, todavia, se perguntasse ao patriarca, ao chefe ariano ou ao rei condutor da povoação, de onde lhe vinham o poder, a riqueza, os gordos rebanhos, a nobre esposa, os filhos valentes, as filhas florescentes, ele responderia: Do sacrifício do fogo que celebramos sobre a colina com o brâmane.

Ora, o que significava este sacrifício do fogo? Quem era este brâmane? Uma família ou uma tribo inteira se reúne antes do romper do dia sobre a colina onde se ergue o altar de relva. Canta-se a Aurora, "a generosa Aurora, a filha do céu que desperta todos os seres". Ela se levanta, o fogo se acende sobre o altar na erva seca da mata batida e o sol salta de cume em cume. Um cantor exclama: "Admira a grandeza e o milagre deste Deus: ontem ele estava morto, hoje ele está vivo! " Desse modo, Agni estava no céu e na terra, no sol e no raio; o homem ressuscita o Deus morto acendendo o fogo do altar. Todos os deuses aí se confundem e os ancestrais, revestidos de um corpo glorioso, também vêm se assentar sobre a relva e velar por sua família. Assim, o Ariano primitivo toma parte no sacrifício universal e este é alegre. A figura e o movimento dos deuses, isto é, as forças cósmicas invisíveis se desenham sob a transparência do universo. O Dia e a Noite são comparados a "dois tecelões que dançam em círculo ao redor do pilar do mundo". O Céu e a Terra são chamados de "as duas válvulas do mundo". O Ariano acredita que por uma destas válvulas os deuses descem até a terra e que por outra os homens sobem até os deuses. E assim acredita porque sente e vê, em sua comunhão íntima com os elementos, e, mais ainda, porque o evocador do fogo, o mestre da ciência sagrada, o brâmane, afirma-o.

Este é verdadeiramente o inspirador dos patriarcas, dos chefes e dos reis, o ordenador desse jovem mundo. "É ele quem cumpre todos os ritos. Ele consagra o jovem à tribo, interpreta os sonhos e os signos, auxilia na expiação das faltas e da impureza. Ele conhece os ritos secretos pelos quais se pode tornar amigo e companheiro do sol, penetrando-se de sua força e conquistando o poder sobre as nuvens e a chuva. Conhece todas as magias da vida cotidiana — os encantos do amor, da guerra, dos campos e dos rebanhos. Ele afasta e cura as doenças, é o médico e o jurisconsulto dessa era, e todos os poderes lhe vêm de sua ciência espiritual. Ele é solicitado e presentes lhe são ofertados a fim de se obter dele a palavra benfazeja e suas bênçãos, e de se evitarem suas maldições. Ele é antes de tudo o sacrificador e o conhecedor dos inúmeros ritos secretos que tornam fecundo o sacrifício.[5] Quando os Barata venceram na Índia, o sacerdote do rei vencedor lhes disse: "Eu canto os louvores da Indra, do mundo terrestre e divino, eu, Viçvamitra. Minha palavra mágica protege os Barata (hino védico)." Um sacerdote real desta espécie é a "metade do *eu*" de um príncipe. À sua nomeação, o príncipe pronuncia uma palavra análoga àquela do esposo que tomou a mão da esposa: "O que tu és eu o sou; o que eu sou tu és; tu, o céu; eu, a terra; eu, a melodia do canto; tu, a palavra. Assim realizaremos juntos a viagem."

Se, entretanto, se perguntasse a este brâmane: "De onde te vem essa ciência? ", ele responderia; "Dos richis".

E quem eram esses richis? Os fundadores pré-históricos da casta e da ciência dos brâmanes. Desde a aurora dos tempos védicos eles formavam uma casta separada dos profanos. Os brâmanes se dividiam, então, em sete tribos e se diziam os possuidores únicos do *Brahman,* isto é, da santa magia que permite o relacionamento com os seres divinos do mundo espiritual. Somente eles tinham o direito de experimentar a poção inebriante, o *soma,* a bebida dos Deuses, cujo licor não era senão o símbolo do ritual do sacrifício. Faziam ascender sua origem a seres longínquos e misteriosos, aos *sete richis* "que no começo das coisas, sob a direção divina, tinham conduzido os homens *para além do rio do mundo Rasa.*"[6] Isto prova claramente que os richis dos tempos védicos tinham conservado por tradição a lembrança das emigrações que vieram da Atlântida para a Europa e a Ásia.

Ora, os richis tinham deixado sucessores que viviam nas florestas, perto dos lagos sagrados, nas solidões do Himalaia ou à margem dos grandes rios. Por única residência, um abrigo de madeira recoberto de folhagens. Geralmente alguns discípulos os rodeavam no rústico retiro. Às vezes habitavam sozinhos na cabana, perto de um fogo encoberto pela cinza, ou com uma gazela, companheira silenciosa e dócil de suas profundas meditações. Os richis formavam, para dizer a verdade, a ordem superior dos brâmanes. Deles vinham a doutrina, o pensamento inspirador, as regras e as leis da vida, a sabedoria secreta. Alguns dentre eles, como Viçvamitra e Vasichta, são denominados nos Vedas como autores dos hinos. Em que consistia, pois, esta sabedoria imemorial que remonta aos tempos em que o uso da escrita era ainda desconhecido? Ela está tão longe de nós que temos dificuldade para imaginá-la. Pois repousa em outro modo de percepção e outro modo de pensamento, diferentes no homem atual, que não percebe senão pelo sentido e não pensa senão pela análise. Chamemos a sabedoria dos richis de vidência espiritual, iluminação interior, contemplação intuitiva e sintética do homem e do universo. O que pode nos ajudar a compreender estas faculdades, hoje atrofiadas, é o estado de alma que as desenvolveu.

Como todas as grandes coisas, a vidência dos primeiros sábios da Índia nasceu de uma nostalgia profunda e de um esforço sobre-humano.

Em uma época muito mais antiga ainda, no tempo da Atlântida, o homem primitivo tinha desfrutado de uma espécie de comunhão instintiva com as forças ocultas da natureza e os poderes cósmicos. Ele os percebia diretamente, sem esforço, na vida dos elementos, como que através de um véu translúcido. Não os formulava com precisão, distinguia-os apenas. Vivia com eles, neles e deles fazia parte. O que nós chamamos o invisível era visível exteriormente para ele. Em sua visão como em sua consciência, o material e o espiritual se confundiam em uma massa móvel e inextricável de fenômenos, e ele tinha o sentimento de uma comunhão imediata com a fonte das coisas. Os Arianos, embora desenvolvendo uma ordem de faculdades novas (reflexão, razão, análise), tinham conservado um resto desta vidência espontânea, cujos traços se encontram muito nos hinos védicos. Contudo, esta faculdade natural diminuiu à medida que eles deixaram a vida pastoril para se dedicarem à vida guerreira, forçada pela conquista da Índia e suas lutas intestinas. Diminuiu também entre os condutores desses povos. Conservaram, porém, a lembrança maravilhosa de uma outra era, da glorificante comunhão de seus avós longínquos com os poderes cósmicos, com aqueles que chamavam os Devas, os Espíritos do Fogo e da Luz, os Animadores da Terra e do Céu. Às vezes, a consciência de haverem eles próprios vivido naqueles tempos remotos os atravessava como uma fulgurante recordação. Procurando interpretá-la, eles diziam que os bem-aventurados ancestrais bebiam o licor divino, a poção inebriante do *soma* na taça dos Deuses.

Então, sentindo a barreira crescente que se erguia entre eles e o mundo divino, vendo o véu se condensar cada vez mais, os sábios indus foram assaltados pela nostalgia de seus deuses perdidos. Esses deuses, que eles não podiam mais perceber no vôo das nuvens, no raio solar, no insondável esplendor do firmamento, eles queriam encontrar em si mesmos, nos mistérios do mundo interior, através do poder da meditação. — Supremo esforço, prodigiosa aventura, que foi tentada no recolhimento e no silêncio, na paz profunda das solidões himalaias.

— E os richis reencontraram seus Deuses perdidos. Reencontraram-nos porque o homem e o universo foram tecidos com uma trama comum e porque a alma humana, curvando-se para si mesma, se sente penetrada pouco a pouco pela onda da Alma universal. Imóveis e de olhos fechados, os richis mergulharam no abismo do silêncio que os envolvia como um oceano, e à medida que iam mergulhando uma luz doce e fluida brotava deles como uma fonte branca e enchia lentamente a imensidão azulada. Esta luz plástica parecia animada por um sopro inteligente. Formas de toda a espécie aí se moviam. Entre elas apareciam, em cores brilhantes, os arquétipos de todos os seres e os estados primitivos da terra, cuja imagem flutua na luz astral como matrizes vivas. Eles viram o sol sair da noite saturnina e o chamaram de "O ovo de ouro, o ovo do mundo". Assim, gradativamente e por lentas etapas, os richis imergiram do além, na fonte das coisas, na esfera do Eterno. Chamaram *Sarasvati* esta luz hiperfísica e divina que os penetrara com uma facilidade inconcebível. Chamaram *Brahma* o poder criador que moldou seu pensamento em formas inumeráveis na Alma do Mundo. *Brahma,* que significa *Respiração, Aspiração* e

Oração, era então para os richis o Deus interior, o Deus da alma humana e da Alma universal, de onde saem todos os Deuses e todos os mundos, e cuja manifestação constitui o sacrifício universal.

Encontra-se um eco bastante enfraquecido, é verdade, desse estado de espírito em um hino cujo autor desconhecido, instruído pelos richis, procura representar a origem do mundo:

Não havia então nem mestre nem imortalidade:
Nem dia, nem noite, nem movimento, nem sopro.
Somente o Único respirava por sua própria força.

E fora d'Ele não havia nada.
Trevas envolviam as trevas,
O Todo era um Oceano sem luz,
O Único, espaço vazio em um deserto imenso,
Nasceu pela força de um calor interno.

Logo manifestou-se o Amor,
Primeira semente do Espírito.
A consangüinidade do Ser e do não-Ser,
Os sábios a encontraram em seu coração...

Ressalta de tudo isto que os primeiros richis da Índia beberam na fonte primeira de toda a sabedoria, que eles contemplaram os mistérios das grandes normas sem discernir muitos detalhes, e que seus discípulos, os cantores védicos, não puderam exprimir estas verdades primordiais senão em formas transferidas e freqüentemente confusas. Mas estes primeiros sábios foram os fundadores de todas as mitologias e filosofias posteriores. Sua sabedoria intuitiva é para a ciência baseada no raciocínio que lhe sucedeu, o que a luz branca é para as sete cores do prisma, a qual as encerrou todas em seu foco incandescente. A obra do prisma não é menos uma criatura nova e completamente maravilhosa. Porque, como o disse um dos maiores sábios dos tempos modernos, Goethe, que foi ao mesmo tempo um grande poeta e um grande naturalista: "As cores são as ações e os sofrimentos da luz." Poder-se-ia dizer nesse sentido: a vidência primitiva foi a mãe da sabedoria, e a sabedoria é a mãe das ciências e das artes. Só a vidência reencontrada fará sua síntese.

Foi pois com imenso esforço de vontade que os richis abriram as portas do Espírito. Chamaram *yoga* ou ciência da união à disciplina ascética e aos exercícios de meditação pelos quais chegaram a este gênero de vidência. O influxo espiritual que se seguiu domina os destinos da Índia. Pois, mesmo que se conceba o ideal como uma força puramente subjetiva ou como uma realidade transcendente, sua ação na história é sempre proporcional ao impulso de uma elite em sua direção. Uma única coisa prova Deus ou os deuses, é a resposta das forças cósmicas ao apelo da vontade humana. O conceito sobre a natureza e a essência de suas forças pode variar até o infinito, porém, o refluxo do divino, na alma que o evoca, é o sinal de sua presença.

Penetramos, todavia, um pouco mais ainda na idéia que os brâmanes faziam de seus mestres, os richis, e de suas relações com o mundo espiritual, ainda que esta idéia pareça estranha à nossa mentalidade ocidental. Segundo a tradição dos Vedas, alguns desses sábios foram bastante poderosos para se elevarem por si próprios ao mundo divino e para aí se orientarem; entretanto, a maior parte teve necessidade de inspiradores invisíveis que os guiassem. Esses guias, diziam os brâmanes, foram seres semi-humanos, semidivinos, Manus de ciclos precedentes ou espíritos originários de outros mundos que pairaram sobre sua vida e assombraram sua alma. Estes mesmos richis tinham uma personalidade dupla. Em sua vida comum, eram homens muito simples, porém um espírito completamente diferente falava por sua boca no estado inspirado. Pareciam, então, possuídos de um Deus, sendo chamados na tradição indu de Bodisatvas, isto é, penetrados de sabedoria divina. Houve muitas matizes de Bodisatvas, segundo a natureza de seu inspirador e o grau de sua união com ele. Quanto ao Buda propriamente dito, também chamado Gotma Sakia-Muni, personagem mais histórica e mais acessível do que os outros, foi considerado por seus adeptos como uma alma superior completamente encarnada em um corpo humano. Por seu próprio esforço Buda realizou publicamente aos olhos de todos, e por assim dizer em sua carne e em seu sangue, as diversas etapas da iniciação, para atingir nesta vida ainda o estado divino chamado pelos Indus de *Nirvana*.

Mas será impossível compreender a significação de Buda no desenvolvimento da Índia e seu lugar na história das religiões, sem antes se dar uma olhada no bramanismo e na brilhante civilização que ele soube modelar com os elementos mais diversos, na suntuosidade perturbadora da natureza tropical, sob a efervescência ardente de raças matizadas.

II. A civilização bramânica. Os três mundos: Brahma, Visnu, Siva. Triunfo do Eterno-Feminino: a esposa e a dançarina sagrada

Uma religião não revela sua natureza a não ser pela civilização que ela gera. É na expressão humana que o divino manifesta seu pensamento mestre e sua força plástica. A sociedade bramânica deteriorada e minada pelos séculos, cujos moldes entretanto subsistem até nossos dias, está fundada sobre o regime de castas. A divisão em classes diversas é comum a todos os tempos e a todos os povos. As razões e os métodos da desigualdade mudam, porém a própria desigualdade permanece, como uma lei da natureza, como uma condição dà vida e do trabalho. A Índia levou esta condição ao extremo, e em nenhuma outra parte do mundo o sistema de divisões estanques entre as classes sociais foi aplicado com tanto rigor. O Código indu punia com uma desgraça irremediável o homem ou a mulher que se casasse com alguém de casta inferior. Quando lemos nas leis de Manu: "Os Brâmanes saem da cabeça de Brahma; os guerreiros, de seus braços; os mercadores, de seu ventre; os artesãos, dos pés", rimos deste ardil metafórico, que nos parece ao mesmo tempo insolente e grotesco, e não vemos aí senão a astúcia de sacerdotes ambiciosos para dominar os reis bárbaros e governar um povo infantil. Esta máxima estranha é, entretanto, a fórmula teológica de uma antiga e profunda sabedoria. Traduzida em nossa língua moderna, a lei expressa pelo adágio bramânico poderia se formular assim: a natureza é aristocrática e o universo é uma hierarquia de forças que se reflete na humanidade por uma escala de valores.

Os brâmanes acreditavam em duas espécies de atavismos concordantes para o homem: um atavismo espiritual proveniente das existências anteriores da alma e um atavismo corporal proveniente de seus ancestrais. Os Manus pré-védicos, ou condutores de povos, designaram as almas de acordo com os astros que simbolizavam suas qualidades, e dos quais, segundo eles, elas se originavam. Dividiram os homens em solares, saturninos, marcianos, etc. Cultos foram fundados e povos se agruparam em torno dessas idéias. A unidade da raça ariana, a pureza de seu sangue, por conseguinte, permitia a seus guias não se ocuparem com o atavismo físico. Mas quando, após a conquista da Índia pelos Arias, os brâmanes, alunos e herdeiros dos richis, viram o tumulto das raças indígenas em torno dos vencedores e a mestiçagem crescente da minoria branca por meio de seus cruzamentos com o sangue negro, amarelo e vermelho, encontraram-se em presença de um problema agudo, diferente daquele dos tempos védicos, nos quais eles não tiveram que dirigir senão sua própria raça, homogênea e selecionada há séculos. A questão era grave e a situação ameaçadora. Para dizer a verdade, todo o destino trágico da Índia provém da excessiva diversidade de suas raças e da absorção, inevitável com o tempo, da raça superior pelas raças inferiores, nas quais, apesar de qualidades notáveis, se encontravam os gérmens da debilidade e da corrupção inerentes às alterações de uma humanidade em regressão.[7]

Os brâmanes sustaram o mal do melhor modo possível, por meio das barreiras formidáveis que ergueram entre as quatro castas em que se dividiam as diversas funções sociais. No vértice da instituição, os *brâmanes,* o mais puro sangue ariano, detentores do culto, da ciência e da religião. Abaixo deles, os *kchatrias* (os fortes), reis ou guerreiros, nobres representantes da raça conquistadora, embora já ligeiramente misturada com os outros. Mais embaixo, os mercadores, os agricultores e os artesãos de ordem superior, de sangue misturado, em que predominavam as raças vencidas. Na última categoria, os *sudras* (mais tarde chamados os *párias* pelos portugueses), servidores consagrados aos trabalhos inferiores, constituídos da escória dos indígenas e considerados sem culto e fora da lei. Somente esta última classe estava excluída da religião bramânica. Os outros, reis, guerreiros, agricultores, liam os Vedas e participavam do culto. Iniciados, cada um em seu grau, nos mistérios religiosos, tinham direito ao título de *dwidia* ou *duas vezes nascidos.*

A sociedade bramânica apresentava assim o aspecto de uma pirâmide de quatro estágios, cada um com sua mentalidade e função precisas. Embaixo, a massa dos párias de semblante negro, escravos fora da lei, sem estado civil. Um pouco acima, a classe rica dos agricultores e dos mercadores de tez amarelo-laranja formando o corpo da nação. Mais alto ainda, os guerreiros de tez bronzeada, possuidores das terras por direito de conquista ou de nascimento, comandando as esquadras e promovendo a justiça. No vértice, os brâmanes de pele branca, mestres soberanos desse mundo pela superioridade da inteligência, pela autoridade religiosa e pelo direito de promulgar as leis. Deste modo, a raça ariana governava ainda pela minoria dirigente, mas de século em século, sua força seria alterada juntamente com sua pureza.

Apesar da severidade das leis, os brâmanes não puderam impedir sua freqüente transgressão. Daí a lenta ascensão das raças inferiores e a infiltração gradual do sangue negro e amarelo no sangue branco. A instituição bramânica estava admiravelmente constituída, mas não havia liame moral suficiente entre suas diversas camadas. A mistura das raças abalou-a de alto a baixo. A inveja e o ceticismo, o ódio das classes e a febre de dissecação que corroem a humanidade atual não existiam então. Mas a violência das paixões, a ambição, o prazer sexual e a espécie de atração animal que as raças inferiores exercem fatalmente sobre as superiores, quando em contacto, produziram seus efeitos habituais. A mistura de sangue tão diverso elevou o nível das raças vencidas, mas enfraqueceu o vigor dos conquistadores, apurando completamente suas sensações e desenvolvendo neles novas qualidades artísticas. Abaixo da escala, os *vaicias* desposaram em massa as mulheres negras dos *sudras* e seus descendentes se dedicaram aos cultos fetichistas de suas mães. No alto, os reis se entregaram à poligamia com mulheres de todas as cores. Os próprios brâmanes se casaram nas castas inferiores e se fizeram cortesãos dos reis. Alguns dentre eles, ciumentos da enorme influência dos brâmanes ascetas, expulsaram-nos. Para enfrentar os adversários, foram obrigados a aceitar a proteção dos reis negros do Sul, segundo a máxima das leis de Manu: "Teu vizinho é teu inimigo, mas o vizinho do teu vizinho é teu amigo." Os reis negros do Sul, investidos de prestígio pela autoridade bramânica, resistiam aos reis brancos do Norte e ameaçavam com seus costumes brutais e seus cultos orgiásticos todo o edifício da civilização indu. A esboçada epopéia do Mahabharata, com suas lutas intermináveis entre os reis solares e os reis lunares, é um eco longínquo da mais antiga das guerras de raça e de religião.

Para dizer a verdade, havia um abismo entre a alta cultura bramânica e o mundo confuso que se agitava sob ela, nas três castas inferiores. Este mesmo abismo existia entre o Norte e o Sul da Índia, desde a conquista fabulosa da quase ilha por Rama, em que se resume a primeira descida dos Árias às planícies do Industão. Lá no alto, no coração do Himalaia, altivos ascetas viviam nas nascentes do Ganges e à beira dos lagos sagrados, na oração e contemplação do eterno Brahma. Mais embaixo, sobre a vertente da grande corrente e sobre as colinas, junto dos rios, erguiam-se altares onde se adorava Agni, o fogo sagrado. Acima da chama, no puro éter da manhã, o fiel oficiante representava o deus Brahma, sentado sobre o lótus celeste e meditando na criação do mundo, enquanto reis e guerreiros adoravam os poderes cósmicos e as forças da atmosfera – Savitri, o Sol, e Indra, que afasta as nuvens para vivificar a terra. Eles encontravam, neste culto da luz celeste e do fogo, a fonte de sua fé e a alegria de viver. Mas, no centro e no sul da Índia, o povo idolatrava um deus cruel e feroz, Siva, o Destruidor. Curvava-se diante dele com um terror covarde para evitar sua cólera e obter seus favores. Ele era apresentado "idoso, dentes cerrados, o ventre negro, o dorso vermelho, agitando rosários de crânios humanos, que pendiam de suas espáduas, e arremessando hordas uivantes que espalhavam a febre, a peste e a morte."[8] Mais freqüentemente ele era adorado sob a forma de um dos réptis antediluvianos que então ainda viviam nos agrestes desfiladeiros das montanhas. Às vezes, caçando tigres nas florestas dos montes Vindhia, os reis do Norte, montados em seus majestosos elefantes, descobriam populações inteiras prostradas diante de uma dessas serpentes monstruosas, enrolada em sua caverna, à qual se ofereciam vítimas humanas.[9] Diante desta visão, o rei, que se dizia filho dos Devas, calcava sobre o monstro para cortá-lo em pedaços, mas às vezes também ele recuava de desgosto e de horror, temendo tombar sob a sombria magia do "rei das serpentes", e o pânico cego levava através do bosque o cortejo real com seus cavalos e elefantes.

O abismo que se abria assim, por momentos, entre estas duas raças de homens, entre as duas religiões e os dois mundos, levaria a refletir os pensadores brâmanes das grandes cidades de Aiodhia e de Hastinapura e os ascetas videntes do Himalaia. A irrupção das forças inferiores não era a revanche das raças vencidas contra os conquistadores? Não era a revolta da natureza inferior, subjugada pelos Devas, que dela se serviram como de um escabelo? Os vencedores deviam ser absorvidos pelos vencidos? Brahma devia recuar diante de Siva e os deuses luminosos do céu védico deviam ser destronados pelos demônios das raças degeneradas? Não haveria entre eles algum liame, alguma reconciliação possível? – O abismo parecia intransponível e o mal sem remédio.

Foi então que apareceu um reformador destinado a dar à Índia uma alma nova e um cunho indelével. Ele descia dos eremitérios do Himalaia e se chamava Crisna;[10] seus sucessores o identificaram como o novo Deus, cujo culto instituiu. Alguns sábios, que fazem prodígios de erudição para explicar todas as religiões antigas por meio de mitos solares, apenas viram em Crisna uma personificação do sol. Contudo a religião que ele trouxe ao mundo, à qual seu nome permanece ligado, atesta a existência de seu fundador melhor do que uma biografia. Foi Crisna quem deu à alma indu seu carinho pela natureza, sua paixão pelo sonho e pelo infinito. Infundiu-lhe a cor ardente e escura como a púrpura de suas tardes que se matiza de anil.

Nos tempos védicos, Visnu não era senão uma das formas do deus solar, personificando a marcha diurna do astro que percorre o mundo em três voltas — ao nascer, ao meio-dia e ao se pôr. Crisna fez dele o verbo solar (no espiritual), a segunda pessoa da divindade, a manifestação visível de Brahma para o mundo das almas e dos vivos, mas sobretudo para a humanidade. Crisna era um asceta que, do fundo de sua solidão, tinha experimentado, desde a infância, um amor imenso pela vida e pela beleza, não por desejo, mas por simpatia. Ele não condenou a vida em sua origem como devia fazê-lo Buda; abençoou-a como o caminho da salvação, para conduzir a alma à consciência e à perfeição. Mostrava em perspectiva sua liberação e transfiguração possíveis. Cada vez, dizia Crisna, que o mundo tem necessidade dele, cada vez que o mundo se corrompe, Visnu se encarna em um sábio ou um santo para lhe recordar a alta origem. Consciência superior de Brahma, Visnu corrige de algum modo as inevitáveis faltas do Deus criador, que, por seu fracionamento infinito nos seres, deixa forçosamente grande número se afastar de sua fonte sublime. Os montros do mar e da terra são os esboços e os erros necessários de Brahma, como os pecados e os crimes são os erros inconscientes ou voluntários dos homens. Crisna ensinou pois ao mesmo tempo o amor da vida em suas múltiplas formas, da vida que é a descida da alma universal para a matéria, sua *involução* em todos os seres, e o amor de Deus que é a *evolução* humana da alma individualizada, sua ascensão na direção da origem. E ele indicava os meios: o amor, a bondade, a misericórdia, o conhecimento e a fé, — enfim, a identificação completa do pensamento e do ser com seu princípio *Atma*, o Espírito Divino.

Desse modo o liame estava restabelecido entre os dois mundos opostos, entre o terrível Siva, o Deus desenfreado da natureza decadente e das paixões animalescas com seu cortejo demoníaco, e Brahma, o Deus do espírito puro, pairando no azul sobre o lótus simbólico rodeado pelo círculo deslumbrante dos deuses que ele projetara por meio de seu pensamento, através do véu multicor de Maia, sua divina esposa, no seio da alma do mundo. Pois agora *Siva, o Destruidor*, não era senão a contrapartida caótica e tortuosa do Deus do alto, a sombra sinistra de *Brahma, o Criador* no mundo de baixo, enquanto seu filho, *Visnu*, o divino mensageiro, voando sobre a águia Garuda, do céu à terra e da terra ao céu, tornava-se o *Mediador* e o *Salvador*.

Soberba e feliz concepção, que se aplicava maravilhosamente à formação étnica da Índia. Os três mundos (Espírito, Alma e Corpo) representados pelos três Deuses (Brahma, Visnu e Siva) se aplicavam exatamente à construção social, imagem do universo, formando com ele um todo orgânico. Dava-se a cada uma das três classes sociais o culto conforme suas necessidades e a função correspondente às suas potencialidades. Aos *intelectuais espiritualizados*, representados pelos brâmanes, o culto de Brahma com a ciência, o ensino e a educação. Aos *intelectuais passionais*, representados pelos reis e guerreiros, o culto de Visnu, que imprime o heroísmo e o entusiasmo, o governo material e o exerício da justiça. Aos *instintivos*, representados pela casta inferior, o culto de Siva, que os brâmanes se esforçaram por enobrecer, fazendo dele o deus da natureza e dos elementos, responsável pelas encarnações, a vida e a morte. Assim, a trindade divina, que se exprime através da constituição do universo e do homem, se refletia também no organismo social, para aí manter tanto quanto possível a unidade e a harmonia. Acrescentemos que os brâmanes abriam aos membros das castas inferiores a perspectiva de subir na escala social por meio de uma vida justa, mas somente de uma encarnação à outra.

A esta concepção do universo e do mundo social, Crisna acrescentou uma outra inovação, de importância capital e de conseqüências incalculáveis. Foi a glorificação do princípio do Eterno-Feminino e da Mulher. Em sua juventude heróica os Árias não tinham adorado senão o princípio varonil do universo, Agni, o fogo sagrado oculto em todas as coisas, que no homem se torna intelecto, vontade, ação. Glorificava-se a Aurora, porque ela permanecia virgem; quase todos os outros deuses eram masculinos. Daí o povo grave, austero e forte que era aquele. Para uma civilização mais madura, mais refinada e já enfraquecida, era preciso que fosse desvendado o mistério do Eterno-Feminino. E Crisna não hesitou em fazê-lo. A própria natureza não é tão divina quanto seu criador? Deus não teve necessidade, nos três mundos, de uma substância emanada de si mesmo, a sua contrapartida receptiva e feminina, para aí moldar suas criaturas? Os deuses não são moldados na substância etérea, as almas na luz astral e os vivos na carne e no sangue? Assim os três grandes deuses tiveram também suas esposas, que logo se tornaram mais célebres e mais adoradas do que eles próprios. O puro Brahma teve Maia, a sutil, que o atrai e o envolve com seu esplêndido véu; Visnu teve Lacsmi, deusa do Amor e da Beleza, a sábia tecedora das almas; Siva teve Bavani, a ardente excitadora do desejo carnal, cuja face sombria é Cali, deusa da morte. Não menos santa, não menos venerada tornou-se a mulher terrestre. Logo a esposa e a mãe foram colocadas sobre um pedestal. É sob a forma de um ditirambo que Visnu-Purana fala da mãe de Crisna: "Ninguém podia olhar Devac, por causa da luz que a envolvia, e aqueles que contemplavam seu esplendor sentiam o espírito perturbado; os deuses, invisíveis aos mortais, celebravam continuamente seus louvores desde que Visnu se ocultara em sua pessoa." Diziam eles: "Tu és a Palavra, a Energia do Criador, mãe da ciência e da coragem. Desceste sobre a terra para a salvação dos homens. Orgulha-te de trazer o deus que sustenta o mundo."

Assim a mulher foi glorificada por Crisna como o órgão do Eterno-Feminino, como o molde do divino sobre a Terra, e com ela o amor. Concebido no éter himalaio, o Amor desceu como um perfume capitoso até as planícies ardentes para se insinuar no coração dos homens e das mulheres, para desabrochar na poesia e na vida, semelhante ao pólen dos lótus que os cisnes transportam nas asas em seus folguedos amorosos, o qual vai fecundar as ninfas azuis ao longo dos rios. Foi a apoteose do princípio feminino que deu à alma indu a doçura particular, o respeito profundo por todos os seres vivos, a ternura mórbida e lânguida, fonte de fraqueza e degenerescência mas também de um encanto penetrante e único.

Atingindo seu apogeu, o mundo bramânico apresentou um dos espetáculos mais extraordinários que a terra jamais viu. Esta civilização não dava certamente a impressão da solidez egípcia, nem da beleza helênica, nem da força romana, mas seus estágios disparatados formavam um edifício de estonteante riqueza e de uma grandeza imponente. Poder-se-ia acreditar que o gênio que preside os destinos de nosso planeta teria dito: "Vejamos que espécie de mundo se pode construir misturando em um só povo todas as raças da terra. Veremos alhures o que se pode fazer com cada uma delas." Pelo menos é certo que os richis e os brâmanes, arquitetos dessa civilização, tiveram no espírito um modelo deste gênero. Encontravam-se aí quase todas as cores de pele, todos os gêneros de costumes, de religião, de filosofia, do estado selvagem ao fausto suntuoso das cortes reais, do mais grosseiro fetichismo ao idealismo e misticismo transcendentes. Porém, todos estes elementos, superpostos segundo a lei de uma sábia hierarquia, se fundamentavam num afresco multicor e cintilante que se harmonizava com o quadro da natureza gigantesca, com a lentidão majestosa do Ganges e a altura vertiginosa do Himalaia.

Do vértice deste mundo, como que à parte e em uma solidão profunda, percebemos os eremitérios dos ascetas nos flancos das montanhas, à margem de límpidas lagoas, de largos rios ou ao fundo de espessas florestas. Eles aí habitavam com seus discípulos mergulhados na leitura dos Vedas, na oração e na meditação. Contidas respeitosamente por um temor misterioso, as feras recuam diante do passo tranqüilo dos solitários e não ousam transpor a barreira que a magia de seu olhar impõe. Os antílopes e as gazelas, as garças reais e os cisnes, multidões de pássaros prosperam sob a proteção dos anacoretas que vivem de arroz, raízes, e frutos selvagens. A calma e a serenidade desses refúgios transformam-nos em uma espécie de paraíso terrestre. No drama de Sakuntala, o rei Duchanta, descendo do céu sobre o carro Indra, percebe os bosques dos solitários sobre um cume e grita: "Ah! esta morada de paz é mais doce do que o próprio céu! Sinto-me como que mergulhado em um lago de néctar." Refúgios silenciosos, onde sábios inofensivos vivem longe das agitações do mundo na contemplação do Eterno. Poder-se-ia acreditá-los sem ação sobre seu tempo, e entretanto, são eles que o governam secretamente. Seu prestígio é permanente, sua autoridade soberana. Os brâmanes consultam-nos, os reis lhe obedecem e se retiram, às vezes, para a casa deles, na velhice. Na realidade esses eremitas vigiam e dominam a civilização bramânica. São seus pensamentos, suas concepções religiosas e morais que reinam sobre ela e dão sua configuração. Austeros consigo mesmos, esses sábios não o são para os outros. Livres de todas as ilusões, mas indulgentes com as fraquezas humanas, eles avaliam em todos os seres o esforço, a tristeza e a alegria. Seus asilos não são inteiramente fechados para a vida nem mesmo para o amor. Às vezes a mulher idosa de um brâmane, sob a autoridade do chefe dos ascetas e na sua vizinhança, funda um eremitério para os jovens nobres que, sob o nome de penitentes, se preparam para uma vida rústica e contemplativa no casamento. Foi em um desses eremitérios que o poeta Kalidasa colocou o delicioso idílio de Sakuntala. Enfim, os graves ascetas não são sempre inacessíveis ao atrativo dos sentidos. Cedem a ele em circunstâncias excepcionais; entretanto, essa aventura sempre nos é apresentada pela poesia indu sob o véu da lenda, com um fato providencial com finalidade sublime. Os poetas contam que quando querem fazer nascer entre os homens um ser dotado de virtudes divinas, os Deuses enviam a um asceta de elevado mérito uma das ninfas celestes chamadas Apsaras, a qual o seduz com sua maravilhosa beleza, colocando em seguida no mundo uma criança que os anacoretas adotam, educam e que será mais tarde um herói ou rei ilustre. Esta lenda sugestiva ocultaria um segredo singular dos brâmanes? Teria ela o significado de que eles autorizavam às vezes a união momentânea de um poderoso asceta com a mulher de sua escolha para a digna encarnação de uma alma ornada das mais elevadas qualidades espirituais? Pode ser. Em todo o caso, o fato prova que os brâmanes consideravam o próprio ascetismo como uma fonte de integridade e de força para as gerações humanas.

Não seria possível imaginar contraste mais violento do que o destes eremitérios com as grandes capitais, hoje desaparecidas, dos tempos lendários da Índia, tais como Aiodhia, Indrapexta ou Hastinapura. Viasa e Valmiki as descrevem como esplêndidas e imensas, cercadas de muros e estandartes, com ruas largas, sabiamente traçadas, cheias de bazares, ricas casas com terraços e jardins públicos. Multidões aí pululam com dançarinos, cantores e comediantes em meio à imensidão matizada do povo e dos escravos. Lá reinam como mestres, em palácios magníficos, os soberanos cercados de uma corte opulenta e de um vasto harém, pois a poligamia depressa substituiu os costumes patriarcais dos Árias primitivos. Entretanto havia sempre uma única rainha, cujo filho mais velho era o herdeiro do trono segundo a lei. A epopéia e o drama representam esses monarcas como semideuses, dotados de todas as virtudes; mas, salvo Rama, cuja grande alma brilha através de suas façanhas fantásticas e alcança todos os seres, esses reis indus têm alguma coisa de frio e de convencional. Sob a ênfase dos epítetos, com os quais os poetas cortesãos os incensam, eles aparecem muitas vezes levianos, fracos e pueris. No furor do jogo, o rei Naal empenha seu reino e sua mulher, depois, tomado de desespero, abandona-a numa floresta. O Rei Duchanta, após ter seduzido Sakuntala no eremitério de Canva, não quer mais reconhecê-la e a repudia. É verdade que este esquecimento é motivado pela maledicência de um asceta irascível; entretanto, o caráter do real esposo não fica menos diminuído por isso.

É a mulher, no fim das contas, que triunfa na poesia indu. Para ela os belos papéis, os sentimentos profundos, as intrépidas resoluções. Damaianti, Sita e Sakuntala são igualmente adoráveis; entretanto, elas têm personalidades próprias e nitidamente desenhadas.

Elas brilham uma ao lado da outra como o diamante, a safira e o rubi. Que graça ao mesmo tempo ingênua e impetuosa em Damaiante, "de tez ofuscante, de olhos soberbos, cuja beleza resplandescente faz empalidecer a lua!" Colocada em posição de escolher entre os Devas imortais que reclamam sua mão e o rei Naal, ela não se deixa nem intimidar nem se deslumbrar pela glória dos Deuses. Ela prefere a eles o homem, que traz nobremente em sua fronte a sombra da doçura e da morte, porque assim "ela o acha mais belo!"

Quanto à heróica Sita, ela é o tipo completo da esposa indu. Quando Rama, exilado por seu pai nas florestas, quer partir só, ela lhe diz: "Um pai não obtém a recompensa ou o castigo pelos méritos de seu filho, nem um filho pelos méritos de seu pai; cada um deles engendra por suas próprias ações, o bem e o mal para si mesmo, sem partilhar com o outro. Somente a esposa devotada a seu marido consegue saborear a felicidade merecida pelo esposo; eu te seguirei, pois, em todos os lugares a que fores. Separada de ti eu não quereria habitar o próprio céu, nobre filho de Ragu. Tu és meu senhor, meu mestre, meu caminho, minha própria divindade; irei, pois, contigo; é minha última resolução." Que dizer da encantadora Sakuntala? Ela não é apenas em todas as literaturas a jovem mais sedutora por sua graça, sua coqueteria ingênua, seu encanto insinuante. Seu pudor palpitante exala um perfume de inocência e de volúpia suave. "Grandes olhos, cílios vencedores que choram ao sopro do amor", diz seu real amante. É uma ardente sensitiva. É preciso ver "brilhar e enlanguescer seus olhos que o antimônio alonga" para adivinhar as tormentas e os ardores que encerram seus silêncios apaixonados. Então seu coração se ilumina "como uma estopa em que se pôs fogo" e a paixão oprime-o com um langor destrutivo. Mas seu traço dominante, aquele que a matiza de um rosa tão terno no cortejo dos grandes amorosos, é simpatia para com todos os seres vivos. Até as feras e as plantas são atraídas para ela. Ela chama a planta que rega de "sua irmã", tem por discípula uma pequena corça e seu próprio nome significa a "protegida dos pássaros". Sakuntala é verdadeiramente a Eva indu do paraíso tropical, onde uma doce fraternidade une os homens, os animais, as árvores e as flores. Tudo o que respira é consagrado ao nome de Brahma, porque todos os vivos têm uma alma, parcela da sua.

Assim o poder cósmico, invocado por Crisna sob o nome de Eterno-Feminino, descerá do mundo bramânico ao coração da mulher, para se difundir nesta civilização em dupla corrente: o amor conjugal e a simpatia pela natureza viva.

Mas não é somente na figura da esposa apaixonada e da virgem casada com a alma da natureza que o bramanismo encarnou seu ideal do Eterno-Feminino. Atribuiu a ele também uma expressão plástica e o religou por um liame sutil a seus mais profundos mistérios religiosos. Fez da mulher um instrumento de arte, um meio expressivo do divino pela beleza das atitudes e do gesto. Está aí, para dizer a verdade, sua criação artística mais original. Quero falar da *devadassi*, isto é, da dançarina sagrada. Ela não nos é muito conhecida hoje, a não ser sob a forma degenerada da bailarina. A cortesã aliciadora fez esquecer a virgem do templo, intérprete dos deuses. Esta foi, nos belos tempos do bramanismo, um meio de fazer viver aos olhos da multidão, as idéias e os sentimentos que a poesia evocava para uma elite. Na lenda, o deus Crisna ensina aos pastores as danças sagradas, isto é, ele lhes ensina a reproduzir, por gestos e movimentos ritmados, a grandeza dos heróis e dos deuses. Esta dança, de essência simbólica, era uma mistura harmoniosa da dança rítmica e da pantomima. Ela traduzia sentimentos de preferência a paixões, pensamentos de preferência a atos. Não era uma arte de imitação, mas uma arte de expressão e de exaltação do mundo interior. Os brâmanes tinham pois, em seus templos, verdadeiros colégios de moças, que eram confiadas à guarda de mulheres mais velhas, instruídas na arte das danças religiosas. Submetidas à mais estrita castidade, essas graciosas dançarinas não apareciam a não ser em determinadas festas públicas. Sua hábil coreografia acompanhava a recitação dos poemas sagrados e esta função absorvia sua vida.

Mas não se faria senão uma idéia imperfeita dessas dançarinas e do respeito que inspiravam à multidão, se não relembrássemos a idéia mística de que a religião as revestia. Na religião dos Vedas, as *Apsaras* são as ninfas celestes, as dançarinas de Indra. Simbolizam as almas radiosas que vivem junto dos Devas, servem-lhes de mensageiras junto aos homens e se encarnam às vezes em uma mulher. A dançarina sagrada dos templos continuava de algum modo, no culto oficial, a função mística de Apsara na mitologia. Ela era a mediadora entre o céu e a terra, entre os deuses e os homens. Nas festas públicas ela traduzia, por meio da beleza de suas atitudes, os símbolos profundos da religião; interpretava, com sua mímica eloqüente, os poemas sagrados que os bardos indus, os *bharatas*, recitavam diante do povo. Daí a categoria elevada da bailarina primitiva no templo, daí seu nome de *devadassi*, que significa "serva dos deuses".[11]

Assim se apresenta, nos acessos de uma das capitais da Índia antiga, o grande pagode com seu teto piramidal e os lagos sagrados que o cercam. O calor opressivo do dia deu lugar à frescura deliciosa da noite. O firmamento profundo está pintado de estrelas como de uma poeira de sândalo, e a luz invade o cenário, nadando no céu como um cisne num lago. O imenso pátio é iluminado por "árvores de luz". Eis o rei sobre um estrado com sua corte. Ao redor, um povo imenso, no qual todas as classes são admitidas, até os párias. Todos escutam em silêncio a voz do rapsodo que, de pé no terraço do templo, evoca os tempos passados e o mundo heróico. De repente, um murmúrio corre pela multidão. Do pórtico iluminado do pagode sai majestosamente o cortejo das dançarinas hieráticas, campainhas de cavilhas, cobertas de elmos e de tiaras, os membros flexíveis envoltos de *languti* sedoso, as espáduas ornadas de flâmulas de ouro e de embriões de asas. O soberbo corifeu traz a bandeira real, o diadema e uma couraça cintilante de pedras. Os instrumentos de corda ressoam, os bambus marcam o compasso, e as dançarinas sagradas começam suas evoluções. Elas se atam de guirlanda ou se espalham como um colar de pérolas sobre o terraço. Depois, ritmando seus passos pela música e interpretando a melodia do rapsodo, elas se prostram em adoração diante do sublime corifeu ou o cercam de grupos expressivos, flexíveis como lianas, com suas mãos fluidas e seus dedos sensíveis. Então, as luminosas *devadassis*, de fisionomias de âmbar e de opala, de olhos dilatados, tornam-se verdadeiramente as mensageiras dos Devas, as próprias Apsaras. Pois elas parecem trazer aos homens as almas dos heróis em seus afetuosos braços de virgem e encarná-los em seus corpos frementes como em cálices puros e perfumados...

Imagina-se que, impregnando-se de tais especátulos, o próprio pária tinha um pressentimento longínquo, mas grandioso, dos mistérios profundos da sabedoria védica e de um mundo divino.

Dir-se-á que esta evocação da Devadassi é apenas um devaneio ideal a propósito da bailarina, sereia capitosa de graça e de volúpia? Tal não é a impressão daqueles que visitaram as ruínas colossais da Angkor-Thom, em Camboja, e que experimentaram o encanto estranho de suas extraordinárias esculturas.

Maravilha arquitetural de uma civilização desaparecida, essas ruínas surgem como uma cidade fantástica ao fundo de uma imensa floresta, cuja solidão selvagem as protege e as encobre em meio a sua luxuriante vegetação. O viajante penetra no santuário por uma porta que tem no alto uma máscara enorme de Brahma, e é ladeada por dois elefantes de pedra que os cipós apertam há mil anos sem poder sufocá-los. No meio da cidade santa domina o pagode central, catedral esmagadora. O visitante penetra no coração do templo e caminha horas sob as abóbadas sombrias dos cláustros sem fim, onde corpos colossais e ameaçadores aparecem na penumbra. Ele caminha subindo e descendo inúmeras vezes, atravessa entradas, perde-se num labirinto de pátios irregulares. Às vezes, erguendo os olhos, ele visualiza cabeças prodigiosas de Devas com mitras bordadas, de animais fabulosos ou de santos de pedra... A cabeça de Brahma, reproduzida nas quatro faces dos capitéis de colunas, cabeça gigantesca e impassível multiplicada ao infinito, olha-o, molesta-o, persegue-o de todos os lados ao mesmo tempo. Nas paredes e nos frisos, uma seqüência interminável de altos-relevos desenvolve a epopéia do Ramaiana, como se o legendário herói atravessasse o templo com seu exército de símios para a conquista do Ceilão.

Neste pandemônio de monstros, de homens e de deuses, um personagem entre todos impressiona o visitante atento. É a figura de uma mulher frágil, aérea, singularmente viva. É a ninfa celeste, a divina Apsara, representada pela dançarina sagrada, reproduzida em toda a parte, em poses variadas, só ou em grupo, ora ereta e pensativa, ora arqueada num movimento onduloso e a perna dobrada, ou os braços arredondados sobre a cabeça e inclinada languidamente. Às vezes, embaixo da muralha, ela parece deter com um gesto gracioso uma avalanche de guerreiros e de carros, às vezes percebe-se uma dezena de *devadassis* encetando sobre um frontão a cadência ritmada de seus passos, como que para convidar pesados combatentes a segui-las em seu vôo de libélulas. A maior parte dessas dançarinas esculpidas, saem de uma corola de ninfas e sustentam um lótus na mão. Flores desabrochadas do cálice da vida universal, elas agitam a flor da alma como uma campainha de som argênteo, e parecem querer arrebatar a orgia tumultuosa do universo no sonho estrelado de Brahma.

Assim, a dança sagrada, esta arte perdida que termina no êxtase religioso, esta arte em que o pensamento de um povo se encarnava numa plástica viva, esta magia psíquica e corporal, da qual nem os sábios, nem os historiadores, nem os filósofos modernos adivinharam a força, reviveu misteriosamente na imensa ruína de Angkor-Thom, sob as palmeiras e as acácias gigantes que balançam seus pára-sóis e seus penachos sobre os templos silenciosos.

NOTAS

1. Vide a tocante descrição desta solenidade no livro de M. Chevrillon, *Sanctuaires et paysages d'Asie* (A manhã em Benares).

2. Vide as belas narrativas do sábio indianista e poeta Angelo de Gubernatis em seus *Perigrinazione indiane*.

3. *O Ramaiana*, T.I.p. 38. Tradução de Hippolyte Fanche.

4. Vide o capítulo sobre *Rama* nos meus *Grands Initiés* (traduzido, no Brasil, por Raul Xavier, e editado pela Editora Cátedra, como *Os grandes iniciados*, R.J., 1980).

5. Hermann Oldenberg, *Die Literatur des alten Indiens*, 1908.

6. Esta passagem extremamente significativa dos Vedas, relembrada por Oldenberg na obra pré-citada (pág. 17) nos transporta para uma civilização inteiramente perdida e para o continente desaparecido, a respeito do qual Platão falou sobre a fé dos sacerdotes egípcios, em seu diálogo sobre a *Atlântida*.

7. Este ponto de vista foi esclarecido de maneira notável pelo conde de Gobineau em seu livro exclusivo, e genial, sobre a *Inégalité des races humaines*.

8. Victor Henry, *Les Littératures de l'Inde* (Hachette, 1904).

9. Encontra-se uma destas serpentes descritas no Visnu-purana sob o nome de *Calaieni*.

10. Ver o capítulo sobre *Crisna* em meus *Grands Initiés*.

11. Encontra-se a *devadassi*, esculpida em poses graciosas e variadas, nos altos-relevos e frisos do magnífico templo de Angkor-Thom, em Camboja.

CAPÍTULO II

A VIDA DE BUDA

A civilização bramânica desenvolvera seu esplendor durante vários milhares de anos, conservando seu equilíbrio através das guerras de raça, das rivalidades dinásticas e das inovações dos cultos populares. Este equilíbrio lhe vinha da sabedoria védica, cujo poder ainda subsistia. Todavia, seis ou sete séculos antes de nossa era, o declínio se anunciava. Apesar da forte unidade religiosa que dominava a diversidade de suas seitas, a Índia, dividida em uma multidão de reinos, estava enfraquecida de alto a baixo e madura para as invasões estrangeiras das quais Alexandre, o Grande, foi o iniciador três séculos mais tarde. Entregues a guerras intestinas e a intrigas de harém, enfraquecidos pela poligamia, os reis enterravam-se no luxo e na indolência, enquanto o povo se abastardava pela expansão das raças inferiores. Diante dos templos de Siva, faquires fanáticos, caricaturas dos verdadeiros ascetas, empenhavam-se em hediondas mortificações, sob pretexto de atingir a santidade. Às virgens sagradas, às *devadassis* que representavam sempre nos templos de Brahma e de Visnu, se opunham então as sacerdotizas de Cali. Com os olhos mais incendiários do que tochas iluminadas, olhos onde queimava uma sede inextinguível de volúpia e de morte, elas atraíam os fiéis fascinados para seus tenebrosos templos. Os párias procuravam prazeres mais vis ainda para esquecer seus sofrimentos e o peso da escravidão. Da escória desta sociedade subiam gemidos misturados aos gritos de uma alegria selvagem, com os miasmas do vício e um bafejo de paixões dissolventes, ameaçando suas virtudes seculares e suas conquistas espirituais.

Essas virtudes e conquistas eram guardadas ainda pelos brâmanes, pois no vértice de seu mundo velava sempre com eles a tradição, a imemorável sabedoria. Entretanto esta também se encolhia, como que envelhecendo. Perdera sua espontaneidade primitiva, sua larga vidência aberta sobre o cosmos como sobre o mundo inferior. Endurecida em fórmulas abstratas, ela se ossificava no ritualismo e numa escolástica pretensiosa. Não lhe restava senão sua prodigiosa ciência do passado, que também começava a esmagá-la. Felizes os povos que, na embriaguez da ação, bebem a água do Letê e esquecem sua odisséia do mundo! Eles se acreditam nascidos ontem porque renascem em um dia de um sorvo de esperança e de vida. Os brâmanes oravam sob o peso do passado humano. Os séculos, os milênios, os *calpas* ou períodos do mundo pesavam sobre suas espáduas como as massas gigantescas do Gaorisancar, e seus braços caíam de lassidão como os ramos dos velhos cedros, que pendiam sob o peso das neves. Como os Árias da Índia tinham perdido pouco a pouco o espírito de conquista e de aventura, os brâmanes perderam a fé no futuro humano. Fechados no círculo himalaio, separados dos outros povos, deixaram multiplicar-se as massas corrompidas e se afundaram em suas especulações. Existem elevados pensamentos, vistas de uma estonteante profundeza nos *Upanichads,* mas sente-se aí o desencorajamento, a indiferença e o desdém. À força de procurar a união com *Atma,* o Espírito puro, em sua contemplação egoísta, os brâmanes tinham esquecido o mundo e os homens.

Neste momento surgiu do mundo bramânico um homem que foi o primeiro a ousar combatê-lo num duelo de morte. Mas, coisa curiosa, combatendo-o inteiramente, ele devia impelir ao extremo seu pensamento secreto e fixar seu ideal moral na figura inesquecível da renúncia perfeita. Sua doutrina nos aparece como a amplificação e o inverso negativo do bramanismo. É a última abordagem do gênio indu no oceano do infinito, abordagem de uma ousadia e de uma temeridade perdida, que termina numa derrocada. Desta, entretanto, veremos ressurgir duas grandes idéias como pássaros migratórios evadidos de um naufrágio. Idéias fecundas, idéias-mães, elas irão espalhar a quintessência da sabedoria antiga no Ocidente, que a transformará segundo seu gênio e sua missão.

I. A juventude de Buda

Entre os contrafortes nepaleses do Himalaia e o rio Roine, prosperava outrora a raça dos Sáquias. Esta palavra significa os

Poderosos. Vastas planícies pantanosas, alagadas pelas torrentes da montanha, que o trabalho do homem transformara em uma rica e florescente região, cortada de florestas densas, de claros arrozais, de férteis campinas que nutriam esplêndidos cavalos e abundante gado. Aí nasceu, no XVIº século antes de nossa era, uma criança que se chamou Sidarta. Seu pai, Sudodana, era um dos numerosos reis da região, soberanos dominadores como o são ainda oficialmente os rajás de hoje. O nome de Gotama, que a tradição dá ao fundador do budismo, parece indicar que seu pai descendia de uma família de cantores que traziam esse mesmo nome. A criança, que foi consagrada a Brahma diante do altar doméstico onde brilhava o fogo de Agni, deveria ser também um cantor e um feiticeiro de almas, mas um cantor de gênero único. Não devia celebrar nem a Aurora de seio rosa e de brilhante diadema, nem o Deus solar de arco cintilante, nem o Amor, cujas flexas são flores e cujo único sopro atordoa como um perfume violento. Ele devia entoar uma melodia fúnebre, estranha e grandiosa, e tentar envolver os homens e os deuses no lençol estrelado do seu Nirvana. Os grandes olhos fixos do menino, que luziam sob uma fronte extraordinariamente abaulada (foi assim que a tradição sempre representou Buda), olhavam o mundo com espanto. Havia neles abismos de tristeza e de reminiscências. Gotama passou sua infância no luxo e na ociosidade. Tudo lhe sorria no jardim suntuoso do pai — os roseirais, os lagos coloridos de lótus, as gazelas familiares, os antílopes domesticados e os pássaros de linda plumagem e de gorjeio perfeito que abundam à sombra dos assocás e das mangueiras. Contudo, nada podia banir a sombra precoce que velava seu semblante, nada podia acalmar a inquietude de seu corração. Ele era daqueles que não falam porque pensam muito.

Duas coisas o tornavam diferente dos outros homens, separando-o de seus semelhantes por um abismo sem fundo: de um lado, a piedade sem limites pelos sofrimentos de todos os seres; de outro, a procura obstinada do porquê das coisas. Uma pomba dilacerada por um gavião, um cão expirando sob a mordida de uma serpente, enchiam-no de horror. Os rugidos das feras nas jaulas dos exibidores de animais lhe pareciam mais dolorosos, mais terríveis ainda do que os estertores de suas vítimas e o agitavam num imenso arrepio, não de medo, mas de compaixão. Como poderia ele, depois de tais emoções, divertir-se com as festas reais, as danças alegres, os combates de elefantes, as cavalgadas de homens e de mulheres que passavam sob seus olhos ao som dos tambores e dos címbalos? Por que Brahma havia criado este mundo cheio de dores medonhas e de alegrias insensatas? Todos esses aspiravam o quê? Para onde iam? O que procuravam esses filhos de cisnes viajantes que voavam na primavera mais alto do que as nuvens, na direção das montanhas e voltavam na estação das chuvas para a Yamuna e o Ganges? O que existia por detrás das massas negras do Nepal e das enormes cúpolas de neve do Himalaia que se acumulavam no céu? E quando, pelas tardes sofocantes do verão, o canto indolente de uma mulher se libertava das galerias abobadadas do palácio, por que a estrela solitária se iluminava resplandescente sobre o horizonte da planície tórrida, abrasada de ardor e negra de torpor? Era para lhe dizer que ela também palpitava de um amor insaciável? Naquele mundo longínquo, a mesma melodia se espalharia no silêncio do espaço? Reinaria, lá embaixo, o mesmo langor, o mesmo desejo infinito?

Uma vez ou outra, como que falando consigo mesmo, o jovem Gotama dirigira essas questões aos amigos, aos preceptores, aos pais. Os amigos responderam rindo: "Que nos importa?" O preceptor brâmane dissera: "Os sábios ascetas talvez o saibam." Os pais suspiraram: "Brahma não quer que se saiba."

Procurando se adaptar aos costumes, Gotama se casou e teve de sua mulher um filho com o nome de Raúla. Este acontecimento, entretanto, não conseguiu dissipar sua perturbação nem mudar o curso de seus pensamentos. O jovem príncipe se comoveu com os ternos liames com os quais a esposa amorosa e a criança inocente envolviam seu coração. Mas, que poder tinham as carícias de uma mulher e o sorriso de um filho sobre esta alma que a dor do mundo torturava? Ele sentia cada vez com mais angústia a fatalidade que o acorrentava ao sofrimento universal, e o desejo de se libertar tornou-se mais agudo.

A lenda reuniu em um único episódio as impressões que levaram Gotama a seu passo decisivo. Ela relembra que, em um passeio, Gotama encontrou um velho, um doente e um morto. O aspecto do corpo vacilante e decrépito, do corpo pestilento coberto de úlceras e do cadáver em decomposição teriam agido sobre ele como um trovão, revelando-lhe o fim inevitável de toda a vida e o fundo mais negro da miséria humana. Foi então que ele resolveu renunciar à coroa e deixar para sempre o palácio, a família e o filho, para se consagrar à vida ascética. A tradição reúne em uma cena dramática e em três exemplos as experiências e as reflexões de longos anos. Estes exemplos são surpreendentes, aperfeiçoam um caráter, revelam os motivos de toda uma existência. Um documento em língua "pali", que remonta a cem anos após a morte de Buda e onde se sente ainda sua tradição viva, mostra-o falando aos discípulos: "O homem comum, o home n insensato, sente desgosto e horror diante da velhice. Ele sabe ue a velhice o atingirá, mas acrescenta: 'Isto não me diz respeito'. Pensando nisto, sinto desmoronar em mim toda a coragem da juventude." O fato é que, em todas as pregações de Buda e em toda a literatura budista, a velhice, a doença e a morte voltam sem cessar como os três exemplos típicos dos males inevitáveis da humanidade.

Gotama tinha vinte e nove anos, quando tomou a resolução definitiva de deixar o palácio do pai e de romper toda a ligação com a vida passada, para procurar a liberdade na solidão e a verdade na meditação. A tradição narra, em palavras simples e tocantes, seus silenciosos adeuses à esposa e ao filho. "Antes de ir-se ele pensa no filho recém-nascido: 'Eu quero ver meu filho!' Ele vai aos aposentos da mulher e a encontra adormecida, estendida sobre um leito semeado de flores, a mão pousada sobre a cabeça da criança. Gotama pensa: 'Se afasto a mão de minha esposa para segurar meu filho, ela despertará. Quando eu for Buda, voltarei para vê-lo.' Fora o espera seu cavalo Cantaca, e o filho do rei desaparece sem que ninguém o veja. Ele foge para longe da esposa e do filho, a fim de encontrar a paz para sua alma, para o mundo e para os deuses. E atrás dele avança como uma sombra, Mara, o tentador, aguardando a hora em que um pensamento de desejo ou de injustiça se levantasse na alma que lutava pela salvação — um pensamento que lhe desse poder sobre o inimigo detestado."[2]

II. A vida solitária e a iluminação

Vê-se então Gotama, o real descendente dos Sáquias tornado monge (Sáquia-Muni), vagar pelas grandes veredas, a cabeça raspada, de toga amarela, mendigando nas vilas com uma gamela na mão. Ele se dirige primeiro aos nobres brâmanes, solicitando que lhe indicassem o caminho da verdade. Suas respostas abstratas e ambíguas, sobre a origem do mundo e a doutrina da identidade com Deus, não o satisfizeram. Esses mestres, detentores da velha tradição dos richis, ensinaram-lhe certos processos de respiração e de meditação necessários para produzir a perfeita concentração interior. Disso ele se serviu para sua ginástica espiritual. Depois ele passou vários anos com cinco ascetas jainistas[3] que o aceitaram na escola de Oruvala, no país de Maghada, à margem de um rio onde se encontrava uma bela praça de banho. Após ter-se submetido longo tempo a uma disciplina implacável, Gotama percebeu que ela não o levava a nada. Declarou-lhes pois, um dia, que renunciava a essas inúteis mortificações e que estava resolvido a procurar a verdade por seu próprio esforço e unicamente pela meditação. A estas palavras, os ascetas fanáticos, orgulhosos de suas faces macilentas e seus corpos de esqueleto, ergueram-se cheios de desprezo e deixaram o companheiro sozinho à beira do rio.

Ele sentiu sem dúvida então a embriaguez da solidão, em meio da natureza virgem, na frescura matinal que a poesia budista descreve: "Quando meu olhar não alcançou ninguém, nem diante nem atrás de mim, foi belo ficar só na floresta. Lá, para o monge solitário que aspira à perfeição, faz bem viver. Sozinho, sem companheiros, na floresta agradável, quando atingirei meu objetivo? Quando estarei livre de pecado?" A tarde o encontrava no mesmo lugar, sentado de pernas cruzadas sob a árvore da meditação, de cem mil folhas sussurrantes. "Sobre a margem do rio ornada de flores, enguirlandada de uma coroa matizada de florestas, o monge ficava sentado alegremente, entregue à meditação; não havia maior alegria para ele."[4] Um pastor, encantado com o ar ingênuo e grave e com a fisionomia benevolente do jovem asceta, trazia-lhe todos os dias leite e bananas. Uma gazela, atraída por sua doçura, afeiçoou-se-lhe e vinha comer grãos de arroz em sua mão. Ele estava quase feliz.

Seus pensamentos mergulhavam perdidamente na espiral infinita do mundo interior. Durante o dia ele meditava severamente, refletia com intensidade sobre si mesmo e sobre os outros, sobre a origem do mal e sobre o fim supremo da vida. Ele procurava explicar a si mesmo o encadeamento fatal dos destinos humanos por meio de raciocínios rigorosos, penetrantes, inexoráveis. Porém, quantas dúvidas, quantas lacunas e quantos abismos insondáveis! Durante a noite, ele se deixava ir à deriva no oceano do devaneio, sobre o qual refletia no dia seguinte. E seu sono tornava-se cada vez mais transparente. Parecia uma série de véus superpostos, de gazes leves, que, afastando-se, deixavam ver mundos atrás de mundos. No início, sua própria vida passada se desenrolou ao inverso, em imagens sucessivas. Depois ele se viu a si mesmo e se reconheceu sob outra figura, com outras paixões, como se fosse numa outra existência. E por trás do véu fluido apareciam outras figuras desconhecidas, estranhas, enigmáticas, que pareciam chamá-lo... "Oh! reino ilimitado do sono e do sonho, serás tu o avesso do mundo, que contém suas fontes ocultas? Serás tu o inverso da trama bordada, atrás da qual os poderes desconhecidos misturam os fios com que são tecidos os seres e todas as coisas que formam o quadro móvel deste vasto universo?" E ele recomeçava as meditações, sem poder religar entre si as correntes do caos multiforme. A tradição narra que Sáquia-Muni praticou durante sete anos esses exercícios de concentração interior antes de receber a luz. Esta lhe veio, finalmente, sob a forma de uma série de êxtases durante o sono. É preciso seguir de perto os fenômenos psíquicos recolhidos pela lenda, das quatro noites extáticas, pois, de seu caráter particular e de sua interpretação, surgiu a doutrina de Buda e todo o budismo.

Na primeira noite, Sáquia-Muni penetrou no que a Índia chama de *Kama loca* (lugar do Desejo). É o *Amenti* do Egito, o *Hades* dos Gregos, o *Purgatório* dos Cristãos. É a esfera chamada *o mundo astral* pelo ocultismo ocidental, ou o estado psíquico definido por estes termos: *a esfera da penetrabilidade,* caos sombrio e nebuloso. Incontinenti ele se sentiu atacado por todas as espécies de figuras de animais — serpentes, feras e outros. Sua alma, tornando-se lúcida, compreendeu que eram suas próprias paixões, as paixões de suas vidas precedentes, exteriorizadas e vivas ainda em sua alma e que se firmavam nele. Elas se dissipavam sob o escudo de sua vontade, à medida que ele marchava contra elas. Então ele viu sua própria mulher, aquela que ele havia amado e abandonado. Ele a viu, os seios nus, os olhos cheios de lágrimas, de desejo e de desespero, estendendo-lhe o filho. Seria a alma de sua esposa ainda viva que o chamava assim durante o sono? Tomado de piedade, repassado de amor, ele ia atirar-se em sua direção, mas ela se afastou com um grito dilacerante, ao qual respondeu o grito surdo de sua própria alma. Então envolveram-na, em turbilhões infinitos e faixas dilaceradas pelo vento, as almas dos mortos ainda intumecidas das paixões da terra. Estas sombras perseguiam sua presa, lançavam-se umas sobre as outras sem conseguirem se unir e rolavam ofegantes numa voragem sem fim. Ele viu os criminosos vitimados pelo próprio suplício que haviam infligido, sofrê-lo indefinidamente, até que o horror do fato houvesse matado a vontade culpada, até que as lágrimas do assassino tivessem lavado o sangue da vítima. Esta região lúgubre era realmente um inferno, porque aí se era sacudido pelo braseiro de um desejo impossível de estancar nas trevas da agonia do vácuo gelado. Sáquia-Muni acreditou perceber o príncipe deste reino. Era aquele que os poetas cantam sob a figura de *Kama,* o Deus do Desejo. Mas, em lugar de ter um manto de púrpura, uma coroa de flores e o olhar sorridente atrás de seu arco esticado, ele estava vestido com uma mortalha, coberto de cinzas e brandindo um crânio vazio. *Kama* tinha-se tornado *Mara,* o deus da Morte.

Quando Sáquia-Muni despertou após a primeira noite de sua iniciação, seu corpo estava banhado de um suor frio. A gazela doméstica, sua querida companheira, tinha fugido. Teria ela tido medo das trevas tocadas pelo mestre? Teria ela farejado o deus da Morte? Gotama permanecia imóvel sob a árvore da meditação de cem mil folhas sussurrantes, porque seu entorpecimento o impedia de se mover. O pastor atencioso veio reanimá-lo, trazendo-lhe leite espumoso em uma casca de coco.

Na segunda noite, o solitário penetrou no mundo das almas felizes. Diante de seus olhos passavam países flutuantes, ilhas aéreas. Jardins encantados, onde as flores e as árvores, onde o ar perfumado e os pássaros, onde o céu, os astros e as nuvens transparentes como gaze de musselina, pareciam acariciar a alma e falar inteligentemente a linguagem do amor e se moldar em formas significativas, para exprimir pensamentos humanos ou símbolos divinos. Ele viu as almas caminhando aos pares ou em grupos, absorvidas umas nas outras ou deitadas ao pé de um mestre. E a felicidade que transbordava de seus olhos, de suas atitudes, de suas palavras, parecia fluir de um mundo superior que pairava sobre elas, para o qual se estendiam às vezes seus braços, e que unia todas numa celeste harmonia. Porém, de repente Gotama viu algumas destas figuras empalidecer e estremecer. Percebeu, então, que cada uma das almas estava ligada ao mundo inferior por um fio imperceptível. Esta rede de filamentos descia nas profundezas através de uma nuvem purpúrea que se elevava do abismo. À medida que esta nuvem subia, ele afundava, e o paraíso aéreo tornava-se mais pálido. E Gotama adivinhou o sentido dessa visão. Compreendeu que estes cordéis sutis eram as prisões indestrutíveis, os restos das paixões humanas, os inextinguíveis desejos que religavam as bem-aventuradas almas à terra, forçando-as, cedo ou tarde, a novas encarnações. Ai! quantas novas despedidas em perspectiva após a visão celestial, quantas novas dispersões, que labirintos de prova e de sofrimento e talvez, no fim, a separação eterna! ...

Quando Sáquia-Muni despertou na manhã da segunda noite, cisnes voadores atravessavam o céu de nuvens. E ele ficou mais triste ainda ao sair de sua visão paradisíaca do que ao sair do sonho infernal. Porque ele pensava nos destinos futuros de todas as almas, em suas caminhadas sem fim.

Na terceira noite, ele se elevou com grande esforço até o mundo dos deuses. Iria, enfim, encontrar ali a sonhada paz? Foi um sonho inenarrável, um panorama sublime de indizível grandeza. Ele viu logo os Arquétipos luminosos que brilham no limiar do mundo dos Devas, círculos, Triângulos, estrelas brilhantes, modelos do mundo material. Em seguida lhe apareceram as forças cósmicas, os deuses que não têm forma imutável, mas que trabalham multiformes nos veios do mundo. Viu rodas de fogo, turbilhões de luz e de trevas, astros que se transformavam em leões alados, em águias gigantescas, em cabeças brilhantes, irradiando um oceano de chamas. Dessas figuras, que apareciam, desapareciam, metamorfoseavam-se ou se multiplicavam com a rapidez do relâmpago, escapavam em todos os sentidos correntes luminosas que se espalhavam no universo. Estes rios de vida borbulhavam no curso dos planetas, a jorrar em sua superfície, aperfeiçoando todos os seres. Como o vidente se enredava nesta vida ardente com uma espécie de ubiqüidade, num deslumbramento de embriaguez, ele ouviu de repente o grito da dor humana subir do abismo em sua direção, como uma maré crescente de apelos desesperados. Então ele descobriu uma coisa que lhe pareceu terrível. O mundo inferior, este mundo de luta e de sofrimento, foram os deuses que criaram. Muito mais, eles tinham tomado consciência de si mesmos, tinham crescido com o seu universo; e agora, pairando acima deles, mas inseparáveis de sua essência, eles viviam de seu formidável refluxo! Sim, os deuses imortais se vestiam do fogo e da luz que tinham saído de seu coração; entretanto, o fogo se transformara, para os homens, na paixão, e a luz, na angústia. Eles se alimentavam do sopro do amor humano que tinham excitado, respiravam o perfume de suas adorações e a fumaça de seus tormentos. Bebiam todas essas marés de almas, plenas de desejo e de sofrimento, como o vento da tempestade bebe a espuma do Oceano... Eles eram, pois, culpados, eles também. E, como a vista panorâmica do vidente abrangia perspectivas de espaço e de tempo cada vez mais vastas, como seu espírito voava de eras em eras, pareceu-lhe ver esses deuses arrastados no naufrágio final dos mundos, absorvidos no sono cósmico, obrigados a morrer e a renascer, eles também, de eternidade em eternidade, fazendo nascer mundos sempre infelizes!

Então, o universo inteiro apareceu a Sáquia-Muni, com uma roda pavorosa sobre a qual estão ligados todos os seres, com os homens e os deuses. Nenhum meio de escapar à lei inevitável que faz girar a roda. De vida em vida, de encarnação em encarnação, imperturbavelmente, todos os seres recomeçam, sempre em vão, a mesma aventura, e são impiedosamente triturados pela dor e pela morte. Tanto para trás como para frente se estende o incomensurável passado, o incomensurável porvir de sofrimento, pela sucessão infinita das existências. Inumeráveis períodos do mundo se escoam em miríades de anos. Terras, céus, infernos, lugares de tortura, nascem e desaparecem como surgiram, para serem exterminados desde eternidades. Como escapar desta roda? Como pôr fim ao suplício de viver?

Desta visão o asceta despertou numa vertigem de pavor. O vento do norte havia soprado toda a noite sobre a árvore do conhecimento de cem mil folhas sussurrantes. A aurora clareava apenas, e uma chuva fria caía. A gazela tinha retornado e estava deitada junto do solitário, lambendo seus pés gelados. Ele a tocou; ela também estava gelada. Então, ele a apertou nos braços para esquentá-la sobre seu coração, e Sáquia-Muni se consolou, durante uma hora, da dor do mundo, apertando sobre o peito uma pobre gazela.

Gotama não tinha o hábito de orar. Não esperava nada dos deuses, mas tudo de si mesmo e de sua meditação. Não queria nada deles, não os acusava. Somente os envolvia com sua grande piedade. Não eram, eles também, arrastados na ilusão fatal do vir a ser pelo desejo universal, pela sede desenfreada de ser e de viver? Como deuses, que não podiam se salvar a si mesmos, salvariam os homens? Portanto, antes de sua quarta noite, Sáquia-Muni, oprimido pela angústia, pediu ao Inominável, ao Não-manifestado, a Aquele que a própria clarividência não pode perceber, que lhe revelasse o mistério do repouso eterno e da felicidade.

Adormecendo, ele reviu a terrível roda da existência como um círculo de sombra povoada de formigueiros humanos. A roda incansável girava lentamente. Aqui e lá, alguns intrépidos lutadores, alguns ascetas sublimes emergiam acima do círculo de sombra, no halo da luz limítrofe. Eram os ascetas prudentes, os Badisatvas que o haviam precedido. Mas nenhum dentre eles havia alcançado o repouso definitivo, a verdadeira bem-aventurança. Pois todos tinham recaído no círculo de sombra, todos tinham sido apanhados pela roda fatal. Então, Sáquia-Muni experimentou a maior de todas as dores, um desfalecimento de todo o seu ser com o desfaleci-mento do mundo das aparências. Todavia, a este dilaceramento supremo sucedeu uma inefável felicidade. Ele se sentiu imerso em um mar profundo de silêncio e de paz. Lá, nada de forma, nada de luz, nada de redemoinho de vida. Seu ser se dissolvia deliciosamen-te na alma dormente do mundo, que nenhum sopro mais agitava, e sua consciência se desvanecia nesta imensidade bem-aventurada. Ele tinha atingido o Nirvana.

Se Sáquia-Muni quisesse ir mais longe e tivesse força para se ele-var acima do sono cósmico, ele teria ouvido, teria visto e teria sentido muitas outras coisas mais. Ele teria ouvido o Som primor-dial a Palavra divina que gera a Luz; teria escutado a música das esferas, que põe em movimento os astros e os mundos. Arrebatado pelas ondas desta harmonia, teria visto a fulguração do Sol espiri-tual, do Verbo criador. Lá, o desejo supremo do amor se identifica com a alegria ardente do sacrifício. Lá, fica-se acima de tudo atra-vessando o todo, porque se vê o rio do tempo sair da eternidade e para aí retornar. Lá, nada vive separado, e sim um com o todo na plenitude do ser. Paira-se acima de todas as dores, porque elas se transformam em alegrias. Lá, todos os sofrimentos se fundem em uma felicidade única, como as cores do prisma no raio solar. Lá, atinge-se o repouso na ação transcendente e a personalidade suprema no absoluto dom de si. Lá, não se condena a vida, porque se bebeu a essência divina na própria fonte. Livre, inteiramente redimido e daqui em diante invencível, volta-se para recreá-la mais bela. Pois, desta esfera da Ressurreição, pressentida pela sabedoria egípcia e pelos mistérios de Eleusis, deveria descer o Cristo.

Todavia, Sáquia-Muni não estava absolutamente destinado a dar a conhecer ao mundo o verbo do Amor criador. Seu papel, entretanto, foi grande, pois ele iria revelar a religião da piedade e a lei que religa entre si as encarnações humanas. Ele se deteve, po-rém, na iniciação à *Morte mística,* sem chegar até a *Ressurreição.* O *Nirvana,* do qual se quis fazer o estado divino por excelência, não é senão o seu limiar. Buda não o ultrapassou.[5]

Depois da quarta noite de sua iluminação, diz a tradição, Gota-ma experimentou uma grande alegria — uma força nova inundava suas veias e o animava de uma grande coragem. Ele sentiu que, ten-do alcançado o Nirvana, estava para sempre libertado de todo o mal. Temperado na morte como nas águas do Styx, ele se sentia invencível. Gotama Sáquia-Muni vencera. Dos pés à cabeça, da me-dula dos ossos ao ápice da alma, ele se torna Buda, o *Despertado.*

Com a verdade conquistada ele queria salvar o mundo. Passou vários dias refletindo sobre tudo o que havia acontecido. Deu-se conta da lógica secreta que religava entre si suas múltiplas visões. Veio assim a formular sua doutrina, repassando no espírito o encadeamento das causas e efeitos que levam ao sofrimento. "Do não-conhecimento vêm as formas *(Sankara),* as formas do pensamento que dão forma às coisas. Dessas formas nasce a consciência e assim, por uma longa série de processos intermediários, do desejo dos sentidos, nasce o apego à existência; deste apego vem o porvir, do porvir o nascimento, do nascimento a velhice e a morte, a dor e os lamentos, o desgosto, a tristeza, o desespero. Entretanto, se a primeira causa, o não-conhecimento, é suprimida, toda a cadeia dos efeitos é destruída e o mal é vencido pelo mesmo golpe." Em suma, era preciso matar o desejo para suprimir a vida, cortando assim o mal pela raiz. Fazer entrar todos os homens no Nirvana, eis o sonho de Buda. Sabendo, então, o que tinha para dizer aos homens e ao povo, Sáquia-Muni deixou seu retiro para voltar a Benares, a fim de ensinar sua doutrina.

III. A Tentação

Como todo os profetas, Buda teve ainda que passar por uma prova antes de assumir sua tarefa. Não existe nenhum reformador que não tenha sentido a tentação da dúvida em si mesmo antes de combater abertamente os poderes vigentes. Ao primeiro encontro, os obstáculos se erguem como uma montanha e o labor, que se estende por uma série de anos, apresenta-se como um bloco que rola sobre um cume. A lenda narra que o demônio, Mara, lhe cochichava: "Entra no Nirvana, homem acabado, o tempo do Nirvana chegou para ti." Buda responde: "Não entrarei no Nirvana enquanto a bem-aventurança não crescer e se propagar entre os povos e não for inteiramente pregada aos homens." Um brâmane se aproxima em seguida e lhe diz: "Um leigo não pode ser brâmane." Buda responde: "O verdadeiro brâmane é aquele que baniu de si toda a maldade, toda a zombaria, toda a impureza." Tendo os homens fracassado diante do Bem-aventurado, entram em ação os elementos. Tempestade, chuva torrencial, frio, temporal e trevas se abatem sobre ele. Esta conjuração de elementos contra Buda representa o último e furioso assalto das paixões expulsas pela alma do santo, que agora vêm desabar sobre ele, de fora, com toda a horda das potências das quais procedem. Para tornar perceptível o acontecimento oculto que se passa então, a lenda se utiliza de um símbolo. "Neste momento, diz ela, o rei das serpentes, Mucalinda, sai de seus domínios disfarçado, rodeia sete vezes o corpo de Buda com seus anéis, protegendo-o contra as tormentas. Depois de sete dias, quando Mucalinda viu que o céu estava claro e sem nuvens, desatou os anéis do corpo do bem-aventurado, tomou a forma de um jovem e se aproximou do sublime, as mãos unidas em adoração. Então, o sublime disse: "Feliz a solidão do bem-aventurado que reconheceu e que vê a verdade." A serpente Mucalinda representou aqui o corpo astral do homem, sede da sensibilidade, que penetra seu corpo físico e cria ao redor uma aura resplandecente, onde suas paixões se refletem para o clarividente em colorações múltiplas. Durante o sono, o corpo astral do homem escapa do corpo físico com o eu consciente, em forma de espiral. Assemelha-se desta maneira a uma serpente. É no corpo astral[6] que residem e vibram as paixões humanas. É através dele que todas as influências, boas ou más, agem sobre o ser humano. Governando-o e organizando por meio de sua vontade, o iniciado ou o santo pode transformá-lo em uma couraça intransponível contra todos os ataques de fora. Tal é o sentido da serpente Mucalinda que enrola seus anéis em torno do corpo de Buda e o protege contra a tormenta das paixões. Tem também outro sentido. Com um certo grau de iniciação, o clarividente percebe uma imagem astral da parte inferior e animal de seu ser, evoluída nas encarnações precedentes. É preciso suportar este espetáculo e matar o monstro pelo pensamento. Do contrário será impossível penetrar no mundo astral e, com muito mais razão ainda, no mundo espiritual e no mundo divino. Esta aparição se chama na tradição oculta *o guardião da entrada*. Muito mais tarde, depois de longas provas e de brilhantes vitórias, o iniciado reencontra seu protótipo divino, a imagem de sua alma superior sob uma forma ideal. Eis porque a serpente Mucalinda se metamorfoseia em um belo jovem, assim que a borrasca do mundo inferior se dissipou.

IV. *O ensinamento e a comunidade budista. A morte de Buda*

Buda começou sua pregação em Benares. Converteu logo cinco monges, que se tornaram seus discípulos fervorosos e que ele enviou mais tarde para pregar ao longe, dizendo-lhes: "Vós estais livres de todos os liames. Ide pelo mundo para a salvação dos povos, a alegria dos deuses e dos homens." Pouco depois, mil brâmanes de Oruvela, que praticavam as sentenças do Veda e o sacrifício do fogo e faziam abluções no rio Neranjara, se declaravam seus adeptos. Logo afluiu uma multidão. Alunos deixavam seus mestres. Reis e rainhas chegavam montados em seus elefantes para admirar o santo, prometendo-lhe amizade. A cortesã Ambapali fez presente a Buda de uma floresta de mangueiras. O jovem rei Bimbisara se converteu e tornou-se o protetor de seu real confrade transformado em monge mendicante. A pregação de Buda durou quarenta anos, sem que os brâmanes levantassem o menor obstáculo. Sua vida se constituía, durante o ano, de um período nômade e um período sedentário: nove meses de viagem e três meses de repouso. "Quando em junho, após a canícula ardente, as nuvens negras se acumulam como tornos e o sopro do monção anuncia as chuvas, o Indu se recolhe por semanas em sua cabana ou em seus palácios. As torrentes ou os rios transbordantes interrompem as comunicações. "Os pássaros, diz um velho livro budista, constroem seus ninhos no topo das árvores." Assim faziam os monges durante três meses. Durante os nove meses de viagem, Buda encontrava abrigos por toda a parte — jardins, parques, casas de reis ou de ricos mercadores. Mangas e bananas não faltavam para sua nutrição. Isto não impedia os obstinados depreciadores dos bens deste mundo de cumprir seu voto de pobreza e de continuar sua vida de mendicantes. Todas as manhãs faziam seu passeio pela aldeia, com o mestre à frente. Silenciosos, de olhos baixos, gamela à mão, eles esperam a esmola. Abençoam aqueles que dão e aqueles que não dão. À tarde, na obscuridade da floresta tranqüila ou em sua cela, o Sublime medita em "o silêncio sagrado".[7]

Deste modo se propaga a seita budista. Em muitos locais, sob a direção do mestre, fundam-se associações de monges, que mais tarde se transformariam nos ricos conventos. Ao seu redor agrupam-se comunidades laicas, as quais, sem adotar a vida monástica, encontram aí seu ideal e tomam os monges para mestres. Os textos que nos contam estes fatos, com frias sentenças e raciocínios mecânicos, sempre os mesmos, não souberam, evidentemente, traduzir a eloqüência do mestre, o encanto que emanava de sua pessoa, o magnetismo desta vontade poderosa, velada de imperturbável doçura e de perfeita serenidade, nem a fascinação estranha que ele sabia produzir na evolução misteriosa do Nirvana. Ele pintava primeiro a vida dos sentidos como um mar furioso, revolto, com seus turbilhões, suas profundezas insondáveis e seus monstros. Aí são sacudidos, sem um minuto de repouso, os pobres barcos que se chamam almas humanas. Depois, imperceptivelmente, ele transportava o ouvinte para uma região mais calma, onde o oceano se aplacava. Enfim, sobre a superfície lisa e imóvel, se desenha uma corrente circular que escava como funil. No fundo do sorvedouro reluz um ponto brilhante. Feliz de quem entra no círculo rápido e desce até o fundo do abismo. Penetra então em um outro mundo, longe do mar e da tempestade. O que existe do outro lado do abismo, além do ponto brilhante? O mestre não esclarece, mas afirma que é a beatitude suprema, e acrescenta: "Eu venho de lá. Aquele que não chegar depois de miríades de anos é substituído, e eu vô-lo anuncio."

A tradição conservou o sermão de Benares, que é o Sermão da Montanha de Buda. Talvez aí se encontre um eco longínquo de sua palavra viva. "Vós me chamais amigo, porém não me dais o verdadeiro nome. Eu sou o Resgatado, o Bem-aventurado, o Buda. Escutai bem. A libertação da morte foi encontrada. Eu vos instruo, eu vos ensino a doutrina. Se viverdes segundo ela, em pouco tempo tomareis parte naquilo que procuram os jovens ao deixar a pátria para se tornarem os sem pátria; vós atingireis a perfeição da santidade. Vós reconhecereis a verdade ainda nesta vida e a vereis face a face. Não existe mortificação, mas renúncia a todos os prazeres dos sentidos. O caminho do meio conduz ao conhecimento, à iluminação, ao Nirvana. A vereda oito vezes santa se chama: fé justa, resolução justa, palavra justa, ação justa, vida justa, aspiração justa, pensamento justo, meditação justa. Isto, oh! monges; é a verdade santa sobre a origem do sofrimento; é a sede do ser, de renascimento em renascimento com o prazer e o desejo, que encontra aqui e lá embaixo sua volúpia, a sede de volúpia, a sede de vir a ser, a sede de poder. Isto, oh! monges, é a verdade santa sobre a supressão do sofrimento; a supressão da sede pela destruição do desejo; expulsá-lo, livrar-se dele, não mais ceder-lhe lugar. Isto, oh! monges, é a verdade santa sobre a supressão da dor." Depois que Sáquia-Muni ficou de posse das quatro verdades essenciais, a saber: 1º o sofrimento, 2º a origem do sofrimento, 3º a supressão do sofrimento, 4º o caminho da supressão —, ele declara que no mundo de Brahma e de Mara, entre todos os seres aí compreendidos, ascetas e brâmanes, deuses e homens, ele atingiu a felicidade perfeita e a mais alta dignidade de Buda.

Toda a carreira do reformador indu, toda sua pregação, todo o budismo com sua literatura sagrada e profana não são senão um comentário perpétuo, com mil variações, do sermão de Benares.

Esta doutrina tem um caráter exclusiva e rigorosamente moral. Ela é de uma doçura irresistível e de uma desesperança mística. Ela cultiva o fanatismo do repouso. Dir-se-ia uma conjuração pacifista para preparar o fim do mundo. Nem metafísica, nem cosmogonia, nem mitologia, nem culto, nem oração. Nada, a não ser a meditação moral. Preocupado unicamente em pôr fim ao sofrimento e atingir o Nirvana, ele duvida de tudo e de todos. Duvida dos deuses, porque esses infelizes criaram o mundo. Duvida da vida terrestre, porque ela é matriz de reencarnação. Duvida do além, porque, apesar de tudo, é ainda vida e por conseguinte sofrimento. Duvida da alma, porque ela é devoradora por uma sede inextinguível de imortalidade. A outra vida é, a seus olhos, uma outra forma de sedução, uma volúpia espiritual. Ele sabe, por meio de seus êxtases, que esta vida existe, todavia se recusa a falar sobre ela. Seria muito perigoso. Seus discípulos o perseguem com questões a respeito disso; ele permanece inflexível. — A alma continua a viver depois da morte? , gritam em coro. Nenhuma resposta. — Ficando só com ele, Ananda, o favorito do mestre, pergunta-lhe a razão desse silêncio. Buda responde: "Seria prejudicial à moral responder tanto num sentido quanto em outro", e ele guarda segredo. Um monge, argumentador e mais astucioso que os outros, lança um dia ao mestre um raciocínio incisivo e perigoso: "O' Bem-aventurado, diz ele, tu pretendes que a alma não é senão um composto de sensações efêmeras e vis. Mas então, como o eu, que vai de encarnação em encarnação, é influenciado pelo não-eu?" Buda ficou, sem dúvida, bastante embaraçado para responder vitoriosamente a este argumento digno de Sócrates ou de Platão. Contentou-se em dizer: "O' monge, neste momento estás sob o domínio da concupiscência."

Se Buda desconfia dos deuses e da alma, ele desconfia mais ainda das mulheres. Nisto, como em todo o resto, ele é antípoda dè Crisna, o apóstolo do Eterno-Feminino. Ele sabe que o amor é a mais poderosa atração da vida e que nele se encerra a mulher, como em um pequeno cofre de filtros e de perfumes, a quintessência de todas as seduções. Ele sabe que Brahma não se decidiu a criar os deuses e o mundo a não ser depois de ter arrancado de si mesmo o Eterno-Feminino, o véu colorido de Maía, onde cintilava a imagem de todos os seres. Ele não teme da mulher somente o delírio dos sentidos que ela sabe provocar com um sorriso ou um olhar; teme também seu arsenal de astúcias e de mentiras, que são a trama e o fio de que se utiliza a natureza para tecer a vida. "A essência da mulher, diz ele, está insondavelmente dissimulada como as sutilezas do peixe na água." "— Como nos conduzirmos com a mulher? pergunta Ananda ao mestre. — Evitar sua presença. — E se a virmos assim mesmo? — Não lhe falar. — E se falarmos com ela apesar de tudo, Senhor, o que fazer? — Então, velai por vós!" Entretanto, Buda permitiu à comunidade budista, depois de longas hesitações, fundar conventos de mulheres, porém não as admitiu absolutamente em sua intimidade e as baniu de sua presença. Não se encontra, em sua história, nem Madalena nem Maria de Betânia. Ele foi justo em acrescentar à defesa e à honra das mulheres indus que as instituições de beneficência da ordem budista foram em grande parte obra das mulheres.

Como explicar que uma doutrina tão despojada das alegrias da terra e do céu, doutrina de moral implacável tão excessiva por seu niilismo místico como por seu positivismo negativo, doutrina que suprimia, por outro lado, as castas com a fé tradicional da Índia na autoridade dos Vedas e abolia o culto bramânico com seus ritos suntuosos, para substituí-los por centenas de conventos e um exército de monges mendicantes percorrendo a Índia com a gamela à mão, como explicar o sucesso prodigioso de tal religião? Explica-se pela degenerescência precoce da Índia, pelo abastardamento da raça ariana, misturada com elementos inferiores e enfraquecida pela preguiça. Explica-se pela tristeza de um povo envelhecendo entre a lassidão da tirania e a lassidão da escravidão, de um povo sem perspectiva histórica e sem unidade nacional, tendo perdido o gosto pela ação e jamais tendo possuído o sentido de individualidade, salvo nos tempos védicos, em que a raça branca dominava com toda sua pureza e sua força[8]. Isto dito, é preciso acrescentar que o triunfo momentâneo de Buda na Índia deveu-se menos à sua filosofia do que à sua seriedade moral, ao profundo trabalho sobre a vida interior que ele soube inculcar em seus discípulos. "Passo a passo, bocado a bocado, hora a hora, o sábio deve purificar seu eu como o ourives purifica a prata. O eu, ao qual a metafísica budista recusa a realidade, torna-se aqui o agente principal. Encontrar o eu torna-se o fim de toda procura. Ter seu eu por amigo é a maior verdade, a mais elevada amizade. Porque o eu é a proteção do eu. É preciso mantê-lo com freio, como um mercador mantém seu nobre cavalo[9]. Desta disciplina austera se destaca, no fim, um sentimento de liberdade que se exprime com o encanto de um Francisco de Assis: "Nós não devemos ter necessidade senão do que trazemos sobre nós mesmos, como o pássaro não tem necessidade de tesouros, e não traz sobre si a não ser suas asas, que o conduzem para onde ele quer." Enfim, pela ternura de sua alma, Buda foi verdadeiramente o criador da religião da piedade e o inspirador de uma poesia nova. Ela se traduz nas parábolas atribuídas ao mestre e nas lendas posteriores do budismo. Que insinuante e sugestiva metáfora, por exemplo, foi aquela sobre os diferentes graus de evolução das almas. A vida física, perturbada pelos sentidos, é comparada a um rio, acima do qual as almas aspiram elevar-se para respirar a luz do céu. "Como num lago de lótus brancos e azuis, há muitos deles sob a água e fora da água; assim há almas bastante diversas, umas puras, outras impuras. O sábio é aquele que se eleva acima da água e deixa recair sua sabedoria sobre as outras almas, como o lótus desabrochado semeia suas gotas de orvalho sobre as ninfas que nadam na superfície do rio."

Com a idade de oitenta anos, Buda se encontrava em um desses retiros de verão em Beluva, quando caiu doente e sentiu a aproximação da morte. Então ele pensou nos discípulos: "Não convém, disse a si mesmo, entrar no Nirvana sem ter falado àqueles que têm se preocupado comigo. Quero vencer esta doença por minha própria força e reter a vida em mim." Assim a doença do Sublime desapareceu e Buda se sentou à sombra da casa que havia sido preparada para ele. Seu discípulo preferido, Ananda, acudiu e lhe participou seu medo, acrescentando: "Eu sabia que o Bem-aventurado não estaria no Nirvana sem ter anunciado sua vontade à comunidade dos discípulos. – O que deseja a comunidade? pergunta Buda. Eu preguei a doutrina. Não quero reinar sobre a comunidade, Ananda. Deixai a verdade ser vossa chama. Aquele que agora e depois de minha morte é sua própria luz e seu próprio refúgio, aquele que não procura outro refúgio senão a verdade e marcha no caminho certo, é verdadeiramente o meu discípulo."

Então Buda se levantou, reuniu os outros discípulos e se pôs a caminho com eles, querendo marchar e ensinar até o fim. Deteve-se algum tempo em Vesala, mas em Kosinara as forças o abandonaram. Estenderam-no sobre um tapete, entre duas árvores gêmeas. Aí ele ficou deitado como um leão fatigado. Não podendo suportar este espetáculo, o discípulo que ele amava, Ananda, entrou na casa e se pôs a chorar. Buda adivinhou-lhe a tristeza, mandou chamá-lo e disse: "Não sofras, Ananda, não te disse que é preciso deixar tudo o que se ama? Como seria possível a quem nasceu e foi submetido ao efêmero escapar à destruição? Durante longo tempo, Ananda, honraste o Perfeito; foste para ele cheio de amor, de bondade, de alegria, sem falsidade, incessantemente, em pensamentos, em palavras e em obras. Fizeste o bem, Ananda. Esforça-te agora, e logo estarás livre de pecado." Pouco antes de expirar, Buda disse: "Talvez tereis, todos vós, este pensamento, Ananda: a palavra perdeu seu mestre, não temos mais mestre. Não é preciso pensar assim. A doutrina e a Ordem que vos tenho ensinado, eis vosso mestre, quando eu tiver partido." Suas últimas palavras foram: "Coragem, meus discípulos. Eu vos digo: Tudo o que veio a ser é perecível. Lutai sem cessar."[10]

A noite caía. E eis que a face e o corpo do Sublime se puseram a reluzir como se tivessem se tornado transparentes. O raio misterioso durou até seu último suspiro, depois se extinguiu bruscamente. Imediatamente, do topo das duas árvores, uma chuva de flores tombou sobre Buda, que acabava de entrar no Nirvana.

Neste momento, as mulheres de Kosinara, que tinham sempre se mantido distantes do Mestre por sua ordem, suplicaram que as deixassem ver o Bem-aventurado. Ananda lhes permitiu, apesar dos protestos dos outros. Elas se ajoelharam junto do corpo, inclinaram-se sobre ele soluçando e inundaram de lágrimas ardentes a face gelada do mestre, que, vivo, as havia banido de sua vida.

Esses detalhes comoventes, essa auréola discreta que a tradição faz pairar sobre a morte de Buda, talvez traduzam melhor ainda o que se passa nos recônditos de sua consciência e na de seus discípulos do que suas últimas conversações. Como uma vaga do Invisível, o maravilhoso invade o vácuo do Nirvana. Assim, os poderes cósmicos combatidos ou afastados por Sáquia-Muni como perigosos, porque via neles as tentações do fatal Desejo, as forças cuidadosamente proscritas de sua doutrina e de sua comunidade — flores da Esperança, Luz celeste, Eterno-Feminino —, tecedoras infatigáveis da vida terrestre e divina, observam sua última hora. Sutis, cativantes, irresistíveis, elas vêm roçá-lo e colher a alma do temível asceta, para lhe dizer — que ele não as suprimiu nem venceu.

V. Conclusões

É fácil fazer a crítica do budismo sob o ponto de vista filosófico. Religião sem Deus, moral sem metafísica, ele não lança nenhuma ponte entre o finito e o infinito, entre o tempo e a eternidade, entre o homem e o universo. Ora, encontrar esta ponte é a necessidade suprema do homem, a razão de ser da religião e da filosofia.

Buda faz sair o mundo de um desejo de viver cego e maligno. Então, como explicar a harmonia do cosmos e a sede inextinguível de perfeição inata ao espírito? Eis a contradição metafísica. — Buda quer que dia a dia, ano a ano, de encarnação a encarnação, o Eu humano trabalhe para seu aperfeiçoamento por meio da vitória sobre suas paixões, porém não lhe concede nenhuma realidade transcendente, nenhum valor imortal. Então, como explicar este trabalho? Eis a contradição psicológica. Enfim, Buda dá ao homem e à humanidade, como ideal e como fim único: o Nirvana, conceito puramente negativo, a cessação do mal pela cessação da consciência. Este *saltus mortalis*, este salto no espaço vazio do nada, vale a imensidade do esforço? Eis a contradição moral. Estas três contradições, que resultam uma da outra e se encaixam rigorosamente, indicam suficientemente a fraqueza do budismo como sistema cósmico.

Não é menos verdade que o budismo exerceu profunda influência sobre o Ocidente. Em todas as épocas em que a filosofia e a religião atravessam uma grande crise — na época Alexandrina, na Renascença e na nossa —, escuta-se na Europa como que um eco longínquo do pensamento budista. De onde lhe vem este poder? De sua doutrina moral e suas conclusões? Absolutamente. Ele lhe vem do fato de Buda ter sido o primeiro a divulgar claramente a doutrina sobre a qual os brâmanes não tinham falado senão por meias palavras e que tinham escondido no segredo de seus templos. Ora, esta doutrina é o verdadeiro mistério da Índia, o segredo de sua sabedoria, em suma, a doutrina da pluralidade das existências e o mistério da reencarnação.

Em um livro bastante velho, um brâmane pergunta ao companheiro numa assembléia: "Para onde vai o homem após sua morte? — Dê-me a mão, Yainavalkia, responde o outro, só nós devemos sabê-lo. Nenhuma palavra a este respeito aos outros." E eles falavam da reencarnação.[11] Esta passagem prova que, em determinada época, esta doutrina foi considerada esotérica pelos brâmanes, para o que tinham excelentes razões. Se não é um ponto de verdade que se introduza mais profundamente nos laboratórios secretos da natureza e no processo da evolução universal, também a ele o vulgar não poderá ter grandes acessos. Para exprimir a singular fascinação, o encanto insinuante e temível que este mistério tem exercido em todos os tempos sobre as almas ardentes e sonhadoras, permitam-me relembrar aqui uma velha lenda indu.

Em dias bastante remotos, diz a lenda, uma ninfa celeste, uma Apsara, querendo seduzir um asceta que se mostrara insensível a todas as tentações do céu e da terra, recorreu a um engenhoso estratagema. O asceta habitava uma floresta virgem, inextricável, assustadora, à beira de um lago coberto de todas as espécies de plantas aquáticas. Quando as aparições infernais ou celestiais pairavam sobre o espelho das ondas, a fim de tentar o solitário, este abaixava os olhos para enxergar seu reflexo no lago sombrio. A imagem revirada e deformada das ninfas ou dos demônios tentadores era suficiente para acalmar seus sentidos e restabelecer a harmonia em seu espírito perturbado. Pois ela lhe mostrava as conseqüências de sua queda na matéria lodosa.

A astuta Apsara imaginou, então, esconder-se em uma flor para seduzir o anacoreta. Das profundezas do lago ela fez sair um lótus maravilhoso, que não era um lótus como os outros. Estes, como se sabe, curvam seus cálices sob a água durante a noite e daí não saem senão ao beijo do sol. O outro, ao contrário, permanecia invisível durante o dia. Porém, à noite, quando a luz rosada da lua deslisava por cima da espessa ramagem das árvores refletida no lago imóvel, via-se estremecer sua superfície e de seu seio negro saía um lótus gigante de uma brancura que resplandecia nas mil folhas, e grande como um ramalhete de rosas. Então, do cálice de ouro que vibrava sob o raio chamejante da lua, surgia a divina Apsara, a ninfa celestial de corpo luminoso e nacarado. Ela trazia no alto da cabeça um lenço estrelado, arrancado do céu de Indra. E o asceta, que havia resistido a todas as outras Apsaras que desceram diretamente do céu, cedeu ao encanto desta, que, nascida de uma flor das ondas, parecia subir do abismo e ser ao mesmo tempo a filha da terra e a filha do céu. – Pois bem, do mesmo modo que a ninfa celestial sai do lótus desabrochado, na doutrina da reencarnação a alma humana sai da natureza com mil folhas, como a última e a mais perfeita expressão do pensamento divino.

Os brâmanes diziam depois a seus discípulos: Do mesmo modo que o universo é o produto de um pensamento divino que o organiza e o vivifica sem cessar, o corpo humano é o produto da alma que o desenvolve através da evolução planetária e dele se serve como de um instrumento de trabalho e de progresso. As espécies animais não têm senão uma alma coletiva; o homem, porém, tem uma alma individual, uma consciência, um eu, um destino pessoal, que lhe garantem a durabilidade. Após a morte, a alma, desembaraçada de sua crisálida efêmera, vive uma outra vida, mais vasta, no esplendor espiritual. Ela retorna de algum modo à sua pátria e contempla o mundo do lado da luz e dos deuses, após haver trabalhado do lado da sombra e dos homens. Todavia ainda não atingiu o grau de adiantamento para ficar definitivamente no estado que todas as religiões chamam de céu. No fim de um longo espaço de tempo, proporcional ao seu esforço terrestre, a alma sente necessidade de nova prova para caminhar mais um passo no processo de aperfeiçoamento. Daí uma nova encarnação, cujas condições são determinadas pelas qualidades adquiridas na vida precedente. Tal é a lei do *Karma* ou o encadeamento causal das vidas, conseqüência e sanções da liberdade, lógica e justiça da felicidade e da infelicidade, razão da desigualdade das condições, organização dos destinos individuais, ritmo da alma que quer voltar à sua fonte divina através do infinito. É a concepção orgânica da imortalidade, em harmonia com as leis do cosmos.

Surge Buda, alma de uma sensibilidade profunda e burilada pelo tormento das causas últimas. Ao nascer, ele já parecia oprimido pelo peso de não sei quantas existências e alterado pela paz suprema. A prostração dos Brâmanes, imobilizados em um mundo estagnado, centuplica-se nele com um sentimento novo: uma imensa piedade por todos os homens e o desejo de arrancá-los do sofrimento. Em um movimento de generosidade sublime, ele quis a salvação para todos. Mas sua sabedoria não se igualou com a grandeza de sua alma, nem sua coragem esteve à altura de sua visão. Uma iniciação incompleta fê-lo ver o mundo sob o aspecto mais negro. Ele não percebeu senão a dor e o mal. Nem Deus, nem o universo, nem a alma, nem o amor, nem a beleza tiveram graça diante de seus olhos. Ele sonhou em absorver para sempre estes agentes de ilusão e de sofrimento na voragem do Nirvana. Apesar da excessiva severidade de sua disciplina moral e ainda que a piedade que ele pregava estabelecesse entre os homens um liame de fraternidade universal, sua obra foi, pois, parcialmente negativa e dissolvente. Isto é provado pela história do budismo. Social e artisticamente ele nada criou de fecundo. Nas regiões onde ele se estabeleceu maciçamente, engendrou a passividade, a indiferença e o desencorajamento. Os povos budistas permaneceram no estado de estagnação. Aqueles que, como o Japão, desenvolveram uma atividade surpreendente, fizeram-no por meio de instintos e princípios contrários ao budismo. Buda teve, entretanto, um grande mérito e um grande papel. Ele divulgou a doutrina da reencarnação que, antes dele, tinha se mantido como o segredo dos brâmanes. Por meio dele, ela se propagou fora da Índia e penetrou na consciência universal. Ainda que rejeitada oficialmente ou encoberta pela maior parte das religiões, essa doutrina jamais deixou de desempenhar na história do espírito humano o papel de um fermento vigoroso. Com uma diferença, o que tinha sido para Buda uma razão para se renunciar e para morrer, tornou-se para as almas mais enérgicas e as raças mais fortes uma razão para se afirmar e viver.

Com efeito, que maneiras, que colorido tomaria a idéia da pluralidade das vidas entre os Arianos ou mesmo entre os Semitas que a adotaram! Quer seja às margens do Nilo, em Eleusis ou na Alexandria, quer se tratasse dos sucessores de Hermes, de Empédocles, de Pitágoras ou de Platão, ela adquiriu um caráter heróico. Não seria mais a roda fatal de Buda, mas uma intrépida ascensão na luz.

A Índia possui as chaves do passado, todavia não possui as do futuro; é o Epimeteu dos povos, mas não seu Prometeu.

Ela adormece em seu sonho. O iniciado ariano, ao contrário, traz com a idéia da pluralidade das existências a necessidade de ação e de desenvolvimento infinito que queima em seu coração, como a chama inextinguível de Agni. Ele sabe que o homem não possui senão a terra que ele rega com seu suor e seu sangue, e que somente atingirá o céu, ao qual aspira com toda sua alma. Ele sabe que o universo é uma formidável tragédia, mas que a vitória é para os crentes e para os corajosos. A própria luta é para ele um prazer e a dor, um aguilhão. Ele a aceita ao preço das alegrias sublimes do amor, da beleza e da contemplação. Ele crê no futuro da terra como no futuro do céu. As existências sucessivas não o amedrontam, por causa de sua verdade. Ele sabe que o céu esconde em seu azul combates inumeráveis, mas também felicidades desconhecidas. As viagens cósmicas lhe prometem mais maravilhas ainda do que as viagens terrestres. Enfim, ele acredita, com o Cristo e seu Verbo, em uma vitória final sobre o mal e a morte, em uma transfiguração da terra e da humanidade, no fim dos tempos, pela descida completa do Espírito na carne. O velho budismo e o pessimismo contemporâneo afirmam que todo desejo, toda norma, toda vida, toda consciência é um mal e que o único refúgio está na inconsciência total. Sua felicidade é puramente negativa. O Ariano considera o cansaço de viver como uma espécie de covardia. Ele crê em uma felicidade ativa no desabrochar de seu desejo, como em uma fecundidade soberana do amor e do sacrifício. Para ele, as formas efêmeras são mensageiras do divino. Ele crê, pois, na possibilidade da ação e da criação no tempo e com a consciência do Eterno. Tendo-o experimentado e vencido, ele sente sua alma semelhante a um navio que sobrevive sempre às tempestades. É o único repouso, é a calma divina à qual ele aspira. Para tudo dizer, no conceito do Ariano, o desaparecimento do universo visível, que o Indu chama de sono de Brahma, não seria senão um inenarrável sonho, um silêncio do Verbo recolhendo-se em si mesmo, para escutar cantar suas harmonias íntimas com as miríades de almas e se preparar para uma nova criação.

Porém não sejamos injustos para com a Índia e para com Buda, uma vez que eles nos legaram o tesouro da mais antiga sabedoria. Rendamos-lhes, ao contrário, o culto do conhecimento que se deve aos mais longínquos ancestrais e aos primeiros mistérios religiosos de nossa raça.

Quando a mulher indu subia para a pira do esposo e a chama mortal a tocava, ela lançava seu colar de pérolas aos filhos como um último adeus. É assim que a Índia agonizante, sentada sobre o túmulo de seus heróis, inspirou ao jovem Ocidente a religião da piedade e a idéia fecunda da reencarnação.

NOTAS

1. Eu me utilizei principalmente, neste estudo, do precioso livro de Hermann Oldenberg, *Buddha, seine Lehre, seine Gomeinde* (1881). O célebre indianista alemão reuniu neste volume e juntou com mão de mestre os mais antigos e os mais autênticos documentos sobre a vida de Gotama Sáquia-Muni. Ele emprestou à sua personalidade histórica uma realidade que muitas vezes se tem contestado. Não é preciso dizer que, apoiando-me nos resultados positivos deste notável trabalho, eu me reservei toda a liberdade para penetrar e pintar, no ponto de vista esotérico, a psicologia, a iniciação e a obra do reformador indu.

2. Resumo da lenda por Oldenberg.

3. Os *Jaínas* (cujo nome significa *os Vencedores*) eram uma seita de ascetas fanáticos. Existia no Sul da Índia, muito tempo antes do budismo e tem muita analogia com ele.

4. *Theragala*, sentença de *Ekaviheraya*.

5. Tentei aqui colocar o *Nirvana* em seu lugar na ordem dos fenômenos psíquicos da iniciação. Isto é essencial para compreender bem a pessoa de Buda e seu papel no mundo. Pois sua doutrina e sua obra daí decorrem. O valor de um iniciado, de um reformador ou de um profeta qualquer, depende, em primeiro lugar, de

uma visão intensiva e direta da verdade. Sua doutrina jamais foi outra coisa senão uma explicação racional deste fenômeno inicial, que é, sempre, sob uma forma ou outra, uma revelação ou uma inspiração espiritual. O *Nirvana* aparece como a penúltima etapa da alta iniciação, adivinhada pela Pérsia, pelo Egito e a Grécia e que o Cristo veio completar. O que o budismo chama de *extinção* ou o *fim da ilusão* não é, pois, senão um estado psíquico intermediário, a fase neutra, átona e amorfa que precede o florescimento da verdade suprema. Mas é uma grande coisa e um grande papel ter, como Buda, realizado completamente em sua vida todas as fases da iniciação, como o Cristo deveria realizá-las na sua, coroando-as pela ressurreição.

6. Paracelso chamou-o assim porque está em contacto magnético com os astros que compõem nosso sistema solar. O ocultismo ocidental adotou o termo.

7. Oldenberg, *La Vie de Bouddha.*

8. Sabe-se que o budismo não se manteve na Índia senão cerca de quatro séculos. Salvo na ilha de Ceilão, ele desapareceu e se dissolveu de algum modo em uma recrudescência do bramanismo. Este soube vencê-lo, sem perseguição, absorvendo seus elementos vivos e se renovando a si mesmo. Sabe-se, também, que se o budismo se propagou no Tibet, na Mongólia e na China, foi retomando uma boa parte dos elementos metafísicos e mitológicos que Buda proscreveu e modificando profundamente sua doutrina.

9. Sentenças morais budistas, resumidas por Oldenberg.

10. Isto é estóico e grande, mas quão maior é a palavra de Cristo: "E eis que eu estou convosco até o fim do mundo."

11. *Oupanisckad des cent sentiers,* citado por Oldenberg.

LIVRO IV

AS ETAPAS DO VERBO SOLAR

I
ZOROASTRO

Glória a Ormuz!. . .
Homenagem à minha própria alma!. . .

AS ETAPAS DO VERBO SOLAR

A religião e a civilização bramânica representam a primeira etapa da humanidade post-atlântida. Esta etapa se resume no seguinte: *a conquista do mundo divino pela sabedoria primordial.* As grandes civilizações que se seguiram, da Pérsia, Caldéia, Egito, Grécia e Roma, o cristianismo judaico, enfim, o mundo celta-germânico ainda em plena evolução e do qual fazemos parte, representam o progresso da raça branca. Tantas religiões, tantas raças, tantas civilizações, tantos mundos diversos. Porém, em todos se infiltra o elemento ariano que os domina e todos se unem por meio de uma cadeia magnética, por uma idéia que os anima e os guia instintivamente. Esta idéia *é a conquista da terra pela aplicação do Divino revelado à vida.* Semelhante aplicação não seria possível sem um enfraquecimento progressivo do instrumento que servira para a descoberta deste mundo divino, quero dizer, *a comunicação espontânea com as forças cósmicas chamadas deuses, e vidência no mundo astral como no mundo espiritual, que é o mundo interior do homem e do universo.* Essas faculdades reveladoras e criadoras já estavam atrofiadas na Índia, desde a época em que a filosofia especulativa tomou o lugar da intuição primordial. Elas iriam se obscurecer e se apagar mais ainda nas raças arianas e semíticas da Ásia central e da Europa, à medida que se desenvolveram as faculdades próprias da raça ariana, faculdades indispensáveis ao conhecimento e ao domínio do mundo exterior, a saber: a observação rigorosa, a análise e a razão, de onde ressaltam os sentimentos da independência individual e da liberdade. *Todavia, as faculdades transcendentes da alma não se extingüem na humanidade. Elas se conservam em uma elite que as disciplina e desenvolve em segredo sob o véu do mistério, ao abrigo das profanações e das corrupções de fora. É a razão da iniciação.* Nesta elite que se seleciona em si mesma, pelas provas que exige, a inspiração divina continua, embora mude de caráter. Em lugar de se espalhar sobre todo o universo e de se perder no Infinito, como entre os Indus, ela tende a se condensar e a se concentrar em um ponto único, que chamaremos o *Verbo Solar*.

O Verbo Solar é o Logos, a Palavra divina que anima nosso mundo planetário. Glorificando o sol, os primitivos richis e os cantores védicos não adoravam somente o sol físico. Eles pressentiam, atrás dele, o Espírito que anima o astro-rei. Nosso sistema solar e a terra, seu cadinho mais denso, onde o Espírito e a Matéria atingem sua mais forte tensão e criam a mais ardente vida, foram criados pela hierarquia das forças cósmicas, sob a inspiração do Deus infinito e insondável. É o que o Gênesis exprime admiravelmente pelo nome de Eloim, que significa Deus-os-Deuses.[1] Todavia, desde a origem, desde o período saturnino da vida planetária, o pensamento divino, o Logos que preside especialmente o nosso sistema solar, tendia a se condensar e a se manifestar em um órgão soberano que seriam, de algum modo, seu verbo e sua lareira ardente. Este Espírito, este Deus, é o rei dos gênios solares, superior aos Arcanjos, às Dominações, aos Tronos e aos Serafins, ao mesmo tempo seu inspirador e a flor sublime de sua criação comum, alimentado por eles e crescendo com eles para ultrapassá-los, destinado a vir a ser a Palavra humana do Criador, como a luz dos astros é sua palavra universal. Tal o Verbo solar, o Cristo cósmico, centro e pivô da evolução terrestre.

Este Gênio sublime, este Verbo solar, que não é possível se confundir com o sol físico (porque ele não é senão a quintessência espiritual deste astro), não podia se revelar de repente e de uma só vez à fraqueza humana. Só poderia se aproximar dos homens por etapas sucessivas, a começar por raios e reflexos esparsos, para que eles pudessem depois suportar a sua luz ofuscante. As primeiras raças e as primeiras religiões distingüiram-no no início através dos outros deuses, assim como se vê luzir o sol através das nuvens ou mover-se uma figura humana sob véus cada vez mais transparentes. Cristo brilha de longe através de Indra, resplandece para Zoroastro sob a auréola de Ormuz, ilumina-se para Hermes no sol de Osíris. Ele fala a Moisés na sarça ardente, como um branco meteoro, os raios vermelhos do Sinai. Ele se encarna, enfim, no mestre Jesus, com sua doçura humana e esplendor divino. Ele se faz carne a fim de se tornar para toda a humanidade um sol de amor e de ressurreição.

140

Assim, pouco a pouco, o reflexo se faz raio; o raio, estrela; a estrela, sol fulgurante. A estrela dos magos, que passeia seus raios da Ásia central ao Egito para pousar sobre o berço de Belém, ilumina três maravilhosos sinais na sombria confusão dos povos que se lançam uns sobre os outros, durante cinco mil anos, entre o mar Cáspio, o golfo Pérsico e o Mediterrâneo.

Estes três sinais são a revelação de Zoroastro no Irã primitivo; o reencontro dos magos da Babilônia com a imponente figura do profeta Daniel; e, enfim, a visão terrificante e sublime do sol de Osíris nas criptas do Egito, visão que anuncia o fim das monarquias absolutas do Oriente e o engrandecimento dos mistérios antigos profetizando a vinda do Cristo.

Estes três fatos marcam três etapas do Verbo Solar, e, ao mesmo tempo, constituem três passos gigantescos para a conquista da terra, pois, permitem entrever, de um lado, a descida gradual do Cristo cósmico na humanidade; de outro, a obra de três poderosas civilizações — a Persa, a Caldéia e o Egito —, em que se acompanha o impulso ariano para o Ocidente.

NOTA:

1. Ver a *Bible hébraïque restituée*, por Fabre D'Olivet, a *Science secrète*, por Rudolf Steiner, e o primeiro livro da obra: *L'Évolution planétaire e l'origine de l'homme.*

ZOROASTRO

Passemos da Índia para a Ásia e observemos o país rapidamente. A perder de vista, se desenrolam a nossos olhos o Pamir e o Indu--Kousch, "Teto de mundo" e nó górdio do continente. Cumes brancos e vales sombrios. A leste e ao norte dessa região montanhosa, a Pérsia e o Irã formam extenso planalto. Imensas distâncias se emolduram de linhas austeras, de uma grandeza soberba e selvagem. Solo acidentado, verdes oásis, desertos áridos que cercam os mais altos cumes da terra. Um dos viajantes modernos que melhor viu a Pérsia e sentiu sua alma, o conde de Gobineau, descreveu assim esta altaneira região: "A natureza dispôs a Ásia central como uma imensa escadaria, em cujo vértice teve a glória de colocar, a cavaleiro das outras regiões do globo, o berço antigo de nossa raça. Entre o Mediterrâneo, o golfo Pérsico e o Mar Negro, o solo vai-se elevando andar por andar. Montanhas enormes em fileira, o Taurus, os montes Górdios, as cadeias do Laristã, levantam e sustentam as províncias. O Cáucaso, o Elburz, as montanhas de Chiraz e da Espanha acrescentam uma arquibancada mais alta ainda. Esta enorme plataforma, ostentando em planícies seus desdobramentos majestosos do lado dos montes Solimão e Indu--Kousch, limita-se de um lado pelo Turquestão que conduz à China, e do outro pelos rios indus, fronteira não menos vasta. A nota dominante desta natureza, o sentimento que ela desperta em todos é a da imensidão e do mistério."

A região é rica também de violentos contrastes, que evocam a idéia da luta e da resistência. Depois das terríveis tempestades da primavera, de maio até setembro, o tempo fica seco e a atmosfera de uma pureza maravilhosa. Os contornos das montanhas e os menores detalhes da paisagem se desenham, com uma clareza límpida, em cores vivas que têm o vigor do arco-íris. O verão é quente e rápido, o inverno, penoso e assustador. A laranjeira e a romeira se desenvolvem à beira dos vales férteis. Ramos de palmeira sombreiam as fontes em que bebem as gazelas, enquanto as neves se acumulam nos flancos das montanhas cobertas de carvalhos e de cedros, nas quais habitam o urso e o abutre, e cujas estepes o vento do Norte varre em turbilhões de poeira.

É assim a terra de adoção dos Árias primitivos, terra em que a água não brota do solo avaro senão sob golpes de picaretas, terra que não dá fruto senão sob a relha do arado e o canal de irrigação, onde a vida é um eterno combate contra a natureza. Foi esta a pátria de Zoroastro.

CAPÍTULO I

A JUVENTUDE DE ZOROASTRO

Uns dizem que Zoroastro nasceu em Bactrian, outros na bíblica Rhagés, não longe do atual Teerã. Tomo emprestado ainda de Gobineau a descrição destes lugares grandiosos: "Ao Norte se estendia uma cadeia de montanhas, cujos cumes brilhantes de neve se elevavam a uma altura majestosa; era o Elburz, o imenso pico que une o Indu-Kousch às montanhas da Geórgia, o Cáucaso indiano ao Cáucaso de Prometeu; e por cima desta cadeia, dominando-a como um gigante, se arremessava para os ares a enorme cúpula pontiaguda do Demavend, branco da cabeça aos pés... Sem nenhum detalhe que interrompesse o pensamento, era todo um infinito como o mar, um horizonte de uma cor maravilhosa, um céu do qual nada, nem palavra nem palheta, pode exprimir a transparência e o brilho, uma planície que, de ondulações em ondulações, ganha gradualmente os pés do Elburz, liga-se e se confunde com suas grandezas. De tempos em tempos, redemoinhos de poeira se formam, aumentam, elevam-se, sobem até o azul, parecem tocá-lo com seu ápice turbilhonante, correm ao acaso e tornam a cair. Jamais se esquece semelhante quadro."

Na época em que nasceu o primeiro Zoroastro, quatro ou cinco mil anos antes de nossa era[1], o antigo Irã e a Pérsia eram povoados por tribos nômades, saídas da mais pura raça branca. Somente a nata conhecia a agricultura e a arte da lavoura, a espiga sagrada que cresce ereta como um dardo, as searas de ouro que ondulam como seios de mulher e a girândola divina, o puro troféu do ceifador. Os outros viviam em pastagens com seus rebanhos, mas todos adoravam o sol e ofereciam o sacrifício do fogo sobre o altar de relva. Viviam em pequenas tribos, tendo perdido seus antigos reis pontífices. Todavia, depois de séculos, os Turanianos, vindo das planícies do Norte e das montanhas da Mongólia, invadiram a terra dos puros e dos fortes, a antiga Ariana Vaeía. Viveiro humano inesgotável, os Turanianos tinham saído da raça mais resistente da Atlântida, homens baixos e troncudos, de tez amarela e pequenos olhos apertados. Poderosos forjadores de armas, cavaleiros saqueadores e astutos, eles adoravam também o fogo; não a luz celeste que ilumina as almas e aproxima as tribos, mas o fogo terrestre, contaminado de elementos impuros, pai dos negros feitiços, o fogo que proporciona a riqueza e o poder atiçando os desejos cruéis. Dizia-se que eram consagrados aos demônios das trevas. Toda a história dos Árias primitivos é a história de suas lutas com os Turanianos. Sob o choque das primeiras invasões, as tribos arianas se dispersaram. Elas fugiam diante dos cavaleiros amarelos montados em seus cavalos negros, como diante de um exército de demônios.

Os mais recalcitrantes se refugiavam nas montanhas; os outros se submetiam, suportavam o jugo do vencedor e adotavam seu culto corrompido.

Nesta época nasceu entre as tribos montanhesas de Elburz, que se chamava então o Albordj, um jovem de nome Ardjasp, descendente de uma antiga família real. Ardjasp passou a juventude em sua tribo, caçando búfalo e guerreando contra os Turanianos. À tarde, sob a tenda, o filho do rei deposto sonhava em restaurar o antigo reinado de Yima[2], o poderoso; todavia, não era senão um sonho sem contorno, uma vez que para esta conquista ele não possuía nem cavalos, nem homens, nem armas, nem força. Um dia, uma espécie de louco visionário, como a Ásia sempre teve, um *pyr*, profetizara que ele seria rei sem cetro e sem diadema, mais poderoso do que os reis da terra, um rei coroado pelo sol. E foi tudo.

Em uma de suas caminhadas solitárias, numa clara manhã, Ardjasp atingiu um vale verde e fértil. Picos arrojados formavam um extenso círculo. Aqui e ali rescendiam campos de lavoura; ao longe, um pórtico formado de troncos de árvores dominava um grupo de tugúrios cercados de paliçadas. Um riacho corria sobre um tapete de espessas relvas e de flores selvagens. Ele o atravessou e atingiu um bosque de pinheiros aromáticos. Tudo no fundo dormia, ao pé de uma rocha, uma fonte límpida mais azul do que o firmamento. Uma mulher envolta em linho branco, ajoelhada à beira da fonte, colocava água em um vaso de cobre. Ela se levantou e colocou a urna sobre a cabeça. Seu tipo altivo era o das tribos arianas das montanhas. Um círculo de ouro prendia seus negros cabelos. Sob as sombrancelhas arqueadas, que se juntavam acima de um nariz curvilíneo, brilhavam dois olhos de um negro opaco. Uma tristeza impenetrável transparecia nestes olhos, de onde faiscava às vezes um dardo semelhante a um relâmpago azul saindo de uma nuvem sombria.

— A quem pertence este vale? — perguntou o caçador desgarrado.

— Aqui — disse a jovem mulher — reina o patriarca Vahumano, guardião do fogo puro e servidor do Mais-Alto.

— E tu, nobre mulher, qual é teu nome?

— Deram-me o nome desta fonte, Ardoizur (fonte de Luz). Mas, toma cuidado, estrangeiro! O mestre disse: Aquele que beber desta água queimará com uma sede inextingüível, que somente um Deus poderá estancar...

Ainda uma vez o olhar da jovem mulher de olhos opacos caiu sobre o desconhecido, olhar que vibrou desta vez como uma flexa de ouro; depois ela se voltou e desapareceu sob os pinheiros perfumados.

Centenas de flores, brancas, vermelhas, amarelas e azuis, inclinavam suas pétalas e seus cálices em girândolas sobre a fonte azul. Ardjasp aí se inclinou também. Ele tinha sede e bebeu em longos goles, na palma da mão, a água cristalina. Depois ele se foi e não se preocupou mais com esta aventura. Contudo ele pensava às vezes, no vale verdejante, cercado de picos inacessíveis, na fonte da cor do firmamento sob os pinheiros rescendentes e na noite profunda dos olhos de Ardoizur, de onde saíam raios azuis e flexas de ouro.

Anos se passaram. O rei dos Turanianos, Zohak, triunfava sobre os Árias. No Irã, sobre um contraforte do Indu-Kousch, em Baktra[3], uma cidade de pedra, uma fortaleza se elevou para comandar as tribos nômades. O rei Zohak para aí convocou todas as tribos arianas, que deveriam reconhecer seu poder. Ardjasp compareceu com os de sua tribo, não para se submeter, mas para ver o inimigo face a face. O rei Zohak, vestido com uma pele de lince, ocupava um trono de ouro colocado sobre um outeiro coberto de peles ensangüentadas de búfalos. Ao seu redor, formando um grande círculo, se mantinham os chefes, armados de longas lanças. De um lado, um pequeno grupo de Árias; do outro, centenas de Turanianos. Atrás do rei, abria-se um templo rude, talhado na montanha como uma espécie de gruta. Dois enormes dragões de pedra, grosseiramente esculpidos nas rochas de pórfiro, guardavam-lhe a entrada e lhe serviam de ornamento. No centro queimava um fogo vermelho sobre um altar de basalto. Aí se lançavam ossos humanos, sangue de touro e de escorpiões. De tempos em tempos, viam-se enrolar, atrás do fogo, duas enormes serpentes que se esquentavam perto da chama[4]. Elas tinham patas de dragão e capuz carnudo com cristas móveis. Eram os últimos sobreviventes dos pterodáctilos antediluvianos. Estes monstros obedeciam à batuta de dois sacerdotes. Pois este templo era aquele de Angra Mainiú (Arimã, o senhor dos demônios malvados e o deus dos Turanianos).

Ardjasp acabara de chegar com os homens de sua tribo, quando guerreiros trouxeram diante do rei Zohak uma cativa. Era uma mulher magnífica, quase nua. Um farrapo de tela cobria apenas sua cintura. Os anéis de ouro de seus tornozelos provavam que pertencia a uma raça nobre. Seus braços estavam presos às costas por cordas e gotas de sangue manchavam sua pele branca. Trazia amarrada ao pescoço uma corda trançada de crina de cavalo tão negra quanto seus cabelos desfeitos, que recaíam sobre as espáduas e os seios palpitantes. Ardjasp reconheceu com terror a mulher da fonte, Ardoizur... Ai! quanto tinha mudado! Ela estava pálida de angústia, nenhuma chispa saía de seus olhos mornos. Ela baixava a cabeça, a morte na alma.

O rei Zohak disse: "Esta mulher é a mais orgulhosa cativa dos Ários rebeldes do monte Albordj. Eu a ofereço àquele dentre vós que souber merecê-la. Mas para isto é preciso que se consagre ao deus Angra-Mainiú, vertendo de seu sangue no fogo e bebendo o sangue do touro. Em seguida, que me preste juramento, pela vida e pela morte, colocando a cabeça sob meus pés. Aquele que isto fizer, que tome Ardoizur e faça dela sua escrava. Se ninguém o quiser, nós a ofereceremos como alimento às duas serpentes de Arimã".

Ardjasp percebeu um longo tremor sacudir, dos pés à cabeça, o belo corpo de Ardoizur. Um chefe turaniano, de tez cor de laranja, de olhos apertados, se apresentou. Ofereceu o sacrifício do sangue diante do fogo e das duas serpentes, colocou a cabeça sob os pés de Zohak e fez o juramento. A cativa tinha o ar de uma águia ferida. No momento em que o brutal Turaniano colocou a mão sobre a bela Ardoizur, esta avistou Ardjasp. Uma faísca azul saiu de seus olhos e um grito escapou-lhe: "Salva-me! " Ardjasp se atirou com a espada em punho. contra o chefe, mas os guardiões da cativa o contiveram e já iam transpassá-lo com suas lanças, quando o rei Zohak gritou: "Esperai! não tocai nesse chefe!"

Depois, voltando-se para o jovem Ário:

— Ardjasp — disse ele — eu te deixo a vida e te dou esta mulher, se me prestares juramento e te submeteres a nosso Deus.

A estas palavras, Ardjasp comprimiu as têmporas, abaixou a cabeça e voltou para a fileira dos seus. O Turaniano apanhou sua presa, Ardoizur, que soltou novo grito, e desta vez Ardjasp teria se deixado morrer se os companheiros não o tivessem retido, seguran-do-o pela garganta quase até sufocá-lo. O dia empalideceu, o sol tornou-se negro e Ardjasp não viu mais nada a não ser um rio de sangue, o sangue de toda a raça turaniana, que ele desejava arden-temente verter pela vítima, pela divina Ardoizur, ferida e arrastada na lama. Ardjasp caiu por terra e perdeu a consciência.

Quando o jovem chefe reabriu os olhos, sob a tenda para a qual seus companheiros o tinham transportado, ele percebeu ao longe uma mulher atada à sela de um cavalo. Um cavaleiro saltou sobre o animal, apertou a mulher nos braços, e toda uma tropa de Tura-nianos de longas lanças, montados em cavalos negros, se arremes-sou acompanhando-o. Logo, cavaleiros, cavalos, garupas e cascos escoicinhados no ar, — a horda selvagem, desapareceu em uma nuvem de poeira.

Então, Ardjasp se lembrou das palavras de Ardoizur junto da fonte de luz, sob os pinheiros perfumados: "Aquele que beber desta água queimará com uma sede inextinguível, que somente um Deus poderá estancar!" Ele tinha sede no sangue que corria em suas veias, na medula dos ossos, sede de vingança e de justiça, sede de luz e de verdade, sede de poder para libertar Ardoizur e a alma de sua raça!

NOTAS

1. Plínio diz que Zoroastro é de mil anos anterior a Moisés. Hermippe, que traduziu seus livros do grego, colocava-o quatro mil anos antes da tomada de Tróia. Eudóxio, 6.000 anos antes da morte de Platão. A ciência moderna, depois dos sábios estudos de Eugène Burnouf, de Spiegel, de James Darmestter e de Harlez, declara que não é possível fixar a data em que viveu o grande profeta iraniano, antes do Zend-Avesta, mas a regula em todo caso em 2.500 anos antes de Jesus Cristo. A data indicada por Plínio corresponde um pouco mais à data aproximada admitida pelos modernos orientalistas. Mas Hermippe, que se ocupou especialmente deste assunto, devia pos-suir sobre a Pérsia documentos e tradições hoje perdidas. A data de 5.000 antes de J.C. não tem nada de improvável, haja vista a antiguidade pré-histórica da raça ariana.

2. O Rama hindu, sobre o qual se questiona no começo do Zend-Avesta sob o nome de Yima e que reaparece na lenda persa sob o nome de Djemchyd.

3. O atual Balk, em Baktryane.

4. Daí vem que nas tradições persas do *Zerduscht-Namèh* e do *Schah-Namèh*, o rei Zohak é representado por duas serpentes que lhe saem das espáduas.

CAPÍTULO II

A VOZ NA MONTANHA E O VERBO SOLAR

O cavalo galopava, barriga em terra, atravessando planícies e colinas. Ardjasp voltou aos montes do Abordj, reencontrando, depois de contornar vários rochedos, o caminho para o vale de relvas floridas entre os cumes de neve. Aproximando-se das tendas de madeira, ele viu lavradores que sulcavam o solo com o arado atrelado aos cavalos fumegantes. E a terra, revirada ao longo dos sulcos, vibrava então de prazer sob a relha cortante e os duros cascos. Sobre um altar de pedra, em pleno campo, dormia uma espada e, por cima, repousava em cruz um ramalhete de flores. Tudo isto restituiu a serenidade ao coração de Ardjasp, que encontrou Vahumano, o venerável patriarca, sentado em sua tenda e fazendo justiça à tribo. Seus olhos eram semelhantes ao sol de prata que se levanta entre os cumes de neve; sua barba, de um branco esverdeado, parecido com o musgo que envolve os velhos cedros, nos flancos do monte Albordj.

— O que desejas de mim? — pergunta o patriarca ao estrangeiro.

— Tu sabes do rapto de Ardoizur pelo rei Zohak, Ardjasp.

— Eu vi seu suplício em Baktra. Tornou-se a presa do Turaniano. Dizem que és sábio, o último herdeiro dos sacerdotes do sol! És daqueles que sabem e que têm o poder enviado do alto pelos Deuses. Venho, pois, procurar junto de ti a luz e a verdade para mim, a justiça e a liberdade para meu povo.

— Terás tu a paciência que desafia os anos? Estarás preparado para renunciar a tudo por tua obra? Pois, por enquanto, estás apenas no início de tuas provas, e teu sofrimento durará toda a vida.

— Toma meu corpo, toma minha alma — diz Ardjasp — se tu podes me dar a luz que satisfaz e a espada que liberta. Sim, estou preparado para tudo, se por esta luz e esta espada eu puder salvar os Ários e arrancar Ardoizur de seu verdugo.

— Então posso te ajudar — diz Vahumano. — Vem habitar aqui algum tempo. Desaparece aos olhos dos teus; quando eles te tornarem a ver, tu serás outro. A partir desse dia teu nome não será mais Ardjasp, mas Zaratustra[1], que significa *estrela de ouro* ou *esplendor do sol*, e tu serás o apóstolo de Ahura-Mazda, isto é, a *auréola do Oniciente, o Espírito vivo do Universo!*

Foi assim que Zoroastro se tornou o discípulo de Vahumano[2].

O patriarca, sacerdote do sol, detentor de uma tradição que remontava à Atlântida, ensinou ao novo discípulo o que sabia da ciência divina e do estado presente do mundo.

— A raça eleita dos Arianos — diz Vahumano — caiu sob o jugo fatal dos Turanianos, salvo algumas tribos montanhesas; estas é que salvarão a raça inteira. Os Turanianos adoram Arimã e vivem sob seu jugo.

— Quem é Arimã?

— Há inúmeros espíritos entre o céu e a terra — replica o velho.

— Diversas são suas formas e, como o céu tem limites, o inferno tem seus degraus...

"Ele é um poderoso Arcanjo, chamado Adar-Assur[3] ou Lúcifer, que se precipitou no abismo para trazer o fogo devorador de sua chama a todas as criaturas. Ele é a maior vítima do orgulho e do desejo, que procura Deus em si mesmo e até no fundo do precipício. Mesmo decaído, ele conserva a lembrança divina, podendo algum dia recuperar sua coroa, sua estrela perdida. Lúcifer é o Arcanjo da luz. Arimã[4] não é Lúcifer, e sim sua sombra e seu reverso, chefe dos bandos tenebrosos. Preso à terra com delírio, ele nega o céu e não sabe senão destruir. Foi ele quem profanou os altares com o fogo e suscitou o culto da serpente, quem propaga a inveja e o ódio, os vícios e a opressão, o furor sangüinário. Ele reina sobre os Turanianos, atrai seu gênio maléfico. É a ele que é preciso combater e derrubar para se salvar a raça dos puros e dos fortes.

— Mas, como é possível combater o Invisível que urdiu sua trama nas trevas?

— Movendo-te na direção do sol que se levanta atrás da montanha de Hara-Berzaíti. Sobe pela floresta dos cedros e alcança a gruta da águia que está suspensa sobre o abismo. Lá tu verás o sol surgir todas as manhãs de trás dos picos eriçados. Durante o dia, pede ao Senhor do sol para se manifestar a ti; à noite, espera-o e abre tua alma para os astros, como um imenso lírio. Esperarás Deus muito tempo, porque Arimã procurará barrar-te o caminho. Porém, uma noite, na paz de tua alma, se elevará um outro sol, mais brilhante ainda do que aquele que inflama os cumes do monte Berezaíti; o sol de Ahura-Mazda. Ouvirás, então, a sua voz e ele te ditará a lei dos Ários.

Quando chegou o tempo de Zoroastro se retirar para sua solidão, ele disse ao mestre:

— Todavia, onde encontrarei a cativa de Baktra, que o Turaniano arrastou para sua tenda e que sangra sob seu chicote? Como arrancá-la de seus punhos? Como expulsar a visão espectral do belo corpo preso por cordas e manchado de sangue, que grita e que me chama sempre? Ai de mim! Jamais verei a filha dos Ários, que tira a água de luz sob os pinheiros perfumados, e cujos olhos deixaram em meu coração flechas de ouro e dardos azuis? Onde tornarei a ver Ardoizur?

Vahumano calou-se um instante. Seu olhar tornou-se terno e fixo, tão triste quanto a gota dos pedaços de gelo nos ramos de pinheiros, durante o inverno. Uma grande tristeza parecia pesar sobre o velho, como aquela que cai sobre os cumes de Albordj quando o sol os abandona. Finalmente, com um gesto largo, estendeu o braço direito e murmurou:

— Ignoro-o, meu filho. Ahura-Mazda t'o dirá... Vai, pois, para a montanha!

*
* *

Zoroastro, vestindo peles de carneiro, passou dez anos no extremo da grande floresta de cedros, na gruta suspensa sobre o abismo. Ele vivia de leite de búfalo e do pão que os sacerdotes de Vahumano lhe traziam de tempos em tempos. A águia que fizera seu ninho nos rochedos, acima da gruta, com gritos o advertia do nascer do sol. Quando o astro de ouro afastava as brumas do vale, ela voava alguns instantes, com grande ruído de asas, diante da caverna, como que para ver se o solitário dormia, depois ela dava algumas voltas acima do abismo e partia para a planície.

Anos se passaram, dizem os livros persas, antes que Zoroastro ouvisse a voz de Ormuz e visse sua glória. Primeiro foi Arimã, que o atacara com suas legiões furiosas. Os dias do discípulo de Vahumano corriam tristes e desolados. Depois das meditações, dos exercícios espirituais e das orações do dia, ele pensava no destino dos Ários, oprimidos e corrompidos pelo Inimigo. Ele pensava ainda mais na sorte de Ardoizur. O que teria acontecido à mais bela das Arianas nas mãos do hediondo Turaniano?

Teria ela afogado sua angústia em algum rio ou suportara seu ignóbil destino? Suicídio ou degradação, não havia outra alternativa. Um e outro eram terríveis. E Zoroastro via incessantemente o belo corpo sangrento de Ardoizur presa por uma corda. Esta imagem varava a meditação do profeta nascente como uma bomba ou um archote.

As noites eram piores do que os dias. Seus sonhos ultrapassavam em horror os pensamentos da vigília. Pois todos os demônios de Arimã, tentações e terrores, assaltavam-no sob formas horrendas e ameaçadoras de animais. Um exército de chacais, de morcegos e de serpentes aladas invadia a caverna. Suas vozes esganiçadas, seus cochichos e seus silvos inspiravam-lhe a dúvida de si mesmo, o medo de sua missão. Mas, durante o dia, Zoroastro rememorava os milhares e milhares de Ários nômades oprimidos pelos Turanianos e secretamente revoltados contra seu jugo, os altares profanados, as blasfêmias e as invocações maléficas, as mulheres arrebatadas e reduzidas a escravas como Ardoizur. Então, a indignação lhe restituía a coragem.

Às vezes, ele escalava, antes da aurora, o pico de sua montanha forrada de cedros, escutava o vento gemer nas grandes árvores estendidas, como harpas, na direção do céu. Do cume ele olhava o abismo, o escarpamento das encostas verdes, os topos de neve eriçados em pontas agudas e, ao longe, sob um vapor rosa, a planície do Irã. Se a terra, dizia Zoroastro, teve força para erguer com tanto impulso para o céu suas mil colinas, por que não teria eu força para levantar meu povo? E quando o disco resplandescente do astro rei faiscava nos cumes de neve, dissipando com um só raio como um golpe de lança as brumas do abismo, entregava-se à fé em Ormuz. Ele orava todas as manhãs, como Vahumano lhe havia ensinado: "Sai, ó sol cintilante, com teus cavalos rápidos, sobe ao Hara-Berezaíti e clareia o mundo!"

Entretanto, Ormuz não vinha. Os sonhos de Zoroastro tornavam-se cada vez mais apavorantes. Monstros horríveis o assediavam, e por trás desta onda movediça uma sombra apareceu um dia, uma sombra coberta de longas vestes de luto, o semblante velado de negro como o resto do corpo. Ela se mantinha imóvel e parecia contemplar aquele que dormia. Seria a sombra de uma mulher? Não podia ser Ardoizur. A branca colhedora de água da fonte azul não teria este aspecto sinistro. A Sombra aparecia e desaparecia, sempre imóvel, sempre velada, a fisionomia negra fixa em Zoroastro. Durante um mês, ela voltou todas as noites sobre o vagalhão dos demônios mutantes. Finalmente, pareceu aproximar-se e encorajar-se. Por trás dos véus negros cintilava, em clarões fugidios, um corpo nacarado de uma beleza fosforescente. Seria uma tentação enviada por Arimã? Seria um destes duendes que induzem os homens a amores lúgubres entre os mármores dos túmulos, sob os ciprestes dos cemitérios? Não, absolutamente. A Sombra velada tinha muita tristeza e majestade. Uma noite, todavia, ela se inclinou sobre ele; de sua boca, através do véu negro, saiu um sopro ardente que se espalhou nas veias do vidente como um rio de fogo.

E Zoroastro despertou com um suor de agonia, vestido com pele de búfalo, sobre o leito de folhas secas. Não se ouviam, na noite, senão os uivos do vento rodopiando no abismo, em trombas e em rajadas, do vento desesperado que respondia à linguagem áspera e selvagem da torrente.

Entretanto, pouco a pouco, de mês em mês, em suas visitas espaçadas, a Sombra-Mulher se delineava. De negra tornou-se cinzenta, depois, esbranquiçada. Ela parecia trazer consigo raios e flores, pois expulsara os demônios de seu nimbo rosa e vinha sozinha no momento. Um dia, ela se mostrou quase transparente, na brancura de uma aurora incerta, e estendeu os braços para Zoroastro, num gesto inefável de adeus. Ficou muito tempo assim, sempre muda e velada. Depois, com um outro gesto, mostrou o sol nascente e, voltando-se para ele, se diluiu em seus raios, como que absorvida e embebida por seu calor.

Zoroastro despertou e caminhou até a entrada da gruta que pendia sobre o abismo. Era um dia claro; o sol estava alto no céu. Neste momento, embora não tivesse visto a fisionomia da Sombra, o Solitário teve a sensação irrefreável de que o fantasma era a alma de Ardoizur e que nunca mais ele a veria neste mundo.

Ele ficou muito tempo imóvel. Uma dor aguda o apunhalava; uma torrente de lágrimas silenciosas escapou de seus olhos. O frio as gelava na barba. Depois ele subiu até o cume da montanha. Estalatites de neve gelada pendiam dos ramos dos velhos cedros e se derretiam ao sol primaveril. A neve cintilava como cristais sobre os picos e toda a cordilheira do Albordj parecia chorar lágrimas de gelo.

Os três dias e as três noites que se seguiram foram para Zoroastro o pior tempo de desolação. Ele vivia a Morte, não a sua própria, mas a de todos os seres; habitava nela e ela acampava nele. Ele nada mais esperava, nem mesmo invocava Ormuz e não encontrava repouso a não ser na prostração de todo o seu ser, a qual lhe trazia a inconsciência.

Eis que, na terceira noite, no mais profundo do seu sono, ele ouviu uma voz prodigiosa, semelhante ao ribombo de um trovão que terminasse com um murmúrio melodioso. Depois uma tempestade de luz ruiu sobre ele com tanta violência que lhe pareceu que sua alma estava sendo arrancada do corpo. Sentiu, então, que a força cósmica que, acompanhando-o desde a infância, apanhara-o no vale e o transportara para o cume, — o Invisível e Inominável —, iria se manifestar à sua inteligência na linguagem pela qual os deuses falam aos homens. O Senhor dos espíritos, o Rei dos reis, Ormuz, o verbo solar, apareceu-lhe sob a forma humana. Revestido de beleza, de força e de luz, ele fulgurava sobre um trono de fogo. Um touro e um leão alados sustentavam o trono dos dois lados e uma águia gigantesca estendia as asas sob a base. Ao redor resplandeciam, em três semicírculos, sete Querubins de asas de ouro, sete Eloim de asas azuis e sete Arcanjos de asas purpúreas[5]. De instante em instante, um relâmpago partia de Ormuz e penetrava nos três mundos com sua luz. Então os Querubins, os Eloim e os Arcanjos resplandeciam como o próprio Ormuz com a brancura da neve, para depois readquirir sua própria cor. Inundados na glória de Ormuz, eles manifestavam a unidade de Deus; brilhantes como o ouro, o azul e a púrpura, eles se tornaram seu prisma. E Zoroastro ouviu uma voz formidável, melodiosa e imensa como o universo. A voz dizia:

— Eu sou Ahura-Mazda, aquele que te criou, aquele que te elegeu. Agora, escuta minha voz, oh! Zaratustra, o melhor dos homens. Minha voz te falará dia e noite e te ditará a palavra viva.[6]

Aconteceu, então, uma fulguração ofuscante em Ormuz, com seus três círculos de Arcanjos, de Eloim e de Querubins. O grupo se tornou colossal, ocupando toda a extensão da caverna e ocultando os cumes coroados do Albordj. Depois enfraqueceu, afastando-se para penetrar no firmamento. Durante alguns instantes, as constelações cintilaram através das asas dos Querubins, depois a visão se diluiu na imensidão. Entretanto, o eco da voz de Ahura-Mazda repercutia ainda na montanha como um trovão longínquo e se extinguiu com o estremecimento de um escudo de bronze.

Zoroastro tombara com a face em terra. Quando se levantou, estava de tal modo aniquilado, que se retirou para o canto mais escuro da gruta. Então, a águia que tinha seu ninho acima da caverna, e que voltava esta manhã do precipício onde tinha, em vão, procurado uma presa, veio pousar familiarmente a alguns passos do solitário, como se o pássaro real de Ormuz reconhecesse, enfim, seu profeta. O dorso do pássaro escorria chuva. Ele alisou com o bico suas plumas ruivas, depois, como o astro do dia saísse de uma nuvem, estendeu suas asas para secar e olhou fixamente o sol.

A partir deste momento, Zoroastro ouviu diariamente a voz de Ormuz. Este lhe falava, durante a noite e durante o dia, como uma voz interior ou, então, por meio de imagens ardentes que eram pensamentos vivos de seu Deus. Ormuz explicou-lhe a criação do mundo e sua própria origem, isto é, a manifestação do verbo vivo no universo[7], as hierarquias ou forças cósmicas, a luta necessária contra Arimã — decadência da obra criadora, espírito do mal e da destruição —, os meios de combatê-lo pela oração e o culto do fogo. Ensinou o combate contra os demônios pelo pensamento vigilante e contra os Impuros (os Turanianos) pelas armas consagradas. Instruiu-o sobre o amor do homem pela terra e o amor da terra pelo homem que sabe cultivá-la; a participação que ela tem no esplendor das colheitas e sua alegria de ser arada, e as forças secretas que dela emanam como bênçãos sobre a família do lavrador. Todo o Zend-Avesta não é senão uma longa conversação entre Ormuz e Zoroastro. "Qual é a coisa mais agradável para esta terra?" Ahura-Mazda respondeu: — É quando um homem caminha sobre ela. — O que há, em segundo lugar, de mais agradável para esta terra? — É quando um homem puro constrói uma residência provida de fogo, provida de gado, onde há uma mulher, crianças e belos rebanhos. Porque há nesta casa abundância de probidade."[8] E Zoroastro, pela voz de Ormuz, ouviu a resposta dada pela terra ao homem que a respeita e cultiva. Ela disse: "Homem, eu te sustentarei sempre e produzirei para ti." E a terra produz para ele com agradável odor e vapor, e o broto verde do trigo que germina e a colheita resplandescente. Totalmente o contrário do pessimismo budista e da doutrina da não resistência, há no *Zend-Avesta* (eco das revelações íntimas de Zoroastro) um otimismo sadio e uma combatividade enérgica. Ormuz condena a violência e a injustiça, e impõe a coragem, como a primeira virtude do homem. No pensamento de Zoroastro sente-se a presença contínua do mundo invisível, das hierarquias cósmicas, e, no entanto, toda a atenção é dirigida para a ação, para a conquista da terra, para a disciplina da alma e a energia da vontade.

O profeta inspirado do Albordj adquiriu o hábito de anotar suas revelações interiores sobre uma pele de carneiro, com um estilete de madeira temperada no fogo, na forma dos caracteres sagrados que lhe havia ensinado Vahumano. Mais tarde, os discípulos anotaram seus pensamentos posteriores ditados por ele, o que se tornou o Zend-Avesta, escrito primeiro em peles de animais, como deveria ser também o *Corão* dos Árabes, e conservado em uma espécie de arca santa, construída em madeira de cedro, encerrando a cosmogonia, as orações e as leis com as cerimônias do culto.

NOTAS

1. *Zaratustra* é o nome zend, cuja forma grega posterior é *Zoroastro*. Os persas dão ao grande profeta ariano o nome de *Zerduscht*.

2. Alguns judeus cabalistas, alguns Gnósticos e os Rosa-crucianos da Idade Média, identificavam Vahumano, o iniciador de Zoroastro, com Melquisedec, o iniciador de Abraão.

3. Encontrá-lo-emos sob este nome na tradição assíria de Nínive e Caldéia da Babilônia.

4. Em zend: Angra-Mainiú. Adotei nesta narrativa a maior parte dos nomes da tradição greco-latina, porque estão mais de acordo com nosso ouvido e são mais evocadores de lembranças. A concepção de Mefistófeles, no *Fausto*, de Goethe, corresponde exatamente à de Arimã, acrescida da ironia e do ceticismo modernos.

5. Os Querubins se chamam, no Zend-Avesta, *Amschapands*, os Eloim, *Izeds*, e os Arcanjos, *Ferueiros*.

6. *Zend-Avesta* significa a *palavra viva* na língua zend.

7. "Na religião de Zoroastro, diz Silvestre de Sacy, é evidente que, à exceção do tempo, tudo foi criado, o criador é o tempo, porque o tempo não tem limites; não tem nem princípio nem fim; ele sempre existiu e sempre existirá. Apesar destas excelentes prerrogativas que o tempo possuía, não havia ninguém que lhe desse o nome de criador. Por que isto? Porque nada havia ele criado. Depois ele criou o fogo e a água, e quando ia colocá-los em contato, Ormuz recebeu a existência. Então o tempo foi tanto criador quanto senhor, por causa da criação que ele havia exercido.

8. Terceiro Fargard do *Vendidad-Sadé* (1-17).

CAPÍTULO III

O GRANDE COMBATE E O ANJO DA VITÓRIA

Quando, após dez anos de solidão e meditação, Zoroastro voltou à tribo natal, os seus o reconheceram com dificuldade. Uma chama guerreira escapava do mistério de seus grandes olhos, e uma autoridade soberana emanava de sua palavra. Ele convocou sua tribo e as tribos arianas vizinhas para incitá-las à guerra contra os Turanianos; contudo, ao mesmo tempo anunciou-lhes a revelação, o *Zend-Avesta,* o verbo vivo, a palavra de Ormuz. Esta palavra tornou-se o foco animador de sua obra. Purificação, trabalho e combate, tais foram as três disciplinas. *Purificação* do espírito e do corpo pela oração e o culto do fogo, "este filho de Ormuz", como ele chama, do fogo que encerra o primeiro sopro de Deus. *Trabalho* da terra pelo arado e cultura das árvores sagradas, ciprestes, cedro, laranjeira; trabalho coroado de amor com a esposa, sacerdotisa do lar. *Combate* contra Arimã e os Turanianos. A vida dos Ários sob Zoroastro foi assim uma perpétua vigília das armas, uma luta incessante, adocicada e ritmada pelos trabalhos nos campos e as fortes alegrias do lar. Os hinos a Ormuz embelezavam o sacrifício quotidiano do fogo. A cidade primitiva fundada por Zoroastro foi uma cidade em marcha, uma cidade de combate. Semeava-se com o arco em punho e o dardo preso na cintura, lavrava-se sobre o campo de batalha, ceifava-se nos dias de repouso. Avançava-se pouco a pouco. Sobre cada terra conquistada Zoroastro fazia plantar o campo formado de paliçadas, gérmen de uma cidade futura. No centro, o altar do fogo sob um pórtico cercado de cipreste, muitas vezes perto de uma ponte. Os *mobeds,* ou sacerdotes, foram instituídos, e os *destures,* ou doutores da lei. Proibição, sob pena de morte, aos da religião mazdeana de dar suas filhas aos Turanianos em casamento. Zoroastro citava como exemplo, a seus lavradores guerreiros, os animais sagrados, seus companheiros e colaboradores: o cão fiel, o cavalo alerta, o galo vigilante. "O que diz o canto do galo? O seguinte: 'Levanta-te, é dia'. Aquele que se ergue primeiro entra no paraíso." Como todos os verdadeiros iniciados, Zoroastro não ignorava a lei da reencarnação, porém não falava sobre ela. Revelá-la não fazia parte de sua missão. Esta idéia desviou a raça ariana de sua obra mais premente, a conquista do solo pela agricultura e a consolidação da família. Contudo ele ensinava a seus adeptos o princípio do *Karma* sob sua forma elementar, a saber, que a outra vida é a conseqüência desta aqui. Os impuros vão para o reino de Arimã. Os puros seguem por uma ponte de luz construída por Ormuz, brilhante como um diamante, penetrante como a lâmina de uma espada. No alto da ponte espera-os um anjo alado, belo como uma virgem de quinze anos, que lhes diz: "Eu sou tua sombra, teu verdadeiro eu, tua própria alma esculpida por ti mesmo!"

Todavia, Zoroastro carregava, no fundo de si mesmo, uma tristeza indizível. A terrível melancolia dos profetas, preço de seus êxtases, o acabrunhava às vezes. Sua obra era imensa como os horizontes do Irã, onde as montanhas galopam atrás de montanhas, onde as planícies fogem no final das planícies. Porém, quanto mais Ahura-Mazda o atraía para si, mais a grandeza do profeta o separava do coração dos homens, embora ele vivesse no meio deles, na luta. Às vezes, nas tardes de outono, as mulheres trazendo seus feixes de colheita desfilavam diante dele. Algumas se ajoelhavam e apresentavam os feixes de trigo ao profeta sentado sobre uma pedra, perto do altar dos campos. Ele estendia os braços sobre cada uma pronunciando algumas palavras, olhava os ombros robustos e os braços bronzeados pelo sol. Uma ou outra das mulheres lembrava-lhe Ardoizur, mas nenhuma tinha a brancura magnífica da Virgem, portadora de luz na fonte do azul, nenhuma tinha a nobreza de seu porte, nenhuma seu semblante de filha de rei nem seu olhar de águia ferida, que penetrava como um dardo, e nem o som de sua voz, que submergia como uma onda de cristal. Ele ainda ouvia-lhe o grito: "Salva-me!" e ele não tinha podido salvá-la... Foi este grito terrível que impelira o jovem até o sábio Vahumano, responsável pela transformação de Ardjasp em Zoroastro. Foi graças a este grito que ele levara sua tribo e toda a raça

159

dos Ários à consciência de si mesmos, para uma luta de vida ou de morte. Do grito de uma mulher em agonia tinha nascido sua obra. Entretanto, ela Ardoizur... onde definhava... viva ou morta? Zoroastro, que conhecia tantas coisas, isto não sabia. Apesar de todas as orações, Ahura-Mazda não lhe tinha revelado. Uma nuvem de sombria dor encobria-lhe o segredo.

Após quarenta anos de lutas tumultuosas em inúmeras peripécias, Zohak, rei dos Turianos, que não cessara de assediar os vencedores, foi morto e sua fortaleza tomada pelos Ários. Zoroastro proclamou Lorasp rei dos Ários e instaurou o culto de Ormuz em Baktra, após ter feito cortar em pedaços as duas serpentes e encher de areia e blocos de pedra a caverna que havia sido usada para o culto de Arimã. Tendo assim completado sua obra, quis se recolher em sua caverna, para saber de Ormuz o futuro de sua raça e transmitir depois esta revelação aos seus. Deu ordem aos três melhores discípulos para se juntarem a ele, ao fim de um mês, para receberem suas últimas instruções. Zoroastro queria terminar sua vida na montanha onde escutara pela primeira vez a voz de Ormuz, e sabia que seu Deus lhe diria lá a última palavra. Porém, antes de deixar o mundo, eis a recomendação que ele deixou aos fiéis, como conclusão e resumo do *Zend-Avesta:* "Que aqueles que me escutam não considerem Arimã, a aparência das coisas e das trevas, mas o fogo originário, a Palavra, Ahura-Mazda, e que aí vivam. Aqueles que não me escutam arrepender-se-ão no fim dos tempos.[2]"

Quando Zoroastro chegou em sua caverna, nos primeiros dias da primavera, nevava ainda no Albordj, e o vento era rude, sob os cumes brancos, na floresta de cedros. Os pastores que o haviam conduzido prepararam-lhe o fogo e depois o deixaram só. E o profeta, fatigado e saciado das vigílias, se pôs a sonhar contemplando a dança das chamas vermelhas e límpidas sobre o bosque resinoso. Ele repassou toda a sua vida e a contemplou como em um único quadro. Reviu-a como um grande rio com cem desvios, mil afluentes, desde a fonte até a embocadura. O claro riacho das colinas tinha-se tornado um largo ribeirão, e este um rio rolando na areia, escumando contra as falésias. Cidades haviam surgido nas margens e navios deslisavam na superfície. E eis que a majestade do rio se perdia na imensidão do Oceano! ... A tarefa estava cumprida, os Ários estavam livres. Agora, entretanto, o que seria de sua raça?

A noite caía, fazia frio. O velho profeta tiritava perto do fogo. Então ele gritou: "O' divino senhor Ormuz, eis-me perto do fim. De tudo me despojei, tudo sacrifiquei por meu povo, obedeci à tua voz. Para se tornar Zoroastro, Ardjasp renunciou à divina Ardoizur... e Zoroastro não mais a reviu! Ela se desfez nos limbos do espaço e o senhor Ormuz não a restituiu ao seu profeta. Tudo sacrifiquei ao meu povo para que ele tivesse homens livres e esposas notáveis. No entanto, nenhuma delas tem o esplendor de Ardoizur, a chama dourada que transbordava de seus olhos... Que ao menos eu conhecesse o futuro de minha raça! ..."

Murmurando estas palavras, Zoroastro ouviu o estrondo de um trovão longínquo, acompanhado a vibração de mil escudos de bronze. O ruído crescia, aproximando-se, e tornou-se terrível. Todas as montanhas tremiam, a voz do Deus irritado parecia querer arrancar a cadeia do Albordj.

Zoroastro só conseguiu gritar: "Ahura-Mazda! Ahura-Mazda!" e o profeta apavorado se abateu, a face contra a terra, sob a voz trovejante do céu.

Em seguida Zoroastro reviu Ormuz em todo o seu esplendor, tal como o havia visto no primeiro dia de sua revelação, porém sem a coroa de Ferueiros e de Amschapands. Apenas os três animais sagrados – o touro, o leão e a águia –, sustentando seu trono de fogo, fulguravam sob ele. Zoroastro ouviu a voz de Ormuz rolar através do espaço e estridular em seu coração.

– Por que – diz a voz – queres conhecer o que não pertence senão ao teu Deus? Nenhum profeta conhece todos os pensamentos do Verbo. Não duvides de Ahura-Mazda, Zoroastro, o' tu, o melhor dos homens, pois carrego em minha balança o destino de todos os seres e o teu próprio. Queres saber o destino de tua raça? Olha, então, o que os povos da Ásia vão fazer com os três animais que sustentam meu trono.

A visão fulgurante de Ormuz desapareceu e Zoroastro foi transportado em espírito para os tempos futuros. Voando através do espaço, ele viu desfilar a seus pés o tumulto das montanhas e a fuga desvairada das planícies como o cilindro de um grande livro que se desenrola. Ele distinguiu o Irã até o mar Cáspio, a Pérsia até o Taurus e o Cáucaso, a Mesopotâmia até o Golfo Pérsico. Ele viu primeiro uma onda de Turanianos retomar a fortaleza de Baktra e profanar o templo de Ormuz. Depois, às margens do Tigre, viu levantar-se a orgulhosa Nínive, palácios, torres e templos. Um touro gigantesco, alado, com cabeça humana, símbolo de seu poderio, pousava no cume da cidade. E Zoroastro viu este touro se transformar em um búfalo selvagem e devastar as planícies e espezinhar os povos ao redor, entre os quais estavam os puros Ários, que fugiam para o Norte. Depois ele viu uma cidade mais vasta ainda, às margens do Eufrates, se erguer com seu duplo contorno e suas pirâmides, a monstruosa Babilônia. Em um de seus santuários dormia, enrolada sobre si mesma, uma serpente colossal. A águia de Ormuz, que voava pelos ares, quis atacá-la. Mas a serpente enrolada a expulsou com um sopro de fogo e despejou seu veneno sobre todos os povos da redondeza. Finalmente, Zoroastro viu o leão alado marchar vitorioso à frente de um exército de Persas e Medas. Mas, de repente, o rei do deserto se transformou em um tigre feroz que devorava os povos e dilacerava os pastores até o fundo do templo do sol, às margens do Nilo.

Zoroastro despertou deste sonho com um grito de horror: "Se é este o futuro que ameaça os Ários da raça dos puros e dos fortes, eu combati em vão. Sendo assim, cingirei de novo minha espada, que até hoje permaneceu virgem do sangue inimigo e a molharei até a guarda no sangue turaniano. Eu, ancião, irei só até o Irã, para exterminar até o último os filhos de Zohak, a fim de que eles não destruam meu povo, mesmo que eu me torne prisioneiro de Arimã... como a nobre Ardoizur!

Então a voz de Ormuz se elevou como um leve murmúrio, um sopro de brisa nos ramos dos grandes cedros e disse: "Detém-te, meu filho, detém-te, grande Zoroastro. Tua mão não deve mais tocar uma espada, teus dias estão voltando. Alcança o alto da montanha, onde se vê o sol se erguer sobre os cumes do monte Berezaíti. Acabas de ver o futuro com os olhos dos homens; agora vê-lo-ás com os olhos dos Deuses... Lá no alto brilha a justiça de Ormuz e o Anjo da Vitória te espera! ..."

E Zoroastro escalou a montanha em cima da gruta. No cume, ele se sentou esgotado sob um cedro e esperou o dia. Quando o sol apareceu atrás da floresta dos topos brancos, o velho lutador sentiu um forte arrepio correr-lhe pelo corpo.

— É a morte! — disse a voz de Arimã no abismo tenebroso.

— É a ressurreição! — disse a voz de Ormuz no céu.

Logo Zoroastro percebeu uma espécie de arco de luz, que partia de seus pés para se lançar na direção dos céus. Era agudo como o gume de um gládio e brilhava como o diamante...

Sua alma, arrancada do corpo e como que transportada por uma águia, se arremessou para cima.

No alto do arco, uma mulher magnífica, coberta de luz, estava de pé sobre a ponte de Tinegad. Ela irradiava nobreza e alegria sobre--humana. Como se fossem dois raios brancos, desprendiam-se duas asas de suas espáduas. Ela estendia ao profeta uma taça de ouro, de onde transbordava uma bebida espumante. Pareceu a Zoroastro que ele a conhecia desde sempre, no entanto não conseguiu chamá-la pelo nome, de tanto que seu sorriso maravilhoso o ofuscava.

— Quem és tu, ó prodígio?

— Ó meu mestre, não me reconheces? Eu sou Ardoizur... Sou tua criação, sou mais do que tu mesmo, sou tua alma divina. Pois foste tu quem me salvou, foste tu quem me suscitou para a vida! Quando, tomada de horror e de cólera, matei meu raptor, o chefe turaniano, e quando seus irmãos me apunhalaram, minha alma vagou muito tempo nas trevas. Eu era a sombra que te observava. Eu te persegui com meu desespero, com meus remorsos e meu desejo... Mas foram tuas orações, tuas lágrimas, teus apelos que me levantaram pouco a pouco do reino de Arimã. Por meio do incenso do teu amor, do relâmpago do teu pensamento, eu também me aproximei do esplendor de Ormuz. Finalmente vamos beber a taça da vida imortal na fonte da luz! ...

E a bela Ardoizur, transfigurada no Anjo da Vitória, se atirou ao colo de Zoroastro como a esposa de atira ao colo do esposo, apresentando-lhe para beber a taça espumante da eterna juventude. Então, pareceu ao profeta que uma onda de luz e de fogo o invadia todo completamente. No mesmo instante, Ardoizur desapareceu, porém ela havia penetrado por todos os lados seu salvador. Agora Ardoizur vibrava no coração de Zoroastro. Ela enxergava através dos olhos dele; ele enxergava através dos dela, e todos os dois viam a glória de Ormuz. Desde aquele momento eles eram um. Zoroastro sentia que Ardoizur podia voar longe sem se separar dele, ou se fundir em sua essência sem cessar de ser ela mesma!

E de repente, abaixando os olhos para a terra, o profeta viu os Ários avançar em longas caravanas, por tribos e por povos. Ardoizur marchava à sua frente e os conduzia para o Ocidente... Ardoizur tornara-se... a Alma da raça branca.

Quando os três discípulos quiseram se reunir ao mestre, não o encontraram mais.

Na gruta, não havia senão seu barco de viagem e o copo de ouro, que lhe servia para verter o licor fermentado no fogo. Procuraram por toda a parte, mas em vão. No cume da montanha não havia nenhum traço do profeta.

Somente a águia, que lhe era tão familiar, pairava sobre o abismo. E quando ela roçava os flancos da caverna, com um forte bater de asas, parecia procurar ainda o seu irmão de solidão, o único homem que tinha ousado olhar o sol face a face.

NOTAS:

1. Veja-se no *Zend-Avesta* (tradução de Anquetil-Duperron, o heróico descobridor da língua zend e da religião persa primitiva), a narração de uma espécie de tentação de Zoroastro por Angra-Mainiú (Arimã). Seguem os meios de combater Arimã por orações e invocações. O capítulo termina com uma descrição do julgamento da alma entrevisto por Zoroastro em uma espécie de visão (Vendidad-Sade, 19º Fargard).

2. Ahura-Mazda, a auréola do sol, representa aqui a coroa de espíritos divinos que criaram o sol e formam sua aura, e dos quais Ormuz é o animador. Esta auréola espiritual é de alguma maneira a alma viva do sol no pensamento do mazdeísmo.

LIVRO V

AS ETAPAS DO VERBO SOLAR

II
UM MAGO CALDEU
NO TEMPO DO PROFETA DANIEL

No cume da Torre de Babel, um leito virginal espera o Salvador... Nos limbos infernais, Lúcifer espera sua libertação de Istar, a Alma humana...

UM MAGO DA BABILÔNIA
NO TEMPO DO PROFETA DANIEL

A adaptação da revelação divina à vida humana e a conquista da terra pela razão, tal é a missão da raça semítico-ariana e de todas as sub-raças com as quais ela se misturou. Esta conquista começa com a Pérsia por meio da organização da agricultura e a consolidação da família, sob a égide do verbo de Ormuz. Ela prossegue na Assíria e na Caldéia através do desenvolvimento da ciência mestra das outras ciências, as matemáticas, aplicadas de um lado à observação dos astros e à sua influência sobre a humanidade (astronomia e astrologia), de outro à arquitetura e às artes industriais.

A Assíria e a Caldéia foram civilizações gêmeas, essencialmente realistas, e que, por isso mesmo, desempenharam um papel importante na história, apesar de sua política feroz. As civilizações contemporâneas ou posteriores aí encontraram seus instrumentos de trabalho, a ciência das profissões. O mundo caldeu forneceu de algum modo ao Egito, à Grécia e a Roma os pedregulhos, o cimento e a esquadria para construir suas cidades, seus templos e suas acrópoles. A composição étnica dos Assírios e dos Caldeus é bastante complexa. Como quer a lenda bíblica, Babel desempenhou na pré-história o drama caótico da confusão das línguas e das raças. O elemento semítico-ariano predomina na Assíria; o turaniano, na Caldéia; é isto que dá à Nínive a força guerreira, à Babilônia o gênio da observação. Rainha de construção e mãe da indústria, Babel gerou uma arte maciça e colossal; templos enormes, touros gigantescos, gigantes troncudos estreitando leões.

Sob o ponto de vista da inspiração e das correntes espirituais que agiram sobre a Assíria e a Caldéia, estas civilizações oferecem um singular interesse e dos mais estranhos. Os exércitos de Nínive e da Babilônia foram as vergastas e os flagelos do povo judeu, vergastas de fogo e flagelos de bronze, manejados por reis sangüinários e implacáveis. Entretanto, à força de fustigar e de espezinhar o povo de Israel sem poder destruí-lo, Assur e Babel suscitaram seus mais fervorosos profetas, Isaías, Ezequiel e Daniel, cuja voz infatigável provocou a ressurreição de seu povo escravizado e deportado. Ao mesmo tempo, os magos da Caldéia, fortemente impregnados da tradição de Zoroastro e criadores de uma mitologia particular, agiram extremamente sobre a religião hebraica fornecendo-lhe novos dados cosmogônicos e determinando sua consciência das hierarquias celestes. O fato de ter sido o profeta Daniel nomeado chefe dos magos por Nabucodonosor, e confirmado nesta dignidade por Baltazar, é altamente significativo para si mesmo. Se as inscrições cuneiformes não dizem nada a esse respeito, toda a história posterior do povo judeu é de algum modo a contra-prova. Pois sua religião traz, a partir deste momento, a marca indelével da iniciação caldéia.

Uma vez constatados estes fatos históricos, coloquemo-nos sob o ponto de vista da *evolução divina,* isto é, das forças cósmicas e das correntes espirituais em ação na humanidade, subamos até o Invisível que se reflete no Visível — e descobriremos que a Babilônia é um dos mais notáveis pontos de intersecção das duas correntes, que, combatendo-se, desde a origem, concorreram para a criação do planeta Terra e para o desenvolvimento do Homem. Quero dizer a *corrente do Verbo Solar,* que conduz a Cristo, e a *corrente luciferiana,* que conduz ao mundo moderno.

É no momento em que esta luta intensa, este turbilhão oculto, atinge toda sua violência, na hora fatídica da tomada de Babilônia por Ciro, e durante a presença do profeta Daniel nesta cidade, que se situa a narração que se vai ler a seguir.

CAPÍTULO I

O SOL POENTE DA BABILÔNIA

Estava-se sobre a alta colina de Borsippa. — Ela se elevava no ângulo sudoeste da colossal cidade de Babilônia, entre duas muralhas, a Imgur-Bel (contorno exterior) e a Nivitti-Bell (contorno interior), situadas a mais de meia légua uma da outra[1]. No vasto espaço compreendido entre estes dois muros, os reis da Babilônia tinham o hábito de encurralar as populações estrangeiras que eles deportavam em massa. Milhares de judeus aí residiam neste momento, em casas de tijolo ou de argila, cercadas aqui e ali de campos cultivados. A colina de Borsippa ocupava a região onde a lenda colocava a fabulosa Torre de Babel. Certo rei acádio, de nome Hammurabi[2], havia outrora erguido aí um templo ao deus do sol. Nabucodonosor, no apogeu de seu reinado, mandou construir a maravilha do tempo, a maior das *Ziggurá,* uma pirâmide de 250 pés[3] composta de sete templos superpostos[4].

Um alto terraço de vinte e cinco pés, cercado por uma balaustrada de bronze maciço, servia de base à ziggurá. Não se via aí ninguém. Era o dia seguinte da tomada de Babilônia, onde os Persas haviam penetrado contornando o Eufrates. Temiam-se as represálias de Ciro contra as crueldades dos reis caldeus em Meda. Todos se escondiam. Os setenta sacerdotes que serviam habitualmente o templo de Bel estavam desaparecidos.

Um único ser vivo estava acocorado diante da porta de bronze do templo inferior, entre os dois lintéis da parede de tijolos recoberta de betume negro. Era o guardião da serpente consagrada a Saturno, cujo culto os magos tinham tolerado até esse dia porque a plebe via nele a salvaguarda da cidade.

De repente, um homem subindo a escadaria surgiu no terraço. Ele trazia a túnica púrpura dos magos com o manto escarlate, cujos bordados imitavam as asas dobradas de uma águia, e a tiara de ouro com sete recheios, incrustadas de pedras preciosas. Porém, em sinal de luto nacional, o mago tinha recoberto esta rica vestimenta de um véu negro transparente, que o envolvia da tiara aos calcanhares. Não se distinguiam através da gaze a não ser seu nariz arqueado, seus olhos fixos de gavião e os longos cordões da barba postiça, obrigatória tanto nos magos quanto nos reis caldeus.

O chefe da ziggurá se aproximou do guardião acocorado diante do templo de Saturno e lhe disse num tom cruel de desprezo e de desdém:

— Guardas ainda tua serpente morta?

O Acádio, envolto em um farrapo cor de betume, respondeu sem se mexer, com um sorriso sardônico na boca de batráquio:

— Espero que o *mulo persa* (Ciro) venha me matar com seu acólito, o pérfido feiticeiro, o Judeu maldito.

— É inútil insultá-los — diz Nabu-Nassir num tom breve — eles são os vencedores. Mas, por que tens sobre os joelhos esta larga espada enferrujada de sangue negro?

— É aquela com a qual o Judeu infame cortou a cabeça da serpente diante do rei que o havia desafiado, abandonando-a depois com desprezo. Porém eu não a soltarei antes de ter vingado o meu Deus!

— Podes dá-la a mim! — diz o mago. — Eu me encarrego da vingança.

— Queres, pois, vingar nossos Deuses como eu? — exclamou o Acádio, erguendo-se.

— Vou passar a noite lá no alto da capela e agir contra o Adversário invocando o Deus supremo — respondeu o mago. — Ignoro o que acontecerá, mas sei que amanhã um de nós dois morrerá... Ele ou eu! Servirás então ao que sobreviver.

— Se fores tu, sempre... se for ele, jamais! — Assim falando, o carcereiro da serpente morta estende-lhe a espada. Depois se acalmou e ficou imóvel como uma estátua.

Nabu-Nassir prendeu a espada na cintura e a escondeu sob o manto, depois deu uma volta no terraço, de onde se avistava grande parte de Babilônia, a mais monstruosa cidade do mundo jamais edificada. Muito perto, viam-se sobressair embaixo os tetos convexos e recobertos de bronze dos três templos da Lua. Acima do amontoado das casas que cobriam o vale, o olhar seguia as duas muralhas paralelas de Imgur-Bel e de Niviti-Bel, que se prolonga-vam em linha reta, a perder de vista, como duas estradas reais. Um carro atrelado com quatro cavalos de frente podia correr sobre esta muralha como em um estádio. Ao norte, além do circuito inteiro, o Eufrates serpenteava, encaixado em um amontoado de ruas e de casas de tijolos, como uma serpente cujas escamas luzissem de espaço em espaço nas moitas. Mais além, se distinguia o templo como uma montanha pontiaguda de degraus verdejantes. O ho-rizonte se fechava pela longa linha da cidade real, fortaleza de pa-lácios esplêndidos, com seus bastões, suas torres, seus pavilhões, suas portas de cedro e de bronze, suas ameias de alabastro e suas lamínulas de ouro e de prata.

O sol, que mergulhava neste momento numa bruma cor de açafrão, tingia todos os edifícios de uma chama sinistra, purpúrea e alaranjada, que refletia do fundo betuminoso da cidade como que vasos cheios de fogo sobre um sombrio tabernáculo.

Nabu-Nassir olhou a pirâmide dos sete templos superpostos, cuja ascensão ele se propunha a fazer pela última vez. Como os outros monumentos da orgulhosa Babilônia, ela flamejava também ao sol poente, a zigurá dos sete santuários. Ela chamuscava com todas as cores do arco-íris, pois os sete templos, todos quadrados, salvo o mais elevado, em forma circular, possuíam revestimentos minerais ou metálicos de cores diferentes.

Computados de alto a baixo, os templos correspondiam aos sete dias da semana. Considerados de baixo para cima, seus estágios sucessivos lembravam, conforme a doutrina dos magos, a ascensão da alma humana durante toda a evolução planetária, desde sua saída do caos no período saturnino até seu retorno ao sol divino, através das metamorfoses de nosso mundo. E a pirâmide, cama-leão de cores cambiantes, parecia participar, ela própria, do negro de Saturno à brancura do alabastro de Venus, e, pelo rosa pálido de Júpiter, pelo azul cintilante de Mercúrio ao vermelho escuro de Marte, para se purificar, como o pistilo de uma flor, no templo argênteo da Lua e na capela dourada de Bel.

O olho de Nabu-Assir avaliava a pirâmide. Sua alma sombria e grave se preparava para refazer esta ascensão a fim de consultar os Deuses em sua aflição.

Ele pousou o pé sobre a escadaria exterior, que, repetindo-se de andar em andar, contornava toda a zigurá para atingir o cume. Enquanto caminhava, o mago não olhou nem o sol que desapa-recia atrás das planícies fulvas da Mesopotâmia, nem a imensa cidade, cujos contornos indecisos se apagavam a seus pés e que, de degrau em degrau, aprofundava mais seu tenbroso abismo.

Nabu-Nassir alcançara a última plataforma da pirâmide e se encontrava no limiar do pequeno templo de Bel que a coroava. O sol havia desaparecido; em alguns instantes a noite se abateria sobre a cidade. Desta altura, Babilônia não era mais do que um sombrio caos, de onde se elevavam, aqui e ali, construções gigantescas como cidadelas descoradas. Foi dito que Erebe tinha gerado, em seu seio tenebroso, a cidade colossal para desafiar o céu. Mas por cima do círculo negro do horizonte, se curvava, em todo o seu esplendor, o firmamento estrelado, o céu profundo da Mesopotâmia, cujo anil escuro tem a transparência do cristal. Globos amarelos, vermelhos e azuis aí rolavam debulhados, a distâncias prodigiosas, em ritmos inumeráveis, numa imensa harmonia.

E, diante deste céu, que era seu domínio de investigação, Nabu-Nassir colocou sua sabedoria em comparação com os acontecimentos. Pesou sua ciência na balança do destino. Certamente, era sublime esta ciência. Há milhares e milhares de anos[5], os magos e seus predecessores, os Manus, tinham estudado os movimentos dos astros e as revoluções regulares do céu. Fixaram, por meio de suas observações, a marcha do relógio celeste, com sua engrenagem complicada. Descobriram uma influência indubitável dos astros, não somente do sol e da lua, mas dos cinco planetas, sobre os destinos humanos, conforme suas respectivas posições no céu, em tal lugar, em tal ano, tal dia e tal hora. Pois o conjunto do sistema planetário não constituía um corpo vivo, que, na origem, havia formado uma única massa homogênea e na qual cada planeta representava um órgão necessário? A vida dos homens e das nações sofria múltiplas influências. Podia-se prever triunfos ou reveses, mas não a natureza ou o detalhe dos acontecimentos. Pois estes resultam de uma combinação incalculável da liberdade humana e da ação divina. As impressões das constelações sobre a vida dos homens e dos povos forneciam, de alguma maneira, os quadros e a trama sobre a qual se bordavam os acontecimentos, mas não os infinitos floreios que aí desenhavam os homens e os Deuses. Foi assim que Nabu-Nassir previu que uma catástrofe ameaçava Babilônia, vendo Marte e Saturno reunidos sob o signo de Escorpião; entretanto, não previra a enormidade da queda, a intensidade da voragem, o desmoronamento do poderio caldeu. Queda ignominiosa, que permitia agora aos Judeus prisioneiros gritar nas ruas de Babilônia as pregações dos profetas e insultar os transeuntes com estas palavras:

"Desce, senta-te na poeira, virgem filha de Babilônia; senta-te em terra e não sobre um trono, filha do Caldeu. Toma as mós e os grãos de trigo; tira teus véus e levanta teu vestido; descobre tua coxa para atravessar as torrentes; mostra tua nudez, para que se veja tua vergonha! "

Ora, esta ciência da adivinhação, Daniel a possuía. Porque se comunicava com o Invisível era que ele previa o futuro, dominava os reis e fascinava as multidões, enquanto que os magos viviam há séculos em seus observatórios, sem nenhum poder sobre as almas, sem ação sobre os destinos do povo, contempladores impotentes da fatalidade. Não, depois de três mil anos os magos não tinham sabido moderar os instintos ferozes dos reis de Nínive e da Babilônia, em que viviam, apesar de sua piedade egoísta, a cupidez e o furor de Arimã, com toda a selvageria da raça amarela do Turan. Dizimados em massa, desde que eles quiseram se opor aos reis, os magos finalmente se confinaram em sua ciência especulativa, na observação do céu e de suas revoluções periódicas. Os reis não os consultavam senão para os horóscopos, e infelizes deles se aqueles não fossem favoráveis! Os magos não puderam domar nem os tigres de Nínive nem os touros de Babel; nem Teglath Palasar que juncou toda uma cadeia de montanhas com as cabeças cortadas dos Moscães; nem Assur-Nazil-Pal, nem Sargon, nem o terrível Senaqueribe, o devastador da Judéia; nem Assurbanipal, o destruidor da antiga Babilônia, que esfolou com sua própria mão seus sátrapas revoltados sobre o túmulo do avô.

E sempre Nabu-Nassir via, diante de si, o homem temível, o asceta judeu de olhar doce mas invencível, o domador de almas, ao qual ninguém resistia, o cordeiro mais forte do que os leões, o profeta de infelicidade, anunciador de catástrofes. Não fora Daniel quem tinha fascinado e enfeitiçado Nabucodonosor, o mais formidável dos tiranos, decifrando-lhe os sonhos? Não tinha ele, então, recebido o título de arquimago na confusão de todos os sacerdotes caldeus? Não fora ele, enfim, quem havia predito e talvez maquinado a queda de Babilônia?

E o mago revia, em espírito, a cena estupenda que precedera a morte de Baltazar.

Ao fundo da enorme galeria do palácio real, de tetos e paredes revestidas de cedro, no fim de uma enfiada de salas, cujos painéis reproduziam as guerras e os triunfos babilônicos em baixo-relevo de barro cozido escarlate ɔobre um fundo negro, como se a púrpura dos vencedores se tingisse com o sangue das vítimas; ao fundo desta caverna de orgulho e de luxúria, reluzia, como uma capela ardente de ouro e de archotes, o retiro favorito do rei. Baltazar aí pavoneava-se, meio deitado sobre um leito suntuoso, suas mulheres ornamentadas e seminuas comprimidas ao redor em grupos voluptuosos, os oficiais da corte formando um círculo. O rei estava sombrio. Ele tinha feito vir os vasos sagrados do templo de Jerusalém, e bebia para se aturdir desafiando o inimigo e o Deus do adversário. De repente os risos estridentes se detêm nos colos nus; um cochicho percorre a multidão e os braços das mulheres se estendem, num gesto de pavor, para a parede em frente, do outro lado da mesa onde brilha o castiçal de sete ramificações. Baltazar olha e vê uma mão luminosa traçar três palavras sagradas sob o friso da parede. Ele se ergue e balbucia: "Nabu-Nassir, podes explicar-me o que querem dizer estas três palavras? " O mago é forçado a confessar que ele não conhece nem mesmo os caracteres ali gravados. "Que tragam Daniel! " grita o rei. E, como se estivesse prevenido, Daniel aparece pálido, solene, impassível. Ele lê e pronuncia em voz alta as três palavras que a mão luminosa de dedos afusados, uma mão de anjo ou de espírito, acabava de escrever sobre a parede e que brilhava ainda, como uma assinatura divina, embaixo da última letra. O profeta assim fala:

— *Manê, Téquel, Fares,* isto significa na linguagem da terra: *Número, Peso, Medida* e na linguagem eterna de Deus: *Sabedoria, Justiça, Economia.* Ó Baltazar, como teus predecessores, tens vivido como um insensato na injustiça e na desordem; foste pesado na balança e considerado muito leve. Eis porque teu reino foi dado a outro[6].

Durante este discurso, as palavras e a mão luminosa foram-se apagando sobre a parede. Daniel falava ainda quando um guarda nvadiu a sala clamando: — "Os Persas penetraram na cidade através do Eufrates... eles marcham para o palácio! " Baltazar cambaleia; suas mulheres enlouquecidas agarram-se a ele, mas, como novo Sardanapal, ele se livra de seu aperto sacudindo a penca de carnes palpitantes e grita: "Minhas armas! Eu quero lutar! " Ele sai e cai morto por seus próprios guardas já em poder do inimigo.

E eis que o profeta, transformado no homem mais poderoso da idade, penetrou no campo de Ciro para negociar a paz em nome dos grandes da corte. O que informaria ele? Babilônia, conquistada, sofreria a sorte de Nínive? A cidade seria saqueada e arrasada até o solo para que o arado aí passasse e as feras encontrassem seus covis nos escombros? Iria o vencedor suprimir o colégio dos magos e decretar a morte de seu chefe? Tudo se poderia esperar do insondável e temível profeta.

Contudo, Nabu-Nassir não se dava por vencido. Ele também sentia em si um poder mágico incalculável, uma força dardejada pelos astros do fundo do Infinito e carregada por trezentos séculos de ciência. Ele lutaria até o fim, mesmo que fosse fulminado pelo Deus desconhecido dos judeus e por seu profeta!

Com este pensamento de desafio, ele estendeu horizontalmente em direção do norte a espada nua que ele trazia à cintura, aquela com a qual o sacrílego Daniel separara a cabeça da serpente. Ele a sustentou imóvel um minuto acima da tenebrosa Babilônia, sob as constelações imutáveis que fulguravam no céu, invocando Júpiter e Vênus, os planetas sempre benfeitores. Ao mesmo tempo, sua vontade se projetava ao longe, na noite, contra o adversário invisível.

NOTAS:

1. Heródoto, que visitou Babilônia no 5º século de nossa era, nos deixou dela uma descrição detalhada. "Situada em uma vasta planície, diz ele, Babilônia forma um quadrilátero de 120 estádios de cada lado. Seu perímetro inteiro é cercado de água corrente. Além se eleva uma muralha, de 50 côvados reais de largura e 200 de altura." (HERÓDOTO, Livro Iº, cap. CLXXVIII).
   – Um estádio tendo cento e oitenta metros, isto representa vinte e um quilômetros para um lado, isto é mais de vinte e cinco léguas para o circuito exterior pelas escavações de J. Oppert: *Expedição científica na Mesopotâmia* de 1851 a 1854.

2. Seu código de lei foi conservado sobre uma tela de mármore verde no museu assírio do Louvre.

3. As medidas são dadas por Heródoto.

4. Inscrição cuneiforme de Nabucodonosor sobre Borsippa, reproduzida no volume IV da *Histoire ancienne de l'Orient,* por F. LENORMANT.

5. Segundo Diodoro de Sicília, a tradição dos Magos remontava a 50.000 anos. Esta cifra talvez seja exagerada, mas prova a antiguidade que a civilização greco-romana atribuía à astrologia.

6. Ver o livro do profeta Daniel na Bíblia, cap. V. Trata do lendário o livro de Daniel, mesmo o personagem de Baltazar, mas os textos cuneiformes, nos quais ele é chamado Bel-sur-Assur, confirmam existência deste último. Quanto às três palavras enigmáticas, faziam parte da linguagem sagrada dos templos antigos. *Mene, Manas, Man* designa, em todas as línguas indo-européias, o intelecto humano no que ele tem de universal e de divino. Ver a bela interpretação destas três palavras por Saint-Yves d'Alveydre em sua *Mission des Juifs.*

CAPÍTULO II

O MISTÉRIO DA PARTENOGÊNESE

De repente Nabu-Nassir se lembrou do fim de sua diligência solitária. Nomeado chefe da Ziggurá há pouco, ele não tinha ainda penetrado no templo superior da pirâmide, na capela consagrada ao deus solitário. Somente o grande sacerdote tinha o direito de entrar uma vez por ano no santuário e devia aí passar a noite, na festa da primavera de Istar. De outro modo, ele não tinha o direito de aí penetrar a não ser em uma única circunstância: se Babilônia estivesse em perigo e o templo ameaçado. Então ele poderia consultar o deus Bel e a deusa Istar e esperar deles um sinal. Este momento havia chegado. Nabu-Nassir penetraria pois no santuário da Ziggurá, para contemplar com seus próprios olhos o segredo do templo e descobrir a última palavra de seu mistério.

Girou uma chave na porta e empurrou os batentes de bronze. A capela circular era inteiramente coberta de lamínulas de ouro, sem nenhum ornamento. Da abóbada pendia, por um tubo, uma lâmpada de alabastro sempre acesa, cuja chama se nutria de um reservatório de nafta contido na cúpula. A lâmpada representava a figura de uma pomba branca. Sua chama interior, tornando-a luminosa, clareava a capela de ouro. Uma coisa atraía e prendia o olhar: um leito vazio, incrustado de marfim e recoberto de púrpura suntuosa. Diante do leito, uma mesa de ouro com um pequeno frasco. Atrás, na parede negra, uma escultura, pintada em alto-relevo, representando a deusa Istar, branca e esbelta, erguendo os braços para reter um gênio alado, cor de fogo e armado de um archote, que voava acima dela como um furacão, perseguido pelas flexas do sol. Nabu-Nassir se recordou de que seu predecessor havia-lhe explicado, antes de morrer, o sentido secreto do mito de Istar, conhecido somente do grande sacerdote de Bel. Istar era a deusa mais popular da Babilônia, a deusa da Lua, ao mesmo tempo que a Vênus caldéia. Mas a tradição secreta lhe dava um sentido mais profundo, explicava sua origem ligando-a a Adar-Assur, Deus misterioso e pouco conhecido, o Lúcifer caldeu. Bem antes da criação da Terra, por ocasião da formação do planeta Júpiter, Adar-Assur (Lúcifer), o Arcanjo rebelde, tinha evocado pelo poder de seu desejo os arcanos do Verbo: Lilith, Mylitta, a Eva astral, a Eva primeira. Lúcifer desejara fazer de Lilith sua esposa e reinar sobre o mundo com ela. Mas, por ter violado os arcanos do Todo-Poderoso e informado sua vontade, ele foi precipitado no Abismo dos nimbos planetários. E Lilith, separada de seu amante celeste, tornou-se a Mulher terrestre, a metade do Homem, a alma da Humanidade. A esta força cósmica do Eterno-Feminino, os povos da Ásia adoraram sob o nome de Mylitta, de Istar ou Astarte.

A esta tradição imemorável vinha se juntar uma profecia recente mais enigmática. O grande sacerdote o havia dito a Nabu-Nassir: nesta humanidade sofredora e cruel, criada pelo desejo de Lúcifer, um Deus devia nascer um dia de uma virgem, um Deus que seria o salvador do gênero humano. Por isso, em determinado número de templos solares, no de Bel em Babilônia, no de Ammon-Râ no Egito, esperava-se o nascimento deste Deus. E era por este mesmo motivo que um leito tinha sido erguido na capela superior do ziggurá, no templo do sol, para uma virgem. Ela devia vir por si mesma, impulsionada por um delírio sagrado, com um passo de sonâmbula, num sono mágico, passar uma noite no templo e ser fecundada misteriosamente pelo Deus solar, na festa da primavera. Entretanto, esta mulher não viera[1].

Nabu-Nassir sentiu uma emoção perturbadora ao rememorar esses detalhes estranhos que tinha recebido de seu predecessor, agora que ele se encontrava diante do leito vazio, no santuário silencioso. Ele não compreendia o sentido do vaticínio que lhe inspirava uma espécie de temor, mas compreendia o sentido do mito de Istar, que corresponde ao mais profundo mistério da religião caldéia. Ele sentia dolorosamente que a força protetora de sua raça e de sua religião estava perdida e que a sorte da Babilônia estava ligada à dela. Involuntariamente murmurou:

"Ó Istar, deusa amada, cativa dos Deuses inferiores, que tu possas encontrar a luz. Dize-me teu segredo e eu saberei vencer o Adversário!"

Sobre a mesa de ouro colocada perto do leito, havia um pequeno frasco rubro. O mago o apanhou e exclamou:

"Mesmo que esta poção contenha a vida ou a morte, eu quero saber teu enigma! ".

Nabu-Nassir bebeu em um só gole o conteúdo do frasco. O aroma do licor penetrou em seu cérebro como a aste em espiral de uma flor de perfume capitoso. Voltando-se, ele percebeu perto da porta de entrada um animal fabuloso de pórfiro incrustado na parede. Sua cabeça tocava a abóbada, suas patas dianteiras formavam um assento. Nabu-Nassir sentou-se entre elas e logo adormeceu profundamente.

NOTAS:

1. Eis a descrição desta capela dada por Heródoto nos capítulos CLXXXI e CLXXXII do livro I^{o} de suas *Histoires:* "A última torre é dominada por uma capela espaçosa, encerrando um grande leito ricamente coberto, e junto uma mesa de ouro... Ninguém aí passa a noite, exceto uma mulher indígena, *que Deus escolheu entre todas,* conforme narram os sacerdotes caldeus. Os mesmos sacerdotes dizem também e eles não me parecem dignos de fé, que o deus percorre o templo e repousa sobre o leito, da mesma maneira que em Tebas no Egito, segundo os Egípcios. Pois lá também uma mulher passa a noite no templo de Júpiter-Tebano, e assegura-se que nenhuma das mulheres tem contacto com os mortais."

Vê-se, por esta passagem de Heródoto, que a partenogênese perseguia o pensamento dos sacerdotes de Babilônia e de Tebas no quinto século antes de nossa era. Mas, qual é sua explicação verdadeira? A tradição esotérica oriental e ocidental afirma que o corpo físico dos grandes profetas e dos messias foi gerado por um homem e uma virgem mergulhados ambos no sono magnético. A lei universal da natureza não é suprimida, porém, o mistério da geração se cumpre sob o influxo das forças em um estado de êxtase que exclui o desejo carnal. Pode-se pois dizer que em caso semelhante o homem e a mulher permanecem virgens moralmente, porque ao despertar eles não se lembram de nada. O caráter místico de sua fusão astral dá ao corpo da criança uma pureza particular. Tal é o sentido do que se chama na Igreja católica a *Imaculada Conceição*. Contudo, qualquer que seja a interpretação que se lhe dê, importa é o que a humanidade conserva diante deste mistério sagrado: a reserva e a veneração profunda devida à mais elevada manifestação do Divino no Humano, pelo sacrifício da encarnação.

CAPÍTULO III

O SONHO DE NABU-NASSIR:
A DESCIDA DE ISTAR AOS INFERNOS[1]

Durante muito, muito tempo, ele não percebeu nada no abismo negro da inconsciência em que tinha mergulhado. Os minutos abrangiam séculos: o Tempo marchava para trás. Ele se sentiu transportado para os limbos, na época em que a terra ainda não estava formada. O sombrio Saturno girava ao redor do círculo planetário; Júpiter saía da sombra como um globo fantasma. Em uma esfera mais próxima do sol, Nabu-Nassir percebeu Lilith, a primeira Eva, Istar com Lúcifer, no momento em que os Deuses criadores, os Eloim, executores do Deus supremo, arrancam-na dos braços do esposo para precipitar o Arcanjo rebelde no Abismo. A Deusa, de uma brancura deslumbrante, empalideceu e flutuou longo tempo desfalecida, sobre a órbita de um planeta destruído. Ao despertar, ela soltou um grito de pavor e se precipitou no Abismo, como um cometa, à procura do esposo, mas em vão. Agora a roda do tempo marchava para diante com uma rapidez fulminante.

Em meio às formidáveis convulsões do Fogo e da Água, o astro da Luta e da Dor, a Terra havia tomado forma e consistência, e sorria, sedutora, sob um tapete de verdura. Istar aí se atirou e, como ela roçava os cumes, viu-se em face de Istubar, um rei iniciado, pastor de povos, que habitava uma alta planície. Ela lhe apareceu no mais sedutor esplendor e lhe disse:

— Tu, que sabes tudo, podes me dizer onde se encontra Lúcifer, meu esposo? Se me disseres, eu te levarei em meu carro de alabastro com rodas de ouro para veres os Deuses.

Istubar respondeu:

— Faz penitência, o' Deusa, e dirige tuas orações ao sol. Somente ele pode te devolver o esposo.

— O sol? — exclama Istar. — Foram suas flexas assassinas, dirigidas pelos Eloim, que precipitaram Lúcifer no Abismo. Uma vez que o Céu e a Terra não podem restituí-lo, vou procurá-lo no fundo dos Infernos.

E Nabu-Nassir viu a deusa descabelada, com face de luz, mergulhar de abismo em abismo, de trevas em trevas, clamando:

— Onde está meu esposo? Lúcifer! Lúcifer!

No primeiro círculo, uma nuvem de sombras a recebeu cochichando:

— Dá tua tiara brilhante, ou tu não passarás!

Ela deu a tiara e imergiu mais adiante, toda trêmula, pois sentiu perder a lembrança divina.

No segundo círculo, uma nuvem de sombras mais espessas a reteve, gritando:

— Dá tuas asas, ou tu não passarás!

Ela deu as asas e imergiu mais adiante. E ela tremia, pois lhe parecia ter perdido o poder de subir.

No terceiro círculo, uma nuvem de monstros a assaltou urrando:

— Dá tua túnica luminosa, ou tu não passarás!

Ela arrancou a túnica e estremeceu de horror, pois seu corpo tinha-se tornado opaco e duro.

Então, do centro do Abismo se ergueu um cone de fogo vermelho. Uma voz dominadora saiu daí:

— O que queres tu de mim?

— Onde está Lúcifer?

— Longe daqui, nos limbos inacessíveis do espaço. Em vão tu o procuras. Pois sou eu teu esposo e não sairás mais daqui.

— Mentes! — gritou Istar. — Para encontrá-lo, tudo ousei, tudo enfrentei e tudo perdi. Meu amor é tão grande que poderia romper teu poderio e fazer saltar como fiapos de palha as portas de teu inferno!

No cone de fogo, chamas crepitaram como uma gargalhada, e a voz disse:

— Todo aquele que transpõe este círculo me pertence... e é teu desejo secreto que te conduziu até mim. Tu já me amas!... De outro modo não estarias aqui... Meu hálito já te tocou... Quando me conheceres sob minha verdadeira forma, tu me acharás mais belo do que Lúcifer!... Pois ele está preso e miserável, enquanto que eu sou livre e todo-poderoso em meu reino!

— Não é verdade — diz Istar — eu te odeio! ... não podes provar o que dizes.

— Queres ver teu Arcanjo? — Perguntou a voz que saía do fogo.

— Posso chamá-lo, pois é meu irmão mais velho e eu tenho o poder de evocar seu fantasma diante de ti... Promete-me, se eu t'o mostro... que tu serás minha!....

Istar hesitava, pois lhe parecia que as chamas móveis que saíam do cone lambiam seu corpo como serpentes do fogo e a penetravam até a medula. Todavia, recuperando a coragem com um arrojo de esperança, ela gritou:

— Quando eu o vir, ele me levará em seus braços! Faz com que ele apareça!

Então a voz que saía do fogo ribombou:

— Pelo poder que os Deuses imortais concederam ao Abismo, que lhes serve de pedestal e sem o qual o Céu não existiria, aparece, Adar-Assur! Aparece, Lúcifer!

Uma nuvem fosforescente surgiu. Em sua agitação, Istar viu aparecer o Arcanjo doloroso, suas asas e seus membros amarrados, sublime de sofrimento heróico e de orgulho indomado. Lágrimas de luz caíam de seus olhos, gotas de sangue escorriam de seus membros em centelhas vermelhas. Seus olhos trespassavam Istar com um olhar de amor... entretanto ele permanecia mudo.

Istar quis se atirar para ele, mas se sentiu petrificada e não pode senão murmurar:

— Adar-Assur, leva-me daqui!

Mas a imagem de Lúcifer se desmanchou, enquanto que Arimã saiu da fumaça sob a forma de um monstruoso dragão procurando dardejar sua lingua de fogo sobre a deusa. Porém, esta conseguiu escapar do cerco e, com voz penetrante, clamou através das trevas, varrendo tudo diante dela:

— Eu perdi minha tiara, minhas asas e meu corpo luminoso. Dei tudo por meu amor... Contudo, resta-me um coração que tu não venceste, e que ninguém... nem mesmo os Deuses... pode deter em seu vôo! Com ele eu rompo as abóbadas do Abismo e vou reunir os homens. Eles me ensinarão o caminho de Lúcifer!...

Terrível é a angústia de Nabu-Nassir em seu sonho. Ele sente que se Istar, a Eva divina, perecesse, os magos também pereceriam com toda a sua ciência. Pois, o que seria a Ciência sem o Amor divino, que é a Sabedoria? Um instrumento de suicídio e de morte. E Nabu-Nassir acreditou que ele mesmo mergulhava nos abismos da terra e que sobre ele se fechavam as abóbadas pendentes de rochedos negros estriados de raios amarelados. Ele lançou um grito de angústia: "Istar! Istar!"

E de repente pareceu-lhe que ele despertava em parte de seu sonho... Encontrava-se de novo na capela de Bel, sentado entre as patas do animal. A pomba branca continuava iluminando o santuário de ouro, mas, entre o mago e a estátua da Deusa, oscilava uma chama vermelha que a escondia dele... Seria Arimã?...

De repente Nabu-Nassir pulou de seu assento com um grito. Daniel estava de pé diante dele, em sua vestimenta escarlate, com o colar de ouro da arquimágica — e o profeta fixava o sacerdote de Bel com um olhar indizível e doce.

NOTA:

1. A lenda de Istar, que eu procuro reconstituir aqui em seu sentido mais profundo, chegou até nós sob uma forma esotérica mas, não obstante, bastante significativa, por meio das inscrições cuneiformes. Ver OPPERT, *Expédition scientifique en Mésopotamie* e *Babylone et les Babyloniens*.

CAPÍTULO IV

A INTERVENÇÃO DO PROFETA DANIEL

Maquinalmente, Nabu-Nassir havia apontado contra o adversário a espada que trazia à cintura; mas Daniel, impassível, sorria-lhe e lhe estendia a mão emagrecida, olhando-o sempre com o mesmo sorriso. Então Nabu-Nassir, sem saber o que fazer, dominado por um poder superior, deixou pender a espada e examinou o profeta que vinha até ele como um mensageiro divino depois de um sonho infernal.

Daniel estava com a cabeça nua. Seus cabelos cacheados e negros formavam como que uma auréola na fisionomia emaciada e alongada de asceta. Sob a vasta fronte convexa, brilhavam dois olhos enormes de vidente, repletos de chama e de mansuetude. De toda sua pessoa emanava um fluido tão poderoso que o duro caldeu se sentiu abalado até suas últimas fibras. Ele se calava, estupefato — e arrebatado. Daniel falou primeiro.

— Bendito seja o nome de Deus por todos os séculos! Pois nele estão a sabedoria e a força. Consideras-me adversário, Nabu-Nassir; no entanto venho a ti como amigo, por parte de Ciro, rei dos Persas e mestre de Babilônia. Ele respeita vossos Deuses, sabendo que entre eles vós revereis o seu, aquele de Zoroastro. Ele mantém em seu poder os magos, guardiões da ciência dos astros e lhes promete sua proteção se eles se mostrarem dignos de seu ancestral, Zoroastro, o mago do Verbo solar. Sou eu, Daniel, o Exilado, humilde profeta de Israel e do Deus soberano, o portador desta mensagem e da paz.

Vencido por estas palavras, Nabu-Nassir estendeu as duas mãos ao profeta.

— Bendito sejas, em nome do Deus soberano que nós chamamos Eli e do Deus que falou a Zoroastro, através do astro-rei. Reconheço que vens em nome dele. Os Deuses antigos que reinavam aqui foram vencidos. O mundo girou sobre seu eixo. Por um poder mais forte do que o meu, penetraste neste santuário, onde somente o grande do Templo de Bel deve entrar, e onde passei uma noite de angústia. Poderás explicar o sonho terrível que tive? Vi a descida de Istar aos infernos, escutei seu grito de aflição chamando Lúcifer. Este grito se perdeu no Infinito e o eco ainda permanece em meu coração desolado. Poderás explicar este enigma e o das núpcias místicas, preditas por este leito vazio sobre o qual paira a pomba branca, Iona, símbolo do Eterno-Feminino? Poderás, tu, que sabes ler nos sonhos confusos dos homens e na trama fulgurante dos Deuses?

Daniel respondeu:

O' mago da Caldéia, que sabes ler nos astros, escuta a verdade, irmã da tua. Os Deuses invisíveis, os Poderes do alto e de baixo, os Deuses criadores com seus duplos femininos, emanações de seu amor, aqueles que chamamos Serafim, Querubim, Eloim e Arcanjos reinam alternadamente sobre o mundo e os povos. Eles se sucedem de século em século, de milênio em milênio; todavia, um único Deus os inspira e governa sempre. É em seu nome que falam os profetas de Israel, e é em seu nome que eu te falo humildemente, pois nós não somos senão seus servidores e sua voz... Viste em sonho as causas primeiras de tudo o que se passou nos séculos sangrentos de Nínive e Babilônia. Istar, vossa deusa, a Eva primeira, a rainha astral de alma humana, a sorvedoura de amor, ficou atordoada no sangue, na volúpia e na morte. Agora ela está imersa em letargia... Então, todas as profecias o afirmam: Ela não poderá reencontrar seu Arcanjo, seu Lúcifer, senão quando um Deus nascer de uma virgem.

— E não é aqui que se deve operar este milagre? — pergunta Nabu--Nassir. — Não é o que diz este leito de marfim e esta pomba branca?

— Vós também, os magos, pressentistes o grande mistério; todavia, não é aqui que há de nascer o Filho do Homem em quem se manifestará o Deus vivo; não é aqui que se encarnará o Verbo solar que falou a Zoroastro... É na nação de Israel, no povo de cativos e de exilados que nascerá o homem divino. E todas as nações da terra lhe serão submissas[1].

— Então o que significa minha ciência? O que significa meu templo?

— A ciência dos astros é divina como a vidência da alma, contanto que elas sejam regidas pelo olho do Espírito, que é o Amor da Sabedoria e a Sabedoria do Amor. Guarda tua ciência para os tempos futuros. Quando a ciência do Firmamento e a ciência da Alma se juntarem, não haverá mais sobre a terra a não ser um único Deus e uma única nação. É para isto, Nabu-Nassir, que Ciro te confia a dignidade de Arquimágico.

- Eu, Arquimágico? — exclama o caldeu recuando um passo. — Então, o que serás tu, Daniel?

Tranqüilamente o profeta entreabriu seu manto escarlate e desdobrando as duas asas o fez cair a seus pés. Então Daniel apareceu a Nabu-Nassir na vestimenta de linho branco do grande sacerdote de Jerusalém na qual brilhavam as doze pedras preciosas, símbolos das doze tribos de Israel e dos doze signos do zodíaco.

Tomado de respeito, o mago flexionou um joelho diante do profeta, que, despojando-se de sua dignidade de mago, parecia crescer um côvado e cujos olhos brilhavam com uma luz de êxtase.

Surdos rumores, gritos longínquos repercutiam fora. O mago e o profeta saíram da capela que coroava a pirâmide de sete degraus e se detiveram á beira do terraço, de onde se avistava toda Babilônia. Ao Oriente, a aurora abria seu leque de açafrão sobre uma bruma acobreada. Os tetos metálicos, as cúpulas esmagadas dos palácios e dos templos se tingiram de um luar sinistro sobre a cidade betuminosa. A linha de poeira de bruma de um laranja escuro que barrava o horizonte, no lugar onde devia surgir o astro-rei, parecia já querer estender sobre Babilônia o manto do deserto que devia tragá-la mais tarde e apagá-la da face da terra. Porém, das profundezas do pequeno vale, para o qual se inclinavam o mago e o profeta, subia uma grave melopéia cantada por vozes de homens e mulheres, acompanhadas do som da *kinnor*. Daniel mostrou a Nabu-Nassir, no vale ainda cheio de sombras, uma casa branca cujo terraço estava ornamentado de folhagens iluminadas de girândolas. Esta casa era judia e parecia velar como uma lanterna no abismo tenebroso. "Escuta!" murmurou Daniel, e o caldeu, que conhecia a língua hebraica, acabou por compreender as palavras do salmo:

Se eu te esquecer, o' Jerusalém,
Que meu lado direito se esqueça a si mesmo!

Que minha língua se fixe em meu palácio,
Seu eu não me lembrar mais de ti,
Se não fizer de Jerusalém
O início de minha alegria!

— Tu compreendes! — diz Daniel. — A esperança não está morta no coração dos exilados. É em seus corações que vive a futura Jerusalém!

Enquanto isto, o disco do sol carmesim havia surgido sobre a barra escura do horizonte e lançava flexas agudas sobre a buliçosa Babilônia. Um formigueiro humano se agitava então no labirinto. Soldados percorriam as ruas, mulheres se comprimiam sobre os telhados. Os Persas faziam sua entrada solene na capital da Caldéia. Sobre a larga via retilínia da muralha de Ingur-Bel, via-se avançar lentamente o carro real. atrelado com doze cavalos brancos, em filas de quatro. Atrás dele marchava a guarda dos Medas, de longa cabeleira e armadura cintilante. À frente do carro, um guerreiro carregava um estandarte vermelho bordado de ouro, onde chamejavam o leão persa e o sol de Zoroastro. Um clamor imenso como o barulho do mar subia da cidade:

— Glória a Ciro, rei dos Persas e de Babilônia!

NOTA:

1. Ver este *vaticínio* no livro de Daniel, cap. VII, 13 e 14 e cap. IX, 25 e 26.

LIVRO VI

AS ETAPAS DO VERBO SOLAR

III
A MORTE DE CAMBISIS
E O SOL DE OSIRIS

> Aparece, sol de meia-noite... Doce
> e terrível Deus... aparece, Osiris!...
>
> LIVRO DOS MORTOS

A MORTE DE CAMBISIS
E O SOL DE OSIRIS

Ciro foi o maior monarca da Ásia, um rei de justiça, um verdadeiro filho de Zoroastro. Ele desempenhou nos destinos do mundo um papel capital. Os atos essenciais de seu reinado tiveram sobre o futuro da raça branca uma influência decisiva. Sem ele toda a história teria seguido outro curso.

Vencedor de Babilônia, ele poupou a capital derrotada e impotente, e permitiu aos magos conservar sua sabedoria, arca das futuras ciências. Resistindo à formidável invasão dos Citas, ele preservou as civilizações mediterrâneas da destruição pelos bárbaros e atirou as raças do Norte para as planícies sarmatas e as costas da Escandinávia, de onde elas deviam refluir, oito séculos mais tarde, sobre o Império romano e rejuvenescer a Europa. Autorizando, ao contrário, os Judeus a reconquistar a Palestina e a reconstruir o templo de Jerusalém, ele salvou Israel, arca do monoteísmo e berço do futuro Cristo.

Todavia, se Ciro teve em suas mãos poderosas todos os filhos do futuro, e soube desmanchar o nó górdio, ele não pôde impedir a gangrena do vício e a epilepsia do orgulho, que espreita sempre o poder absoluto, de se ligar à sua família.

Contraste assustador entre Cambisis e seu pai. É o chacal que segue o leão e vem rondar sobre seus rastros. Adeus Sabedoria, Clemência e Coragem, adeus Virtudes da alma e Gênios do espírito, que, tendo descido da montanha de Zoroastro, viestes pousar como Vitórias sobre os exércitos do vencedor de Babel! Covarde, cruel, invejoso e feroz, monstro de luxúria e de perversidade, Cambisis levou o delírio e a tirania até a loucura do crime. Assim que subiu ao trono, mandou matar em segredo o irmão caçula, que considerava um rival perigoso, e depois se voltou contra o Egito.

Há mais de mil anos, o reino dos Faraós era o rival temido por todos os impérios da Ásia e o obstáculo da anarquia universal. Apesar das invasões e de suas próprias rebeliões, os Faraós tinham permanecido discípulos da sabedoria tebana. Entre eles a iniciação subsistia ainda intacta; ela impunha o sentimento da justiça à realeza, e a chancela das hierarquias divinas a todas as funções sociais. O Egito havia resistido aos assaltos de Nínive e de Babilônia. Nabucodonosor o devastara sem atingir Tebas, a santa; Ciro a tinha respeitado; Cambisis quis destruí-la. O tiranos odeiam instintivamente todos os poderes que limitam o seu próprio poder. O poder moral e espiritual que os ultrapassa tem o dom de irritá-los. O jovem rei dos Persas sentia na sabedoria e na teocracia egípcia um inimigo irredutível. O faro do perigo, exasperando sua raiva, o impeliu a extremos.

Cambisis era supersticioso e tinha ao mesmo tempo o gosto pelo sacrifício. Sua consciência perturbada oscilava entre um temor pânico e um orgulho sem medidas. Quando o medo de morrer o atacava, ele se humilhava diante do mais vil dos feiticeiros; quando a loucura das grandezas se apoderava dele, ele se acreditava igual a Ormuz e desejava se medir com ele. Porém, nesta época, os magos persas tinham perdido o poder de evocar a luz de Ormuz para seus fiéis. Entretanto, Fanés de Halicarnasso, general grego de Amés, o rei do Egito, e trânsfuga junto de Cambisis, havia dito ao rei dos Persas: "Os sacerdotes do Egito são mais sábios do que os teus. Seu Deus Osiris é o mais sábio de todos e o mesmo que Ormuz. E eles sabem evocá-lo. O nome de Osiris contém um grande segredo. Quem o conhece obtém, dizem, o poder de ressuscitar e não teme mais a morte. Eu me encarrego de conduzir teu exército pelas margens do Nilo. Se tu te tornares mestre dos templos do Egito e de seus sacerdotes, e se por meio deles tu obtiveres o favor do Deus, serás o mestre do mundo[1].

– Conduz-me ao Egito – diz Cambisis.

O deserto e os pântanos formavam um bulevar entre a Síria e o delta egípcio. Graças à intervenção de Fanes, o xeque árabe, que dominava a costa, colocou em caminho caravanas com provisões para três dias de marcha. Isto permitiu ao exército persa invadir o delta. A grande batalha teve lugar em Pelúsia e dos dois lados a luta foi acirrada. Na manhã do combate, os Cários e os Jônios, a serviço do Faraó, degolaram os filhos do traidor Fanes; porém, este sacrifício cruel e estúpido não lhes trouxe nenhuma felicidade. Pela tarde, o exército egípcio recuou e foi derrotado. O rei de Psames, refugiado em Menfis, foi forçado a se render. Logo, o Alto Egito enviou sua rendição. A guerra durara apenas algumas semanas. O poderoso reino dos Faraós, que, há dois mil anos, dominava o Mediterrâneo e detinha toda a Ásia, se desmoronava aos primeiros ataques do filho de Ciro.

Com o triunfo, o delírio de Cambisis não conheceu limites. Começou por exigir dos sacerdotes de Mênfis que eles evocassem para ele o Deus Osiris e lhe revelassem o seu grande segredo. Eles responderam: — Não somos nós que possuímos este segredo, são os sacerdotes de Tebas. Vai procurá-los.

Cambisis ficou de tal modo furioso com esta resposta que se entregou às mais torpes violências. Fez executar os principais sacerdotes de Phtah. Não somente condenou o infortunado rei de Psames à morte, como também o forçou a assistir, antes de perecer, ao suplício de seus filhos. Após o que, violou o túmulo do pai de Psamético, o rei Ahmas II, e queimou sua múmia, horrível sacrilégio aos olhos dos Egípcios.

Assim que chegou em Tebas, Cambisis reuniu o colégio dos sacerdotes no templo de Ammon-Râ.

— Eu sou o mestre do Egito — disse-lhes — e eu exijo para mim o que os Faraós reivindicavam de vós. Podeis fazer-me ver o mais oculto de vossos Deuses? Podeis revelar-me o segredo da Osiris? Vossos templos, tesouros, arquivos e vossas vidas estão em minhas mãos. Se quiserdes conservá-los, tornai favorável a mim o vosso Deus supremo.

O grande pontífice de Tebas tomou a palavra e respondeu:

— O que desejas, o' grande rei, está acima de nossas forças. Nós podemos invocar nosso Deus, rogando para te perdoar o sangue que derramaste e fazer entrar a clemência em tua alma; mas nós não podemos forçá-lo a se manifestar a ti. Não somos nós quem comandamos nosso Deus, é ele quem nos comanda!... Podes subjugar o Egito, violar os túmulos de nossos reis, queimar suas múmias... Podes derrubar as colunas de nossos templos e os obeliscos onde estão gravadas nossas vitórias... Podes reduzir a cinzas os rolos de nossos papiros sobre os quais está consignada nossa ciência secreta... Podes matar todos os sacerdotes do Egito e partir em pedaços as estátuas de nossos Deuses — porém... não verás nosso Deus, não violarás o segredo de Osiris, que fala aos iniciados do fundo do Invisível e do Eterno... Aí somente se aproxima em veste branca de neófito, após anos de penitência e de pureza, mas não com um manto de rei tinto de sangue, com uma espada temperada no crime!

Cambisis ficou estarrecido diante deste discurso. A solenidade destas palavras, a majestade do pontífice, a impassibilidade dos sacerdotes de Ammon-Râ, todos vestidos de linho branco com pele de pantera sobre o ombro esquerdo, o haviam atingido de um respeito involuntário. Ele deixou o sacro colégio com olhares oblíquos e ferozes como um javali que foge do cerco dos caçadores. Entretanto, tendo apenas retornado ao palácio dos Faraós, que ele ocupava às margens do Nilo, ele enviou seus guardas para massacrar o pontífice e todos os sacerdotes de Ammon-Râ. Ele mesmo em seguida percorreu o templo, fez quebrar as estátuas, destruir os obeliscos, escavar as criptas, pilhar o tesouro, queimar todos os papiros cobertos de escrituras sagradas. Depois procurou destruir o templo de Ammon-Râ, incendiando-o. Mas a sala hipostila, de colunas enormes, resistia ao braseiro e os Osiris, colossos em granito cinzento e basalto negro, permaneciam de pé, no meio das chamas, com sua dupla tiara e, sobre sua fronte, a serpente adestrada do ureo.

Isto feito, Cambisis partiu para a conquista da Núbia. Lá, ele sofreu o terrível fracasso de Berua e quase morreu de sede com seu exército, no deserto. Voltou a Tebas abatido, inquieto, desconcertado.

Passeando no templo de Ammon-Râ, enegrecido pelo fogo e desolado, avistou um escriba acocorado em uma cela. Era um Núbio de pele acobreada. Com um caniço molhado em tinta vermelha, ele copiava hieróglifos sobre um longo papiro desenrolado em espiral a seus pés.

— O que fazes aí? — perguntou o rei.

— Copio o *Livro dos Mortos* para um nobre cidadão de Tebas, cuja múmia será levada em seu sarcófago para o vale dos túmulos dos reis.

— Sabes — diz Cambisis — que eu ordenei a destruição de todos os papiros do templo e que tu incorreste na pena de morte escrevendo sobre este aí?

O escriba, acocorado no canto da cela, não pareceu se perturbar com esta ameaça. Sua fisionomia tinha uma expressão simples de escaravelho, um sorriso enigmático perpassava seus lábios trocistas e uma centelha de malícia fulgurava em seus olhos.

— Toma este papiro — diz ele — e queima-o, o' grande rei, eu te dou. Todavia, como farás para queimar todos os papiros depositados em milhares e milhares de túmulos em todo o Egito? Cada morto nobre possui um breviário semelhante em seu sarcófago.

Daqui a milhares de anos aqueles que souberem ler estes hieróglifos reencontrarão a ciência de nossos sacerdotes e o segredo de sua sabedoria.

— O que há, pois, neste *Livro dos Mortos?* — perguntou Cambisis, tornando-se atento.

— Instruções para a alma que se vai para o além, palavras mágicas para se guiar no reino de *Amenti*, sobre o grande rio do Esquecimento, advertências para afastar o mau piloto, o Duplo negro, e reconhecer o bem, o Duplo branco, regras para alcançar graças diante do julgamento implacável que espera os mortos... lá embaixo. Enfim, este livro encerra a fórmula mágica para reencontrar a lembrança divina, subir para a barca de Isis e alcançar o *Sol de Osiris.*

— *O Sol de Osiris!* O que é isto? — exclamou Cambisis, estremecendo.

O rei segurava o escriba pelo magro braço e o sacudia fortemente. No entanto, o mesmo sorriso enigmático bailava sobre os grossos lábios do Núbio e a mesma centelha maliciosa brilhava em seus olhos.

— Eu não sei nada — disse ele — pois eu não o vi. Mas dizem que os mortos o vêem, quando são bons, oh! muito bons... quando são puros, bastante puros . . .

— Não há, pois, ninguém que possa fazê-lo ser visto pelos vivos?

— Somente o grande pontífice de Tebas o poderia . . . mas . . . tu o mataste.

— Não há ninguém depois dele que saiba o segredo?

O escriba coçou a cabeça raspada atrás da orelha e depois pousou o dedo indicador sobre a fronte:

— Pois bem, há um — disse ele. É o pontífice Uzaharrisinti, o grande sacerdote de Saís, no Baixo-Egito. Ele possui uma poção feita com a flor de uma planta mágica. Alguns goles desse líquido mergulham o iniciado em um sono letárgico e o fazem viajar em outro mundo. Talvez Uzaharrisinti possa te fazer ver o astro noturno de Osiris . . . *o sol da meia-noite* . . . no entanto, ele arriscará sua-própria vida . . . e tu também!

— Que importa? Eu saberei forçá-lo a isto. A ti, escriba, porque me disseste o meio de saber o grande segredo, eu concedo a vida. E, se eu chegar a ver o sol de Osiris, farei de ti o grande pontífice do Egito.

— Eu, pontífice . . . e tu, Deus . . . não é? — disse o Núbio com a mesma expressão trocista. Depois acrescentou:

— Vês este pequeno escaravelho em mármore verde de Siena? Cambisis tomou o escaravelho e o examinou. Ele trazia doze signos gravados sobre o dorso e o ventre.

— São os doze grandes Deuses do Universo, disse o Escriba. Eles formam juntos a Alma do Mundo. Cada homem os carrega em si mesmo, nas vísceras e nos membros, e todos os seres são deles um reflexo, como este escaravelho. Pode-se queimar os papiros, mas não se pode destruir a ciência sagrada que vem da Alma do Mundo. Ela ressuscitaria de um escaravelho. Leva, ó grande rei, esta lembrança de um escriba do Egito!

Cambisis, fascinado, considerou um instante o inseto de mármore, depois recolocou-o sobre a estela num estado de pavor e fugiu. Ele tinha medo de um encantamento. E várias vezes se voltou aterrorizado; parecia-lhe que a Alma do Mundo. torturada por ele, seguia-o sob a figura de um escaravelho de sorriso malicioso.

No dia em que Cambisis voltou a Mênfis, celebrava-se aí a festa da primavera, por meio de cantos e de danças. O rei dos Persas acreditou que se festejava sua derrota e ordenou novo massacre de sacerdotes; depois ele apunhalou sua própria irmã, que ele tinha obrigado a desposá-lo, apesar da lei persa, porque ela tinha reprovado todos os seus crimes num transporte de horror e de indignação. Inacessível ao remorso, mas dominado pelo medo, Cambisis se apresentou diante do pontífice de Saís, no templo consagrado à deusa Neíte, a Isis noturna, identificada com a Alma Universal, exigindo dele a iniciação imediata e a visão de Osiris.

— Vens aqui carregado do sangue dos primeiros sacerdotes do Egito — disse-lhe Uzaharrisinti, ancião humilde e tímido. — O' grande rei, como poderias obter para ti o que não consegui obter para mim mesmo, depois de toda uma vida de pureza e de mortificações?

— Tu o podes. Pussuis um licor que faz mergulhar num sono letárgico e graças ao qual se pode descer ao reino dos mortos para dali se elevar ao sol de Osiris.

— Porém, saberás também, o' Cambisis, que se chegares a ver o sol de Osiris ele te fulminará? Receio que este não seja o teu fim.

— Eu não temo nada e ninguém — replicou o rei — em quem a resistência provocava a pletora de orgulho. Eu desafiei Ahura-

Mazda e estou vivo. Desafio Osiris a me atingir, contanto que eu conserve minha espada, minha couraça e minha coroa real.

– Que seja feito segundo a tua vontade – disse Uzaharrisinti.

– Primeiro invocarei para ti Zoroastro, o profeta de tua raça. Se ele vier, ele te dirá se estás prestes a ver o Sol de Osiris.

Por uma longa álea da esfinge, o grande sacerdote conduziu o rei ao interior do templo. Atravessaram uma série de salas para atingir uma parte recuada do santuário, onde se via um sarcófago aberto e vazio. A alta colunata, que apenas uma vaga luz roçava, se perdia em densas trevas. Após ter ingerido a poção sonífera, o rei se deitou no sarcófago, cingido de uma couraça, a espada no flanco e a coroa sobre a cabeça, enquanto o grande sacerdote espargia perfumes num braseiro sobre um tripé e proferia, em alta voz, suas invocações.

Cambisis teve a princípio uma sensação estranha. Parecia-lhe que seu corpo se tornava cada vez mais pesado e caía num abismo sem fundo, enquanto que o espírito se elevava no espaço como uma coisa trêmula e leve. Depois ele julgou se dissolver no vazio e desmaiou. Quando recuperou a consciência, ele se viu na mesma sala, mas prodigiosamente aumentado. Uma densa fumaça saía do tripé. O pontífice orava de joelhos, as mãos estendidas sobre um abismo. Em um nimbo amarelho, um ancião majestoso, cuja barba parecia um rio de prata e que trazia uma pele de carneiro, resplandescente de luz, atravessando sua veste de linho, apareceu apoiado sobre o bastão de viagem. Cambisis tremeu, pois compreendeu que era Zoroastro. O profeta dos Ários disse com uma voz profunda:

– Por que me invocas, tu, o filho degenerado dos Ários, rei da iniqüidade, sujo de todos os horrores? Tua púrpura está tingida com o sangue dos inocentes, teu hálito exala o odor do crime como o chacal que sente a carne podre. Traidor de teu pai, de tua raça, de teu Deus, rebento perverso do vil Arimã, tu pretendes contemplar a glória da Ahura-Mazda que os sacerdotes do Egito chamam Osiris? Não tentes este sacrilégio. Teus dias estão contados. Aproximam-se os tempos em que Ahura-Mazda se encarnará em um homem, o qual oferecerá seu próprio corpo em holocausto, para manifestar o Verbo. Quando o filho de Deus caminhar vivo sobre a terra, tu e aqueles que a ti se assemelham sereis varridos como a poeira pelo vento da tempestade. Disfarça-te em uma caverna como uma serpente. O Sol de Osiris não foi feito para ti . . .

Pronunciando estas palavras, o fantasma de Zoroastro se apagou e sua palavra terminou num rufo de trovão. Cambisis despertou coberto de um suor frio. Ele saiu cambaleando do sarcófago e se aproximou às cegas do pontífice Uzaharrisinti, que continuava em oração.

— Viste teu profeta? — perguntou ele.

— Sim.

— O que disse ele?

— Ele me ameaçou de morte se eu invocasse o Sol de Osiris. Disse-me que logo Ahura-Mazda, chamado Osiris pelos Egípcios, se encarnaria em um homem e que então seria o fim da onipotência dos reis. Porém, eu não acredito em nada disto. Talvez este Zoroastro seja apenas um fantasma animado por ti. Minha couraça está sempre sobre meu peito, a espada, em meus flancos e a coroa sobre a cabeça. Não tenho medo nem de Zoroastro nem de seu Deus. É a hora das trevas negras... somente o fogo do tripé nos ilumina... ninguém nos vê e nem ouve... Pois, sob pena de morte, evoca para mim o Sol de Osiris, o sol da meia-noite. Sacerdote, a teus sortilégios!

— Sofre, pois, teu destino — replicou Uzaharrisinti. — Que o pensamento eterno dos Deuses saia para ti, dos limbos do futuro, como um gládio de sua bainha! ...

Cambisis bebeu um segundo gole do licor que abate a razão e deitou de novo no sarcófago. Desta vez pareceu-lhe, ao perder a consciência, que sua alma era expulsa de seu corpo como a fumaça de um feixe de palha sob o fogo que o devora. Quando ele saiu, larva palpitante, de seu nada, percebeu, a uma distância infinita, uma estrela brilhando no fundo da galeria. A estrela tornou-se um sol de ouro, cujos raios pareciam querer abraçar o universo. À medida que ele se aproximava, uma cruz negra apareceu sobre as chamas amarelas do sol, e, sobre a cruz, o corpo de um Deus crucificado. E o Crucificado, crescendo, invadia o disco solar. Seus membros sangravam e a dor do mundo repousava em sua face morta. Mas, de repente, o Crucificado ergueu a cabeça e abriu os olhos. Um fino raio partiu deles e atingiu a fronte de Cambisis. Era um olhar de amor e de piedade, porém, sua força lancinante era tão grande que penetrou no corpo do rei com um sofrimento agudo, como se a medula de seus ossos se dissolvesse. Ao mesmo tempo, uma harmonia maravilhosa enchia o espaço; badaladas e arpejos; vozes tonitruantes das esferas e coros de arcanjos. E todas estas vozes diziam:

— Teme Arimã! Ajoelhai, ó reis! Magos, acendei vosso incenso, pois prepara-se para vir, desce do céu, o Senhor dos senhores, o

Filho radiante do Deus soberano, o mestre dos Deuses e dos homens... Ele marchará sobre a terra, e será crucificado. Ele morrerá por amor para ressuscitar na glória... Os tiranos estão vencidos; os céus se reabrem, os mortos ressuscitam. Glória ao Cristo! No fundo da morte, ele encontrou a vida eterna!

Enquanto durou este canto, que palpitava como uma sinfonia sobre o raio cósmico, o Crucificado tinha se transformado em um corpo glorioso, revestido de uma túnica ofuscante. Do fundo da colunata, cuja arquitrave tinha-se rompido, o Cristo gigantesco marchava sobre Cambisis. Atrás dele, todas as vítimas do tirano subiam transfiguradas nos raios de sua glória solar. Ao mesmo tempo, a face do Deus ressuscitado brilhou como um relâmpago e seu olhar penetrou no coração do rei como uma espada.

Então Cambisis despertou com uma dor intolerável. A felicidade de suas vítimas devolvia para sua carne todas as torturas que ele lhes havia infligido. Sob o olhar de Deus vencedor, a ponta da espada que ele empunhava entrava em seu flanco; a couraça o sufocava; a coroa queimava-lhe as têmporas como chumbo fundido. Ele saltou para fora do sarcófago com um grito de agonia

— Ai de mim! Eu queimo! Socorro! — vociferou Cambisis.

O pontífice se pôs de pé e repeliu com um gesto o rei, que queria se agarrar a ele.

— Eu te havia dito, ó rei, não peças para ver o Sol de Osiris!

— Afasta-me dos olhos esta luz que me cega!... Eu estava bem na noite... Devolve-me as trevas... — balbuciava o rei.

Mas, o hierofante, que agora também parecia transfigurado pela visão sobre-humana, respondeu:

— Tu invocaste a luz que mata quando não ressuscita... Ela não te abandonará mais!

Então Cambisis, como louco, atirou longe sua coroa, sua couraça e sua espada... e desapareceu. Morreu pouco tempo depois na costa da Síria. Heródoto pretende que sua espada penetrou na coxa enquanto montava a cavalo; no entanto, conforme a inscrição de Behistã, parece que ele se matou num acesso de desespero.[2]

Tal foi o fim trágico de Cambisis, uma das mais selvagens encarnações da tirania asiática.

A visão ao Sol de Osiris, da qual fala o *Livro dos Mortos* e toda a tradição sagrada do Egito, foi para o sacerdote do Nilo um pressentimento do mistério solar, do *Cristo cósmico* (do Logos) e um presságio do *Cristo histórico* (Jesus) que deveria pôr fim à apoteose do poder absoluto, mudar a face do mundo e o caráter da iniciação.

NOTAS

1. Sobre a iniciação egípcia ver o capítulo sobre *Hermes* em meu *Grands Initiés* e aquele sobre o *Egito antigo* em meu livro *Sanctuaires d'Orient*.

2. Rawlinson, *Inscription of Darius on the rock of Behistan* nos *Records of the past*, t. II. p. 112 (citado por MASPERO em *L'Historie ancienne des peuples d'Orient*).

LIVRO VII

O MILAGRE HELÊNICO

APOLO E DIONISO
OS MISTÉRIOS DE ELÊUSIS
E A TRAGÉDIA

> Felizes daqueles que atravessaram os Mistérios, eles conhecem a origem e o fim da vida.
>
> PÍNDARO

> O Belo é o esplendor do Verdadeiro.
>
> PLATÃO

CAPÍTULO I

O NÓ GÓRDIO

O papel da Grécia na evolução humana se resume na idéia mestra que ela fez resplandecer sobre o mundo. Esta idéia pode-se formular assim: *A obra helênica foi a mais perfeita realização do Divino no Humano sob a forma do Belo.* Através dela, contemplamos a encarnação poderosa desta beleza divina e sua expressão harmônica, tanto na civilização como na arte. Vivemos ainda dos restos desta obra e dos reflexos da idéia, porém, será que conhecemos sua origem e toda a sua significação histórica? Em outras palavras, saberemos estabelecer um liane orgânico desta revelação àquelas que a precederam e àquela que a seguiu?

A este respeito, a Grécia desfruta de posição única e desempenha um papel preponderante. Ela marca a transição entre o antigo ciclo das religiões politeísticas e o cristianismo. É o nó górdio onde estão emaranhados todos os fios secretos que correm da Ásia à Europa, do Oriente ao Ocidente.

Conseguimos nós deslindar esta roca? Penetramos somente até o fundo do santuário? Apesar de nossas escavações e descobertas, ainda estamos muito longe deste mundo e de seus radiosos mistérios.

Ah! O encanto foi rompido, o sorriso dos deuses, espalhado sobre o mundo como uma aurora púrpura, desapareceu. Desde então, jamais nenhum povo tornou a vê-lo, jamais os homens reencontraram o maravilhoso equilíbrio entre a alma e o corpo, a delicada penetração do espírito e da matéria, que dava asas aos atletas de Olímpia como à palavra de Platão. Hoje, as sombras severas do ascetismo cristão, o formidável alicerce de uma civilização fundada sobre o maquinismo e as con truções laboriosas de uma ciência materialista, se multiplicam e se erguem como intransponíveis cadeias de montanhas, entre nós e a luminosa Arcádia, para a qual se dirige um tão nostálgico desejo.

Dois mil anos de história nos escondem a Grécia sagrada, e perdemos o segredo de sua embriaguez divina, temperada de sabedoria e de sutil volúpia. Por outro lado, somos forçados a reconhecer que ela é sempre a metade de nós mesmos, pois lhe devemos nossas artes, nossas filosofias e mesmo nossas ciências. Isto faz com que o gênio grego nos apareça cada vez mais como um prodígio inexplicável.

Podemos, pois, falar de um *milagre helênico* com os mesmos direitos que de um *milagre cristão*, e nada simboliza melhor sua maravilha a nossos olhos do que o mito de Prometeu, o audacioso aptor do raio, que, furtando o fogo do céu para trazê-lo aos homens, lhes deu as artes, a ciência e a liberdade.

Até este dia, os historiadores têm procurado a explicação do milagre helênico no país e na raça dos Helenos. Estes dois fatores foram, certamente, as condições indispensáveis. Se a Europa parece uma ramificação da Ásia, a Grécia, terminada pelo Pelopeneso e cercada por suas ilhas, parece a ramificação mais delicada e o buquê florido da Europa. Golfos e cabos, vales umbrosos e cumes nus, todas as figuras da montanha e do mar aí proliferam e e encaixam em uma sábia harmonia, com uma sobriedade cheia de riqueza. E o que dizer dos picos abruptos e cobertos de neve da Tessália esculpidos pelos Titãs? Não foram eles talhados para ser o trono dos Olimpianos, e as grutas atapetadas de era do Citehron para encobrir os amores dos deuses apaixonados pelas mulheres da terra, e os bosques de mirta e as fontes da Arcádia para abrigar as dríades e as ninfas? As planícies da Élida, de Argos e da Ática não esperavam o galope dos Centauros e os combates heróicos? As Cíclades, semeadas sobre o mar violeta como conchas de nácar ou flores orvalhadas com suas franjas de espuma, não clamavam pelas cantigas das Nereidas? O rochedo do Acrópole não reclama unicamente o Parthénon com a Virgem de bronze, cujo capacete e penacho brilha de tão longe? Enfim, o sombrio funil de Delfos, dominado pelos picos brancos do Parnaso, o "umbigo da terra", não parece o lugar predestinado para o tripé da Pitonisa, que treme às vozes do abismo e aos sopros do céu? Eis, sem dúvida, quadros maravilhosos, mas o berço, embora tão belo, não faz ainda a criança.

Os diversos povos que se encontraram, cruzados e fundidos com os velhos Pélagos na Hélade, Trácios, Etólios, Aqueus, Lídios, Eólios, seriam suficientes para resolver, com a beleza do sol, o enigma da religião e da poesia grega? Em sua cabeça percebo os dois tipos que sintetizam as qualidades de toda a raça, os Jônios e os Dórios. Os Jônios, vindos da Ásia, são aqueles que os indus chamavam os Yavanas, isto é, aqueles que adoram Iona, a faculdade feminina da divindade e as forças receptivas da natureza fecunda. Estes povos preferiam pois as Deusas aos Deuses – Cibele, a Terra-mãe, a voluptuosa Astarte e a variável Hecata. Eles representam o lado feminino da alma grega, a graça, o espírito desligado, a versatilidade com uma certa moleza, mas também a paixão, o gênio orgiástico e o entusiasmo. Estes Jônios se encontraram face a face, na Hélade, com os Dórios, raça guerreira e rude, vinda do Norte, das frias planícies da Scytia, através dos montes cabeludos da Trácia. Eram bárbaros; seus corpos vigorosos tinham sido temperados nas águas glaciais do Strymon, porém eles traziam em seu coração intrépido e em seus cabelos ruivos os raios do Apolo hiper-boreal, do qual se conservava a lembrança em Delos como em Delfos. Eles encarnam o elemento viril do gênio grego. Seus Deuses são os do céu, Vulcão, Zeus, Apolo; o fogo, o raio e a luz. Seus heróis se chamam Hércules, o matador de monstros, e os Dióscuros, Castor e Pólux, domadores de cavalos.

A luta entre os Jônios e os Dórios, que se exacerba na rivalidade de Atenas e de Esparta, e na desastrosa guerra do Peloponeso, constitui o próprio fundo da história grega e ocupa toda sua duração de fastos sangrentos. Contudo, será suficiente para explicar a religião e a poesia da Grécia? De onde vem e o que faz com que estas apareçam desde o início como um edifício harmonioso que a fantasia e as licenças poéticas não abalaram absolutamente? De onde vem a unidade do panteon grego e sua esplêndida hierarquia, ritmada como o passo das Musas e como o vôo de Iris entre o céu e a terra? Notemos que esta hierarquia se mostra idêntica, desde o princípio, no Jônio Homero e no Dório Hesíodo. De que autoridade emana o tribunal dos Amfictiões, com assento em Delfos, que dá uma sanção à unidade nacional acima das dissensões intestinas? Quem enfim atribuiu, desde os tempos pré-históricos, ao varonil gênio dos Dórios a supremacia sobre a força passional e orgiástica dos Jônios, sem tirar-lhe o frescor nem esmagar, porém, preparando, ao contrário, seu mais belo desabrochar por meio de uma sábia cultura?

Os poetas gregos narram que Júpiter, enamorado da bela Europa, se transformou em um soberbo touro e arrebatou-a para transportá-la, em seu dorso, das quentes margens da Ásia para a selvagem ilha de Creta, através das ondas azuladas. Imagem sugestiva das emigrações jônias e dos inumeráveis raptos de mulheres nestes tempos rudes e joviais. Entretanto, para seguir o mito em seu delicioso simbolismo, por meio de que magia Júpiter, tendo revestido, em uma caverna do monte Ida, sua forma humana, através da qual fulgurava o Deus, por qual relâmpago de suas pupilas, por quais carícias de fogo ele metamorfoseou a virgem ingênua na mulher poderosa que devia ostentar alternativamente a sedução de Afrodite, a impetuosidade de Palas e a gravidade de Melpomene? Esta Grécia não nos retém somente por seu sorriso; ela nos cativa e nos desafia pela chama profunda de seu olhar. De onde vem esta força e esta magia? Eis o enigma, eis o problema.

O solo e a raça seriam suficientes, a rigor, para nos explicar a Grécia ágil, espiritual, galhofeira e sutil que Taine e Renan nos pintam tão bem, mas onde não se sente nem a paixão jônia nem a grandeza dória. É encantadora esta Grécia de marinheiros e de pastores, de piratas amáveis e de delicados artistas. Ela brinca superiormente com a vida, as idéias e os Deuses. Ela os saboreia zombando um pouco deles. Ela nos faz compreender Teócrito, Aristófanes, a Antologia e Luciano, os retóricos, os sofistas, a demagogia de Atenas e a política feroz de Esparta. No entanto, ao lado desta Grécia profana e alegre, há uma outra mais séria e mais comovente. É a Grécia de Homero, de Hesíodo, de Píndaro e dos grandes líricos, de Fídias e de Praxiteles, de Ésquilo e de Sófocles, de Empédocles, de Heráclito, de Pitágoras e de Platão. Ora, a alma grega manifestada nestas grandes indivualidades não se explica nem pelo solo, nem pela raça, nem pelo momento, mas pelas inspirações sobre-humanas que a ergueram. A Grécia decadente, que muitas vezes é apresentada como se fosse a verdadeira, não é senão aquela dos últimos tempos, superfície e poeira de seu gênio em decomposição.

Como todos os grandes povos, a Grécia conheceu, em seu período pré-histórico, uma revelação religiosa adaptada à sua natureza e sua missão, revelação que deixou seu traço em sua lenda e em suas instituições, fonte de luz e de vida que alimenta suas obras-primas e não se esgota a não ser depois de havê-las criado. Em uma palavra, *atrás da Grécia que se vê, há uma Grécia que não se vê.* Somente esta explica a primeira, porque foi ela que a criou e organizou. Seu segredo se oculta de nós em seus Mistérios, que defendem o juramento do silêncio e a pena de morte editada pelo Areópago contra aqueles que o violavam. Entretanto, os fragmentos órficos, as alusões de Platão, os tratados de Plutarco[1], as indiscrições dos filósofos de Alexandria, as polêmicas dos Padres da Igreja, a topografia das ruínas de Elêusis e suas inscrições características nos permitem fazer uma idéia da essência e da simbologia desta religião secreta.[2]

Entremos pois, temerariamente, na penumbra dos dois santuários mais venerados da Grécia, Delfos e Elêusis. Lá nos aparecerão duas divindades que foram os dois pólos opostos da alma grega e da qual nos fornecem a chave — Apolo e Dioniso.

Apolo, o Deus dório por excelência, inspirador da sabedoria e da adivinhação, mestre da individualidade consciente e disciplinada, é o verbo solar de Zeus concebido como o Deus eterno e infinito, e por meio dele o revelador dos Arquétipos das coisas.

Quando Apolo fala, através da luz ou do som, do arco ou da lira, da poesia ou da música, ele é a manifestação direta de seu pai, a linguagem do Espírito puro aos espíritos. Mensageiro brilhante do insondável azul e da luz incriada que dormita na noite primordial, salutar a quem o invoca, temível para quem o nega, impenetrável para os homens, ele paira acima do templo e do espaço num esplendor imaculado.

Dioniso é o outro verbo de Zeus, mas quanta diferença do primeiro, este filho do raio e de Sêmele. Encontramos nele a manifestação do próprio Deus através do mundo visível, sua descida na matéria, sua circulação na natureza terrestre, vegetal, animal e humana, em que se dispersa e se fragmenta ao infinito. Deus de sacrifício e de volúpia, de morte e de renascimento, de encarnação e desencarnação. Por sua dispersão e sua imersão nas almas do Grande-Todo, ele transborda ao mesmo tempo alegria e dor, verte em abundância a embriaguez, o sofrimento e o entusiasmo. Ele é terrível e doce, nefasto e sublime. Pois, se ele é fecundo em criações, o é também em metamorfoses, em sobressaltos e em meia-volta, e o mesmo desejo sem freio que o mergulhou na espessura do abismo, pode fazê-lo ressaltar num prodigioso impulso para o puro éter de Zeus, onde sóis longínquos brilham isolados através dos Arquétipos dos mundos.

Em suma, Apolo é *o Deus estático da Revelação*, e Dioniso, *o Deus dinâmico da Evolução*. Seus encontros, seus conflitos e suas alianças temporárias constituem a própria história da alma grega, no ponto de vista esotérico.

Esta história se apresenta em três etapas: o orfismo primitivo, os mistérios de Elêusis e a tragédia de Atenas. Estes três pontos luminosos nos mostram, de cada vez, uma vitória do princípio apolíneo sobre o princípio dionisíaco, seguida de uma reconciliação entre os dois adversários. Entregue a si mesmo, Dioniso desencadeia paixões ou se perde no infinito; porém, sob a disciplina de Apolo, ele desperta encantos e forças maravilhosas. A Grécia marca, pois, este momento único da história, em que as forças cósmicas, em luta desigual nos outros povos, chegaram a um equilíbrio perfeito e a uma espécie de fusão harmônica. O pacto de Apolo e de Dioniso é a obra-prima da religião helênica e o segredo da Grécia sagrada.[3]

Assim nos aparece, torcido e travado em uma meada inextricável, pelas forças mais misteriosas do universo, o nó górdio do gênio grego. Ah! Se eu tivesse a espada de Alexandre para cortá-lo! Procurarei ao menos desatar alguns fios. Através da Grécia que se vê, esforçamo-nos por penetrar naquela que não se vê. Após uma olhadela na fachada policrônica do templo, resplendente de estátuas e de troféus, entraremos no santuário. Lá, talvez, veremos engastadas as forças ordenadoras das maravilhas que admiramos de fora.

NOTAS

1. Especialmente os quatro tratados sobre *Isis e Osiris, Sur le El du temple de Delphes, Sur ce que la Pythie ne rend plus maintenant ses oracles en vers,* sobre *Les Sanctuaires dont les oracles ont cesse.* (Especialmente os quatro tratados sobre *Isis e Osiris, O Elo do templo de Delfos, O que a Pítia não representa agora em verso por seus oráculos, Os Santuários cujos oráculos cessaram.*

2. A melhor descrição dos Mistérios de Elêusis, quero dizer, não da iniciação pessoal atribuída aos discípulos dos Eumólpidas, mas das festas celebradas anualmente no santuário, encontra-se na *Symbolique de Kreuzer,* traduzida e argumentada por Guigniaut sobre este título: *Les Réligions de l'antiquité.* – Vide também o notável trabalho de M.Foucart: *Recherches sur l'origine et la nature des Mystères d'Éleusis,* Mémoires de l'Académie des Inscriptions et Belles-Lettres, XXXV, 2a. parte, publicada à parte em Klincksieck, 1895, e o excelente estudo sobre *Les Fouilles d'Éleusis,* por M.Ch. Diehl em suas *Excursions archéologiques.* – Encontram-se vivas descrições de Delfos e Elêusis no livro de M. André Beaunier, *Le Sourire d'Athéna.*

3. É aqui o lugar de fazer justiça àquele que descobriu a significação transcendente de Apolo e de Dioniso para a estética grega. A própria Grécia, que a tem tão poderosamente ilustrado em seus mitos e realizado em seus Mistérios, não a exprimiu pela boca de seus filósofos. Talvez não a tenha formulado porque muito conviveu com ela. Quanto aos modernos, ninguém tenha dúvida disto. Somente Nietzsche a adivinhou em seu genial ensaio: *A criação da tragédia pelo gênio da música* (Die Geburt der Tragaedie aus dens Geiste der Musik). Tendo observado atentamente, em toda a literatura grega, o antagonismo radical entre o *elemento apolíneo e o elemento dioni-*

síaco, ele caracterizou o primeiro como o fenômeno do *sonho*, e o segundo como o da *embriaguez*. O sonho traz as belas visões; a embriaguez produz uma espécie de fusão da alma com a alma dos seres e dos elementos. Por esta razão, Nietzsche denomina Apolo *o princípio de individuação*, da nobre individualidade humana, e Dioniso *o princípio da identificação com a natureza*, do retorno ao Grande Todo. Desta visão profunda ele tira deduções novas e surpreendentes, primeiro sobre o contraste entre a serenidade contemplativa dos rapsodos épicos e a paixão tumultuosa dos líricos gregos; em seguida sobre a natureza primitiva do ditirambo e sobre a origem da tragédia, onde os dois princípios se fundem, sintetizando-se. Em suma, Nietzsche caracterizou perfeitamente os efeitos *psicofisiológicos* da força apolínea e da força dionisíaca e mostrou sua repercussão na arte grega. Porém, sua mentalidade e sua filosofia não lhe permitiam elevar-se até as *forças cósmicas*, das quais o sonho apolíneo e o entusiasmo dionisíaco são apenas as ações reflexas. Não admitindo a existência de um mundo espiritual acima do mundo físico, a visão apolínea dos Arquétipos não podia ser para ele senão uma alucinação poética, e o êxtase dionisíaco senão um retorno ao nada ou à inconsciência dos elementos. Sobre sua retina irritada pela filosofia de Schopenhauer, a luz de Apolo e a chama de Dioniso se transformaram na mancha negra do pessimismo. Isto torna sua descoberta mais notável. Era preciso uma intuição de uma acuidade singular para se chegar até o limiar dos Mistérios e soerguer uma ponta de seu véu, sem a tradição esotérica e sem a completa iluminação.

CAPÍTULO II

A GRÉCIA QUE SE VÊ. O APOLO DE DELFOS

Desde o tempo dos velhos Pelasgos, Zeus-Júpiter reinava sozinho sobre alguns cumes da Trácia e da Tessália, onde ele possuía um santuário, em Dodone. Tinha outros na Arcádia e em Creta, nos flancos do monte Ida. Era um Deus sublime, mas inacessível e temível. Tinha por ministros sacerdotes-reis, que viviam nas elevações fortificadas. Estes anacoretas se impunham pela força e pelo terror, em nome do vencedor dos Titãs, filho de Urano e da Noite saturnina. Obedecia-se a seus oráculos sem os compreender. À noite. ele era invocado nas inúmeras estrelas; curvavam-se sob seu raio que circulava ou o escutavam ribombar no estremecimento dos carvalhos. Por meio dos decretos de seus sacerdotes-reis, ele regulava imperiosamente os destinos dos povos, agrupados, para proteção de seus rebanhos, em torno de muros ciclópicos. Contudo, este Deus uraniano e cosmogênico apenas intervia em favor da raça dos mortais; ele os tolerava mais do que os amava. Sua força protege os lares, os pactos, os juramentos. Todavia, quem é ele, este Inacessível? Quem jamais o viu?

Foi uma verdadeira revolução quando os Dórios, vestidos de peles de animais, armados de grandes arcos e de longas flexas, seguidos de suas mulheres ruivas, espécies de druidas que invocavam Hélios em altos gritos, em um delírio sagrado, antes dos combates, desceram para Hélade. O Deus solar que eles traziam nos olhos de um azul chamejante, em suas aljavas e seus hinos, não era um Deus distante, mas um Deus presente em toda a parte. O sol não era senão o seu sinal exterior, seu carro celeste. Este filho de

Zeus falava diretamente ao coração dos homens. Falava uma nova linguagem, por meio das armas, da lira e do canto. Logo uma imensa vibração atravessou a alma helênica, estremecimento de luz e de melodia. Enquanto Júpiter brada sobre os juramentos, Apolo se revela nos belos corpos nus e nos hinos de alegria! Foi dito então que o ritmo dos astros se comunicava aos membros humanos, na quantidade da palavra, nas cordas da lira, nas falanges guerreiras, nas teorias das virgens, para se cristalizar nas colunas que surgem e nas arquitravas dos templos. O verbo solar de Apolo ia criar o homem harmônico e a cidade. Foi este seu primeiro milagre.

De tudo isto se encontra o eco no hino homérico a Apolo[1]. O gênio grego antropomorfixa e localiza seus Deuses, mas surpreende-se em sua poesia o eco de longínquos acontecimentos cósmicos.

"É por ti, ó Fobos – diz o rapsodo – que os cantos são inspirados, seja sobre a terra firme que nutre as novilhas, seja nas ilhas. Cantam-te os altos rochedos, os cumes das montanhas, os rios que correm para o mar, os promontórios que avançam sobre o mar e os portos." Deste modo a própria terra canta um hino ao Deus, com sua fauna e sua flora, resposta viva aos raios que a circundam. O rapsodo celebra em seguida o nascimento de Apolo. O acontecimento essencial de nosso sistema planetário, a eclosão do sol na noite saturnina, que os richis da Índia percebiam sob seu aspecto cosmogônico real, em vastos círculos de sombra e de luz, toma na imaginação grega a forma de um conto gracioso, onde penetra um profundo simbolismo. É o pensamento dório traduzido por um rapsodo jônio. Leto, de joelhos diante da palmeira de Delos que ela abraça, deu à luz o Deus. "Todas as Deusas se rejubilaram . . . E sua mãe não deu a teta a Apolo de espada de ouro, mas Themis (a Justiça) lhe ofereceu com suas mãos imortais o néctar e a desejável ambrosia, e Leto se alegrou, porque ela havia gerado um filho, poderoso arqueiro. Fobos, após ter bebido o nectar, não pôde se conter e rompeu todos os seus vínculos. Ele disse aos Imortais: – Dêem-me a cítara amiga e o arco retesado e eu revelarei aos homens os verdadeiros desígnios de Zeus. Tendo assim falado, o Arqueiro Lobos, de longos cabelos, desceu sobre a terra por largos caminhos e todos os Imortais ficaram estupefatos, e Delos se cobriu inteiramente de ouro, e ela floresceu como o topo de uma montanha sob as flores da floresta."

O autor do hino pinta em seguida os efeitos fascinantes do culto de Apolo em Delos. "Se alguém chegasse inesperadamente enquanto os jônios estão assim concentrados em ti, acreditaria que são igualmente Imortais ao abrigo da velhice. E ele admiraria a eles graças a todos, ficaria encantado, em sua alma, de contemplar os homens e as mulheres de belas cinturas, e suas naus rápidas e suas numerosas riquezas, e acima de tudo, um grande prodígio cujos louvores não cessarão jamais, as virgens de Delos, servas do Arqueiro Apolo. Elas louvam primeiro Apolo, depois Leto e Artemis, alegre com suas flexas. Depois elas se lembram dos homens e das mulheres antigas e modulam um hino; elas cantam a raça dos homens. Elas sabem imitar as vozes e os ritmos de todos os povos, e dir-se-ia ouvir uma única voz, tanto elas afinam perfeitamente sua melodia.''

Não se vê neste quadro a eclosão da nova religião? Ao som da música apolínea, as naus chegam de todas as partes para a ilha sagrada. Homens e mulheres sobem em grupos para o templo, ao som das liras. E sente-se o que esta arquitetura humana tem de casta e de grave. É a marca de Apolo sobre a raça jônica. Sob seus passos as cidades gregas se ordenam em ritmos de beleza. Muitos séculos mais tarde, quando, após a vitória de Plateus, os Gregos ergueram nesta cidade um altar a Júpiter Liberador, eles quiseram que o primeiro fogo para aí fosse transportado do santuário de Delfos, que não tinha sido manchado pela presença dos bárbaros. Um jovem, Euquidas, se ofereceu para fazer este percurso, de mais de vinte léguas, sem deixar o fogo se extinguir. Quando ele chegou, semelhante ao corredor de Maratona, caiu morto. Foi a homenagem da juventude varonil a seu Deus.

Se Apolo preside à organização da cidade, sua mais sutil e mais nobre influência se manifesta na inspiração poética. Desta onda de inspiração que o verbo solar rola da Hélade para a Jônia, e que reflui da Jônia para a Hélade em inúmeras rapsódias, saíram a *Ilíada* e a *Odisséia*, a epopéia e a teogonia, Homero como Hesíodo, os ciclos variados da lenda heróica e da mitologia, que se entrecruzam em grandes círculos sem se confundirem com os riscos de uma água límpida. Qual é o caráter primitivo e a natureza desta inspiração? Lucrécio disse, em alguma parte, que os homens perceberam primeiro as formas sublimes dos deuses durante seu sono. O princípio da teogonia de Hesíodo confirma esta hipótese. É perto da fonte violeta de Hipocrene, à sombra densa dos grandes carvalhos, que Hesíodo tem a visão das Musas. Em sonho, ele as vê descer do Olimpo, coberto de neve, com seus pés ligeiros. "Precipitando-se envoltas de um ar espesso, elas se vão na noite, elevando sua bela voz e louvando Zeus tempestuoso e a venerável Hera, a Argiana, que caminha de sandálias douradas, e a filha de Zeus tempestuoso, Athena de olhos claros e Fobos, Apolo e Artemis, radiantes com suas flexas. - Pastores que dormis ao relento, exclamam elas, raça vil, que não sois senão ventres, nós sabemos dizer numerosas mentiras semelhantes às coisas verdadeiras, mas sabemos também, quando nos agrada, dizer a verdade. — Assim falaram as verdadeiras filhas do grande Zeus, e elas me deram um cetro, um ramo verde, louro admirável a colher; e elas me inspiraram uma voz divina, a fim de que eu pudesse dizer as coisas passadas e futuras." Despertando deste sonho, Hesíodo compreendeu sua missão. E exclama: "Por que permanecer em redor do carvalho e do rochedo?" Então, o pastor se tornou poeta.

Eis a visão apolínea em sua ingenuidade e sua autenticidade primitiva. Permite-se à crítica moderna de aí não ver senão uma fria alegoria ou um jogo da imaginação superestimada. A ciência do Espírito, desprendida de toda a superstição escolástica ou popular, aí vê um resquício da antiga vidência, uma inspiração superior que se adapta ao espírito do vidente. Como Homero, Hesíodo chama as Musas de filhas de Mnemósine, palavra que se precisaria traduzir por Sabedoria da Memória. Mnemósine representa, na realidade, a memória universal da natureza, a luz astral, elemento sutil, etéreo, onde flutuam as imagens do passado. As nove Musas de Hesíodo aparecem como as mensageiras inteligentes desta luz, doces inspiradoras das mais elevadas faculdades humanas, semeadoras sutis das ciências e das artes nos cérebros humanos. Não é preciso dizer que a imaginação livre dos poetas, a começar pela de Homero, burilou intensamente estes dados primitivos. Todavia, em conjunto, e por motivos essenciais, a mitologia e a epopéia gregas representam bem esta visão astral que os Gregos denominavam luz de Apolo.

No entanto, Apolo não se manifesta somente como regulador da cidade, modelo dos belos efebos, inspirador da poesia. É ainda o deus da adivinhação e da sabedoria. Estes dois últimos atributos fazem dele o deus pan-helênico por excelência, o chefe espiritual do tribunal dos Anfíctiões, o árbitro supremo dos povos gregos. Por meio destas funções, ele intervém no destino dos indivíduos e das nações. Era este o seu desempenho mais visível, o mais importante. Por lá, ele se mostrava presente e ativo em todo o mundo antigo. Pois, muitos estrangeiros, os tiranos de Sicília e da Lídia, e até os faraós do Egito, vinham consultá-lo. Porém, ele não proferia seus oráculos senão através dos sacerdotes e das sacerdotisas, em seu santuário.

Atenas era o cérebro da Grécia, porém só em Delfos se encontrava seu coração palpitante. Vamos, pois, a Delfos.

Eis-nos longe da cidade de Palas, cuja fortaleza domina livremente a planície da Ática, entre o sorriso distante do mar e os declives perfumados do Himeto. Delfos é uma região grandiosa e trágica.

Na sombria garganta da Fócida, no fundo de um abismo de rochedos a pique, a montanha de Apolo se enrosca contra a muralha vertical do Parnaso, como uma águia apavorada com o raio. De longe, ela aparece pequena, por causa dos colossos que a cercam; de mais perto, ela cresce pouco a pouco. A seu lado, entre o Parnaso e o monte Kirphis, a torrente do Pleistos sai de uma sinistra saliência e estoura sob um caos de rochedos. Nenhum horizonte; um solo bilioso, gretado, e por toda a parte a ameaça de picos pendentes, de onde os tremores de terra fazem rolar enormes blocos. Por meio destes cumes lançados para o céu, como por estes abismos profundos, a terra dá testemunho aqui de sua força vulcânica de criação e de destruição.

Por que o Deus da luz teria escolhido para morada esta região tão terrível? Como os viajantes modernos, os peregrinos antigos, vindos em longas caravanas pela planície de Krissa, experimentavam uma sensação opressora. Porém, ela se adocicava, se iluminava de intrépidas imagens e de sentimentos nobres, à medida que eles se aproximavam do fim. A distante cintilação dos mármores e dos bronzes lhes dava um primeiro deslumbramento. Eles atravessavam o subúrbio de Marmaria, sombreado de oliveiras e de freixos, e subiam a Vila Sagrada. Lá eles saudavam o monumento de Marathon com seus combatentes de bronze e os heróis epônimos de Atenas, e, diante dele, o monumento dos Espártacos, em recordação da vitória de Aigos-Potamós, lá colocado pelos Lacedemônios, com a intenção de desafiar seus rivais, com Zeus coroando o rei Lisandro. Os peregrinos subiam, sempre, a larga via que serpenteia em ziguezagues, entre os buquês de louros e de mirtas. Os tesouros das cidades inimigas, forçadas a se reconciliarem diante do Deus comum, lhes proporcionavam emoções diversas. Eles saudavam a coluna dos Tríades, o tesouro dos Ródios, o tripé de Plateus, a Vitória messiânica e as graciosas Cárites dos Cnideus.

Quando eles viam a fonte prateada de Castália jorrar de uma chanfradura do rochedo de Phlemburkos, já se encontravam, finalmente, diante do templo de Apolo, coberto de escudos e de troféus: templo único, audaciosamente assentado entre as rochas escarpadas dos Phaedriades (os Resplandecentes) que o sol, se pondo, colore de tintas violetas e púrpuras. Então, os peregrinos, sacudidos por uma comoção profunda, entoavam o peã. Eles haviam sonhado com o mito, segundo o qual a água de Júpiter, encarregada de encontrar o centro do mundo, veio pairar sobre os cumes do Parnaso e, mergulhando na voragem, pousou sobre a montanha sagrada.

Esta águia, não seria ela, agora, este mesmo templo sustentado por duas rochas, semelhantes a asas levantadas e chamejantes, e carregando em seu coração o verbo de Apolo, o evocador de todas estas maravilhas?

NOTA

1. As sacerdotisas hiperboreanas de Delos, *as Virgens Delíadas,* sobre as quais já fala o hino homérico, e cujos túmulos M. Homolle encontrou em Delos, foram uma conseqüência (ou continuação).

CAPÍTULO III

A PITONISA

Apolo profetizava em Delfos através da Pítia. Esta instituição remontava à noite dos tempos. Alguns autores atribuem sua origem ao efeito perturbador dos vapores que saíam outrora da fenda de uma gruta, onde se encontrava o tripé da Pitonisa e onde ela pronunciava seus oráculos em meio a violentas convulsões. Um pastor, refugiado por acaso neste lugar, ter-se-ia posto a vaticinar, e a experiência, renovada com sucesso, teria conferido popularidade ao santuário primitivo. Isto é bem possível.

Uma coisa é certa: desde tempos imemoriais se profetiza em Delfos. Ésquilo manda dizer à Pítia, no início de *Eumênides*, que antes de Apolo pronunciavam-se oráculos em Delfos, em nome de três outras divindades: a Terra, Themis e Phoebé. Supõem-se séculos para cada um destes cultos. Os Gregos davam o nome de Sibila à mais antiga Pitonisa, sacerdotisa de Phoebé, e lhe atribuíam estas palavras estranhas: "Quando eu morrer, irei à lua e adotarei a sua face. Estarei no ar como um sopro. Com as vozes e os rumores universais, eu irei por toda a parte."

A instituição do culto de Apolo em Delfos assinala a organização mais sábia da profecia. As Pitonisas são escolhidas desde a infância por um colégio de sacerdotes, educadas no santuário como freiras num claustro e submetidas a uma castidade rigorosa. Para estas funções, preferem-se as naturezas rústicas e simples, porém, cultiva-se a receptividade de suas faculdades psíquicas, e é o pontífice de Apolo, sustentando o título de profeta, quem interpreta geralmente seus oráculos. Todavia, a fonte desta sabedoria e a prática desta arte permanecem em mistério impenetrável ao público.

Plutarco, sacerdote de Apolo em Querone e filósofo platônico no segundo século de nossa era, deixa entrever o segredo e, por assim dizer, o mecanismo invisível da adivinhação, quando diz: "Se o corpo dispõe de um grande número de instrumentos, a alma por sua vez se serve do corpo e das partes que o compõem; enfim, *a alma é para Deus um instrumento*. Contudo, este instrumento forçosamente é imperfeito. O pensamento de Deus deve se revelar sob uma forma que não é a dele e, produzindo-se por meio de um intermediário, ele se completa e se penetra da natureza deste intermédio. Como Deus agita esta alma, ela não pode permanecer imóvel e em sua disposição natural. Os movimentos que ela experimenta em si mesma e as paixões que a perturbam são uma espécie de mar agitado, onde ela se debate ruidosamente e se emaranha." Quando Plutarco acrescenta: "O Deus que reside neste recinto se utiliza da Pítia para se fazer entender, como o sol se utiliza da lua para se fazer ver[1]", isto quer dizer que o oráculo da Pítia é um reflexo bastante enfraquecido das visões que passam diante de sua alma lúcida, com a rapidez de relâmpagos sucessivos, logo seguidos de densas trevas.

Para se ter uma idéia desta espécie de predição, é preciso ler a poderosa descrição que nos proporciona Lucano, em sua *Farsália* do delírio profético de Femonoé, sacerdotisa de Delfos consultada por Ápio, no momento em que o comando da República foi concedido a Pompeu.

"A maior infelicidade de nosso século – diz Lucano – é ter perdido este admirável presente do céu. O oráculo de Delfos está mudo, desde que os reis temem o futuro e não querem mais deixar falar os Deuses . . .

"Assim, os tripés permaneciam imóveis há muito tempo, quando Ápio veio perturbar este repouso e requerer a última palavra sobre a guerra civil . . . Sobre as margens das fontes de Castália, no fundo dos bosques solitários, passeava alegre e sem temor a jovem Femonoé; o pontífice agarrou-a e a arrastou à força para o santuário. Trêmula e não ousando tocar o terrível umbral, ela procura, por meio de um estratagema inútil, desviar Ápio de seu ardente desejo de conhecer o futuro . . . Reconhecem sua astúcia, e o próprio terror da sacerdotisa faz ter fé na presença do Deus que ela tinha contestado. Então, ela amarra os cabelos que caem sobre a fronte, e prende os que escorrem pelos ombros com uma faixinha branca e uma coroa de louro da Fócida. Porém, ela hesita ainda e não ousa avançar; então o sacerdote a empurra violentamente para o interior do templo. A virgem corre para o temível tripé; ela se enfia na gruta e aí se detém para receber com pesar, em seu seio, o Deus que lhe envia o sopro subterrâneo, cuja força os séculos não conseguiram esgotar. Finalmente, senhor do coração de sua sacerdotisa, Apolo dele se apodera... Furiosa e fora de si, a sacerdotisa corre desordenadamente através do templo, agitando violentamente a cabeça que não lhe pertence mais; seus cabelos se levantam; as faixinhas sagradas e o louro saltam sobre sua fronte; ela derruba o tripé que era um obstáculo em sua corrida vagabunda; ela espuma no ardor que a devora; teu sopro ardente está sobre ela, ó Deus dos oráculos!

"O quadro que se desenrola diante dela é imenso; todo o futuro se comprime para sair ao mesmo tempo, e os acontecimentos disputam entre si a palavra profética... 'Tu escaparás, diz ela, dos perigos desta guerra funesta e só tu encontrarás repouso em um generoso valezinho, na costa da Eubéia.' O seio da Pitonisa se choca com a porta do templo que cede a seu esforço; ela escapa; mas seu furor profético não está ainda apaziguado: ela não disse tudo, e o Deus que ficou em seu seio a domina sempre. É ele quem faz rolar seus olhos nas órbitas e lhe dá este olhar feroz, desvairado; sua fisionomia não tem uma expressão fixa: a ameaça e o temor aí se pintam alternadamente; um rubor inflamado a colore e sucede à palidez lívida de suas faces, palidez que inspira pavor mesmo antes que ela o exprima.

"Seu coração, vencido por tantas tormentas, ainda não se acalmara, mas se alivia por meio de inúmeros suspiros semelhantes aos gemidos surdos que o mar lança quando o vento do norte cessou de bater nas ondas. Na passagem desta luz divina que lhe descobre o futuro para a luz do dia, fez-se para ela um intervalo de trevas. Apolo verteu o esquecimento em seu coração para lhe arrebatar os segregos do céu; a ciência do futuro daí se escapa e a profetisa retorna aos tripés fatídicos. Voltando a si, a infeliz virgem cai moribunda."

Entretanto, a cena ilustrada por Lucano não representa senão a decadência da arte profética. Na época em que era preciso arrastar à força a Pítia para o tripé e provocar artificialmente a vidência, a grande fonte da inspiração há muito tempo estava seca[2]. Na narrativa de Heródoto sobre a batalha de Salamina, a Pitonisa aparece ainda em toda sua majestade. É a hora comovente, o momento decisivo das guerras medas. Xerxes transpôs as Termópilas e vai invadir a Ática com seu imenso exército. Trata-se de saber pelos Atenienses se é preciso permanecer em suas muralhas ou abandonar a cidade ao inimigo. Depois das cerimônias de costume, os deputados de Atenas tomam seus lugares no interior do templo de Delfos. A sacerdotisa Aristônica sai de sua gruta, vestida de branco, os olhos ferozes, pálida como a morte sob sua coroa de louro. Os cabelos meio desfeitos escapam da faixinha e caem em desordem sobre os ombros. Um calafrio de pavor sacode todo seu corpo. Ela clama, escandindo suas palavras solenes como versos:

"Ó infortunados, por que estais sentados aí? Fugi para as extremidades da terra. Abandonai vossas residências e os altos cumes de vossa cidade redonda – pois, nem a cabeça se mantém sólida, nem a extremidade dos pés ou das mãos nem nada dos membros subsistem; porque a destruição os encobre e sobre o teto caem a chama e o impetuoso Marte, acompanhando o carro sírio. Os Imortais suam em seus templos e da cumeeira de seu telhado escoa um sangue negro . . . Saí do santuário . . . a vossas aflições deveis opor a coragem . . ."

Após este oráculo fatídico, a Pitonisa, assustada com suas próprias palavras, rebenta em soluços e se retira. Desesperados, os Atenienses se lançam em terra e pedem graça. Um Delfim os faz voltar com ramos de suplicantes para obter uma resposta mais favorável. Isto dura um momento. Mais calma desta vez, porém, mais imperiosa, a Pitonisa sai de seu antro e pronuncia:

"Palas não pode apaziguar Júpiter do Olimpo. Digo pela segunda vez sua palavra inflexível. De tudo o que encerram os limites de Cecrops – compreendidas aí as cavernas do divino Citheron – nada resistirá – Somente uma fortaleza de madeira será impenetrável. Não espera o exército inimigo, tu o enfrentarás um dia . . . Ó divina Salamina, tu serás funesta ao filho da mulher[3]!" Sabe-se que partido o hábil e intrépido Temístoles soube tirar deste oráculo e como as naves atenienses, destruindo a frota persa em Salamina, salvaram a Grécia. Aqui a história atinge a grandeza de uma tragédia de Ésquilo e seu sentido divino se manifesta na voz da Pitonisa.

Foram estes os grandes dias de Delfos e o papel de Apolo nos destinos helênicos. Seu poder era então soberano, mas sua ciência se ocultava atrás de um véu impenetrável, sua natureza permanecia um enigma. Supomos que um pouco mais tarde, um jovem discípulo de Platão, filho de Eupátrida, um Charmida ou um Teago, em seu primeiro ardor de saber, tenha vindo procurar uma explicação dos mistérios e uma resposta a suas dúvidas junto do profeta de Delfos. O que lhe teria respondido o pontífice de Apolo? Ima-

217

gino que para o Ateniense sutil e gracioso ele tenha marcado, para esta entrevista, uma hora noturna, em que o templo retomava sua calma depois do ruído das festas e das procissões. Então, às flexas ardentes de Hélios sucediam os raios acariciadores de Fobé, que, mergulhando na garganta sombreada, prateava a folhagem das oliveiras e dava a todos os edifícios um ar fantasmagórico, envolvendo-os com sua luz elísea.

Sob o peristilo do templo, o profeta mostrava ao visitante, acima da porta de entrada, a inscrição: "Conhece-te a ti mesmo" e lhe dizia: "Fixa estas palavras na memória e pensa nelas muitas vezes, porque está aí a chave de toda a sabedoria." Depois ele o conduziu ao interior do templo, iluminado apenas pela chama agonizante de um tripé. Avançaram até a estátua arcaica do Deus colocado na *cela*, porém, invisível nas trevas do santuário. Sobre seu pedestal, o sacerdote mostrava-lhe ainda, ao clarão de uma tocha, a inscrição misteriosa em três letras: *Eli,* e acrescentava: "Quando cada um de nós se aproxima do santuário, Deus, para nos saudar, nos dirige o "Conhece-te a ti mesmo", o que é uma fórmula não menos expressiva do que a saudação dos amigos entre si: "Alegra-te! (χαῖϱε). Então nós, em nossa vez, dizemos a Deus: TU ÉS, para afirmar que a verdadeira, a infalível, a única denominação que lhe convém, e a ele somente, é declarar que "ele é"[4]. O pontífice explicava em seguida ao postulante que todos os seres, a terra, o mar, os astros e o próprio homem, ainda que seres visíveis e corpóreos, não tinham senão uma existência móvel, efêmera e que eles *não eram em realidade,* mas mudavam constantemente para nascer e morrer sem cessar. Um único ser existe sempre, repleto de eternidade: é Deus, aquele que faz viver todas as coisas com seu sopro, que, porém, reside também em si mesmo. Eis por que Apolo diz a seus adoradores: "Conhece-te a ti mesmo". Pois o sábio pode despertar este Deus em si próprio, e se, tendo encontrado seu sinal, ele eleva o pensamento para o Deus desconhecido e exclama com todo o fervor, toda a veneração e toda a fé: "Tu és!", um relâmpago sulca sua alma e assinala a presença de Deus. Está aí o começo da sabedoria.

— Ó máximo pontífice — exclamava o Ateniense comovido, porém não convencido — falas quase como meu mestre Platão; no entanto eu queria saber além do que ele já me disse e do que mesmo tu disseste. Fala-me sobre a origem e o fim da alma, o segredo da vida e o que vem depois da morte, fala-me sobre a origem e o fim dos próprios Deuses que se dizem imortais!

— Pensaste bem no que tu me pedes, imprudente? — respondeu logo o profeta. — Refletiste nos perigos que corres se eu concordasse contigo? Esqueceste a sorte de Sêmele, a amante de Júpiter, que desejou possuir Zeus em seu esplendor divino e que morreu consumida pelo fogo celeste? Lembra-te de Ícaro, que desejou seguir o carro inflamado de Apolo em sua corrida, e que foi precipitado no mar? Lembras-te do caçador de Acteon, que desejou ver Ártemis nua no banho e que, convertido em cervo pela deusa, tornou-se presa de seus cães? Semelhante seria teu destino se penetrasses sem preparo nos mistérios proibidos. Não podes viver feliz por meio da virtude em tua cidade, sob a luz de Apolo e a égide de Palas? Combate por teus ancestrais e procura reviver em teus filhos, esperando com coragem que a morte te chame e faça de ti uma sombra elísea.

— Uma sombra? — murmurava o jovem. — Nós não somos, pois, senão sombras!... Esta pálida esperança não é suficiente para mim. Queres, então, que eu viva do mesmo modo que as cigarras das margens do Séfiso, as cigarras que morrem depois do verão sem esperança de renascer, ou os rouxinóis de Colon que emigram para o Egito, sem saber se algum dia voltarão? Tu, que sabes, empresta-me tua luz; a isto te conjuro em nome dos Deuses infernais!

— Toma cuidado para não ultrajares o Deus de Delfos! — respondeu o pontífice. — Apolo não gosta das libações fúnebres e não tem nada a fazer com os mortos. Ele odeia Styx como o próprio Zeus, e jamais abandona sua luz!

Um punhado de incenso lançado pelo pontífice sobre a cinza do tripé fazia jorrar dali um feixe de faíscas, e, no mesmo instante, via-se saindo da sombra a estátua severa do arqueiro divino, com o pé pousado sobre a serpente Python.

— Uma vez que tiveste tanta audácia, — continuava o profeta em voz baixa — vai até os sacerdotes de Elêusis e os Eumólpidas. Lá, as Grandes Deusas, Deméter e Perséfone, te farão descer no Hades . . . e conhecerás os mistérios de Dioniso . . . se fores capaz de suportar a viagem . . .

— Para esta viagem, — solicitava o arrebatado jovem — concede-me o oráculo de Apolo!

— Impossível. Apolo e Dioniso são irmãos, porém seus domínios são separados. Apolo *sabe tudo* e quando ele fala, é em nome de seu pai. Dioniso, no entanto, nada sabe, mas *ele é tudo*, e suas ações falam por si. Tanto através de sua vida como de sua morte ele revela os segredos do Abismo. Quando tiveres tomado conhecimento deles, espero que possas não lamentar tua ignorância!

Um derradeiro clarão do fogo alimentado sob a cinza... um som metálico do tripé que gemia como uma voz humana... um gesto imperioso do pontífice... e o efebo, tomado de medo, deixava o templo para descer de volta a Via Sagrada.

As brancas estátuas dos heróis e dos Deuses vigiavam sempre de pé sobre os pedestais, na claridade lunar; pareciam, entretanto, transformados em fantasmas, e a via deserta se estendia silenciosa sob a fria claridade de Selene.

NOTAS

1. Plutarco, *Oeuvres morales; Sur se que la Pythie ne rend plus ses oracles en vers*, 21.

2 Mais do que todas as outras artes ocultas, a predição se presta ao charlatanismo e à superstição. Apesar da severa disciplina e da reconhecida piedade dos sacerdotes de Apolo, estes não deixaram de existir em Delfos. A história de Cleómenes, rei de Esparta, que conseguiu corromper a Pitonisa para obter a destituição de seu colega Demarate, é célebre. Tendo sido descoberta a intriga, a sacerdotisa foi afastada. Citam-se outros fatos análogos nos anais délficos. Todavia, isto não constitui uma razão para se negar, à primeira vista, a clarividência das Pitonisas e não ver senão uma sábia exploração da credulidade numa instituição que, por mais de mil anos, desfrutou da veneração do mundo antigo. Deve-se notar, sobretudo, que pensadores de primeira categoria, como Pitágoras e Platão, a honraram com sua fé, e que eles consideravam o delírio divino ($\mu\alpha\nu\iota'\alpha$, o'$\rho\eta\eta'$), em latim *furor divinus*, como o modo de conhecimento mais direto e mais elevado. Até o próprio Aristóteles, escrupuloso e positivo, reconhecia que há uma *filosofia epóptica* isto é, uma ciência da visão espiritual.

3. Heródoto, livro III, cap. 40 e 41. – Notemos aqui que para a sacerdotisa do culto varonil de Apolo, Xerxes, era o representante de todos os cultos femininos da Ásia.

4. Esta passagem é tirada de Plutarco, em seu tratado: *Sur le* El *du temple de Delphes, 17.*

            É por isto que ela o chama "Filho da Mulher".

CAPÍTULO IV

A GRÉCIA QUE NÃO SE VÊ.
DEMÉTER E PERSÉFONE

O gênio grego teve sempre, até o apogeu de sua civilização, o sentido espontâneo da relação íntima e direta que existe entre a vida exterior do mundo e a vida interior da alma. Ele não separa a alma humana do cosmos, e os concebe como um todo orgânico. Se o espetáculo do universo desperta seu mundo interior, este lhe serve para compreender e explicar o próprio universo. Daí a magia incomparável e a profundidade de sua mitologia, cujas fábulas grandiosas, divertindo-se, ocultam as mais transcendentes verdades.

Apesar deste sentimento de identidade entre a natureza e a alma, houve, nos tempos mais remotos, duas religiões distintas na Grécia: a do *Olimpo,* dos deuses celestes (Zeus, Juno, Apolo, Palas, etc.) e a das divindades infernais ditas *ctonianas* (Deméter, Perséfone, Pluto, Hécate, Dioniso). A primeira é a religião oficial e corresponde ao mundo exterior e visível; a segunda é a religião dos Mistérios e corresponde ao mundo interior da alma. É de alguma maneira a religião do lado de baixo das coisas, das realidades subterrâneas, isto é, interiores, por meio da qual se abre a porta do mundo invisível e do Além. A primeira ensinava a reverenciar os Deuses conforme os ritos e as leis consagradas; a segunda mergulhava em seus segredos terríveis e revigorava a alma do místico nas fontes primordiais. Daí o nome de "Grandes Deusas" que se concedia somente a Deméter e a Perséfone. Os sábios de hoje se recusam a admitir que esta religião dos Mistérios era na Grécia não somente a mais sagrada, como também a mais antiga. Eles a conside-

221

ram como uma fabricação tardia e artificial, baseada sobre uma mitologia puramente naturalista. Esta doutrina tem contra ela os mais solenes testemunhos da própria antigüidade, não somente dos poetas, Homero e Sófocles, como também dos mais sérios historiadores, de Heródoto a Estrabão, e dos maiores filósofos gregos, Platão e Aristóteles. Todos falam dos Mistérios como da religião mais elevada e mais santa, todos os fazem remontar aos tempos pré-históricos e falam de uma antiga religião sacerdotal que reinava em Trácia, bem antes de Homero, e sobre a qual testemunham os nomes lendários mais eloqüentes e significativos, de Tâmaris, Ânfio e Orfeu. As teorias arbitrárias dos historiadores e das mitologias modernas, que raciocinam sob o jugo de idéias materialistas preconcebidas, não poderiam prevalecer sobre tais autoridades. Elas resistem muito menos ainda à poesia maravilhosa e sugestiva que se desprende desses velhos mitos, quando se ousa olhá-los de frente e se inspirar em sua indestrutível magia.

Deméter, cujo nome significa a Mãe divina, a Mãe universal, era a mais antiga das divindades gregas, uma vez que os Pélagos da Arcádia a honravam desde então sob a figura de uma deusa com cabeça de cavalo, sustentando em uma das mãos uma pomba e na outra um golfinho, o que tinha um significado, isto é, que ela tinha criado ao mesmo tempo a fauna terrestre, os pássaros e os peixes. Ela correspondia, pois, ao que nós denominamos Natureza. Quando um homem de hoje pronuncia a palavra Natureza, se é um letrado, ele imagina uma paisagem de mar, de árvore e de montanhas; se é um sábio, ele vê instrumentos de física e de química, telescópios e alambiques, e imagina movimentos de astros e agrupamentos de átomos, disseca o cadáver do cosmos, do qual ele tem apenas uma concepção mecânica, uma idéia morta, e remove sua poeira.

Completamente outro era o sentimento do Grego diante do mundo vivo. Nem o grosseiro ídolo de Pélago, nem a palavra abstrata — Natureza — nos podem dar uma ídeia das sensações submergentes que invadiam a alma do Heleno somente ao ouvir o nome de Deméter. Não é simplesmente a natureza com sua figuras visíveis, é todo o mistério de sua força criadora e de suas perpétuas produções que o nome sagrado despertava nele, que retinia em seu coração como o eco de uma voz sonora em uma caverna profunda e o envolvia como a onda de um rio. Deméter era a força poderosa que reveste a crosta terrestre de uma profusão de verdura; Deméter animava com sua própria vida as legiões nadadoras do mar; Deméter celeste, fecundada por Urano, brilhava também no céu estrelado de milhões de olhos. Não era ela a Mãe universal e benfeitora? E o homem tinha o sentimento de ser o filho legítimo desta mãe. Pois, não lhe havia ela dado os frutos da terra e o grão de trigo? Não lhe havia ela ensinado, com a seqüência das estações, os ritos da agricultura e as santas leis do lar?

O culto de Deméter remonta aos tempos primitivos da raça ariana, em que as três correntes atualmente separadas, a Religião, a Ciência e a Arte, formavam uma só e agiam sobre o homem como uma mesma força. Este poder único atravessava então a alma humana como a torrente da vida universal e lhe proporcionava o sentimento de sua própria vida total. Civilização unitária, onde todos os poderes se unem na religião. Esta religão espalhava seus raios sobre todas as manifestações da vida. Era forte, porque ela despertava forças e criava formas. A Religião e a Arte não constituíam senão um todo, pois a Arte era o culto e vivia com sua mãe, a Religião. E esta Religião agia poderosamente sobre os homens; e de tal modo que, à vista de seus ritos, à voz de seus sacerdotes, a ciência dos Deuses despertava nos corações. Eis por que, quando o Grego primitivo depositava um feixe de trigo ou uma coroa de flores selvagens sobre a altar de Deméter, sob um céu luminoso, ele experimentava a alegria de uma criança que a mãe toma sobre os joelhos, que se sacia de amor em seus olhos e bebe a vida em sua carícia palpitante e doce.

Entretanto, o Grego primitivo sabia também que da grande Deméter havia nascido uma filha misteriosa, uma Virgem imortal. E esta filha não era nada mais do que a Alma humana, descida da luz celeste através de inúmeras gerações e estranhas metamorfoses. Ele sabia que, separada de sua mãe por meio de inelutável fatalidade e vontade dos Deuses, ela estava destinada a se reunir a ela periodicamente, através do labirinto de suas mortes e seus renascimentos, de suas viagens múltiplas, do céu à terra e da terra ao céu. Ele o sabia por um sentimento profundo e irrecusável; percebia-o algumas vezes pela visão de sua própria alma tornada objeto, refletida como em um espelho. Daí o mito comovente de Perséfone, que se pode considerar o drama primordial, a tragédia da Alma que se divide entre a terra, o inferno e o céu, que resume todas as tragédias humanas em três atos impressionantes: o nascimento, a morte a a ressurreição. As chamas devoradoras do desejo, as trevas e os terrores do esquecimento, o esplendor pungente da divina recordação, consumiam aí todos os sofrimentos, todas as alegrias da vida terrestre e supramundana.

Relembremos o hino homérico a Deméter. Ceres deixara sua filha Perséfone em uma praia, à beira do Oceano, em companhia das ninfas, almas elementares, primitivas e puras como ela própria. Ela lhe recomendou que não colhesse o narciso, a flor tentadora, criação perigosa de Eros, que oculta um desejo sutil sob sua brancura estrelada e cujo perfume violento apaga a lembrança celeste. Apesar das súplicas das ninfas, Perséfone se deixa tentar pela flor mágica, brotada do solo, que estende para ela suas pétalas de neve e lhe abre seu coração de ouro. Ela a colhe e respira longamente o bálsamo inebriante que entorpece o sentido e obscurece a vista. Neste momento a terra se abre; surge Plutão, que toma a virgem e a leva em seu carro atrelado de dragões. A carruagem rápida voa sobre a superfície do Oceano. Perséfone, desvairada, vê fugir a terra, o mar e o céu, depois some com seu raptor em uma fenda do Tártaro. Imagem incisiva da alma que perde a lembrança divina por meio da encarnação[1].

Esta cena, que o hino homérico descreve em grandes rasgos, era representada desde os tempos antigos, na estação do outono, por uma figuração sumária. As mulheres se mostravam em seguida sobre um promontório, à beira do mar, e se entregavam a lamentações fúnebres pela perda de Perséfone e sua descida aos infernos. A família dos Eumólpidas, cujo fundador Eumolpos foi provavelmente iniciado no Egito, tendo criado os mistérios de Elêusis e deles conservado hereditariamente o privilégio durante mais de mil anos, apoderou-se deste mistério rural e desenvolveu a organização em uma série de cerimônias e representações dramáticas. O papel de Deméter era regularmente realizado pela grande sacerdotisa, mulher do hierofante, e o de Perséfone por uma jovem profântida eleita para a festa trágica. Deméter era a personagem principal e pronunciava sozinha com o hierofante, que representava Zeus, as palavras sacramentais. O papel de Perséfone era apenas simulado por meio de uma pantomima expressiva. Como na tragédia posterior, os coros ocupavam um lugar importante no drama sagrado, coros de ninfas, de demônios, de sombras e de almas bem-aventuradas.

Nos atos seguintes, assistia-se ao desespero de Deméter, a suas inúteis buscas, até o momento em que Hecata, a deusa das metamorfoses, lhe revela o destino da filha, com o consentimento de Zeus. Via-se, em seguida, Perséfone, cativa no Tártaro, no trono junto de Plutão, no meio dos demônios e das sombras, e finalmente sua volta para junto da mãe, nas residências olímpicas, acompanhada do hino dos heróis glorificados.

Diante destas cenas diversas, o espectador de Elêusis experimentava uma mistura de sensações humanas e divinas que o transtornavam e o arrebatavam alternativamente. Pela magia da palavra e da música, evocando o Invisível em formas plásticas, pela beleza do cenário e dos gestos, ele passava do tapete florido da terra às rubras trevas do Aqueron e ao límpido éter das regiões uranianas. Contemplando a pálida rainha dos mortos, coroada de narcisos, branca sob seu véu violeta, abrindo seus grandes olhos cheios de lágrimas e, com os braços estendidos, procurando inconscientemente a mãe ausente, depois recaindo sobre o trono, sob o cetro de seu terrível esposo, e fascinada, vencida, bebendo em uma taça negra o suco da romã que liga invencivelmente seus sentidos ao mundo inferior, – o Grego acreditava ver sua própria alma e sentia a nostalgia da vidência perdida, da comunicação direta com os Deuses.[2]

Por um sentimento de admirável profundidade e de uma delicadeza infinita, a Grécia tinha concebido Perséfone, a Alma imortal, como que permanecendo eternamente virgem em suas migrações intermundiais, apesar dos amplexos de Plutão e as chamas das paixões infernais que a envolvem sem a corromper. Plutão bem que procurou fazê-la experimentar a polpa vermelha da romã, que simboliza o desejo carnal e que uma vez saboreada engendra os renascimentos múltiplos de seus inúmeros grãos; inutilmente ele a apertou em seus braços negros e a desejou com seu manto de fogo; ela permanece a Impenetrável e a Intangível, tanto assim que conserva nos mais profundos recônditos a marca divina, gérmen de sua liberação final, a imagem sagrada, a lembrança de sua mãe. Eis por que *Perséfone,* aquela que atravessa os abismos, é também chamada *Sotera,* a que salva.

Absorve-se um vago reflexo destas emoções sublimes diante do baixo-relevo de Elêusis, conservado no museu de Atenas e cuja reprodução se encontra na Escola de Belas Artes de Paris. A grave Deméter entrega ao adolescente Triptolemo, o fundador epônimo do templo de Elêusis, o grão de trigo que simboliza a imortalidade, enquanto que a casta Perséfone, colocada atrás dele e armada com a tocha dos Mistérios, coroa-o colocando o indicador no alto de sua cabeça para instilar nele a vontade divina. Tudo é religioso nessas figuras tão nobres sob seus hábitos arcaicos, a majestade calma da mãe dos Deuses, o perfil enternecido da filha, o reerguimento comovente e digno do jovem místico. O simples bom senso indica que nós estamos ali em presença de uma cena de iniciação da mais alta significação. E dizer, no entanto, que se encontram mitólogos que não vêem em Deméter a não ser a deusa da agricultura e em sua filha um enigma da primavera![3] Graças a Deus, suspeita-se hoje que os mistérios de Elêusis são algo mais além de um concurso agrícola, ornamentado de um discurso de prefeito e de uma manifestação eleitoral, o que representa, sem dúvida, a civilização ideal para aqueles que gostariam de extirpar todo o seu sentido do divino.

NOTAS:

1. Ver a reconstituição desta cena, que servia de prólogo ao drama de Elêusis, no capítulo sobre Platão em meus *Grands Initiés*.

2. Ver a reconsfituição completa do drama de Elêusis e sua adaptação ao teatro moderno em meus *Sanctuaires d'Orient*.

3. A significação transcendente de Perséfone ressurge luminosamente de sua lenda para aqueles cujo fanatismo materialista não fechou os olhos e os ouvidos. O culto que se lhe rendia o prova com não menos eloqüência. É assim que, em sua festa, na primavera, coroavam-se de flores os túmulos dos mortos. O que pode haver de mais claro? Com a florescência terrestre, os Mistérios celebravam a volta de Perséfone e de sua mãe, e a volta das almas ao céu.

CAPÍTULO V

O DIONISO DOS MISTÉRIOS

Com Deméter e Perséfone, tocamos no fundo psíquico primitivo dos mistérios de Elêusis. Para atingir seu fundo intelectual e cosmogônico, é preciso chegar até o coração do Deus velado que se introduziu numa certa época, e do qual os Eumólpidas foram ao mesmo tempo o arcano de sua doutrina e o coroamento do drama sagrado. Fixando Dioniso numa contemplação intensa, encontraremos nele não somente a mola iniciadora e toda a mitologia, mas ainda a força impulsiva de toda a evolução grega.

O gênio helênico resumiu sua concepção do universo em quatro grandes Deuses, que são forças cósmicas eternas. Eles se chamam Zeus, Posêidon, Plutão e Dioniso. Estes quatro grandes Deuses se encontram na constituição do homem, que os recria refletindo-os e que não poderia compreendê-los se não carregasse em si mesmo todos os quatro.

Quando o Heleno, para quem todos os movimentos da Natureza eram gestos do Espírito, contemplava os fenômenos da atmosfera, as nuanças do dia através do prisma do azul e das nuvens, a aurora e o poente, o relâmpago seguido do raio e o milagre cintilante do arco-íris, ele se sentia transportado na aura superior de seu ser, e aceitava todos estes sinais como mensagens e pensamentos de um Deus. Pois, como o pensamento jorra do fundo da alma, estes sinais jorravam do fundo do universo para lhe falar. Ora, este Deus do céu e da atmosfera, ele chamava de Zeus. Semelhantes à esperança, à cólera e à alegria, que sulcavam seu ser, a aurora, o raio e o arco-íris manifestavam os pensamentos de Zeus.

Completamente outra era a impressão que produzia sobre ele o Oceano. Superfície variável, móvel, de mil cores, de profundidade penosa e enganadora, este elemento incerto, caprichoso e fantástico, envolvendo a terra e se insinuando em todos os golfos, parecia um reservatório de sonho e de apatia. No entanto, ao menor sopro do céu, aquele que parecia adormecido tornava-se terrível. Logo o vento se tornava excessivo, e surgia a tempestade furiosa. Todavia, do Oceano, pai dos rios, vinha toda a vida da terra. A este Deus, o Grego chamava de Posêidon. Ele o sentia semelhante ao sangue que corria em suas próprias veias, a esta vida oculta onde dormitava sua memória profunda, e que as paixões, superiores e inferiores, fustigavam e levantavam até o céu.

Não menos forte era a impressão que causava ao Grego o aspecto do solo terrestre, crivado de rochas e de montanhas, ou aquela que ele experimentava ao descer nas cavernas ou ao presenciar a cratera dos vulcões despejar um fogo líquido. Ele absorvia, então, uma sensação de solidez, de concentração e de poder. E passava a imaginar o interior da terra, o leito do Stix mais frio do que a morte, o leito ardente do fogo e o centro mágico de atração que conserva o globo em uma massa compacta. Ora, a este poder, o Grego dava o nome de Plutão. Ele considerava Plutão o centro de gravidade do cosmos, do mesmo modo como ele sentia em seu próprio corpo o centro de gravidade de seu ser, que absorve e condensa as forças centrífugas.

Zeus, a aura astral do mundo; Posêidon, seu corpo vital; Plutão, seu corpo físico, eis constituídas, pela única virtude da intuição contemplativa, a trindade cósmica e a trindade humana. Contudo, faltava-lhes ainda o essencial: o princípio orgânico, o espírito criador, que une as partes em um todo homogêneo, que as penetra com seu sopro e aí faz circular a vida. Faltava aí a consciência, o *Eu*. Ora, para os gregos, *o eu cósmico* de que sai *o eu humano*, o Deus em ação no universo, era Dioniso.

Conforme a tradição dos santuários, foi Orfeu, um dório da Trácia, iniciado no Egito mas inspirado pelo gênio de seu povo e por seu Daimon, quem fundou os Mistérios de Dioniso e propagou seu culto por toda a Grécia.

Orfeu era o filho de uma sacerdotisa de Apolo. Nascido no recinto de um templo ciclópico, dominando um oceano selvagem de florestas e de montanhas, tendo atravessado vitoriosamente as provas terríveis da iniciação tebana, ele bebera nas fontes mais altas o sentimento varonil da unidade divina, da espiritualidade transcendente do Deus soberano. Todavia, se às vezes seu cérebro se congelava sob os eflúvios do Éter divino, seu coração ardia, como um vulcão, de um imenso amor pelo Eterno-Feminino que se manifesta nas múltiplas formas de Deméter-Adama, da Grande-Mãe, da eterna Natureza. Flores, árvores, animais, igualmente filhos e filhas desta Deméter, concebidos e formados por Ela, sob o influxo e o pensamento dos Deuses. E na Mulher — que ele avistava do fundo de seu santuário interior — Orfeu contemplava a divina Perséfone, a grande sofredora, com olhares ternos ou bravios. A dupla intuição simultânea que ele tinha do Eterno-Masculino e do Eterno-Feminino, cuja obra á universal, exprime-se neste verso, que a ele atribui Onomácrito:

Júpiter é a Esposa e o Esposo eternos.

Penetrado desta dupla revelação, Orfeu jurou a si mesmo que ele faria descer os esplendores de Urano, com todos os seus Deuses, nas quentes profundezas e nos abismos desta natureza, da qual ele contemplava, a seus pés, as várzeas sinuosas e o dédalo verdejante. Pareceu-lhe que, assim, os Deuses se tornariam mais humanos, e a terra mais bela. Orfeu tentou esta obra. Ele foi a lira e a boca de ouro, através da qual a torrente dos Deuses se espalhou sobre toda a Grécia em vagas dionisíacas, para aí construir o templo da Beleza. Contudo, a fim de cumprir seu desígnio, ele se viu obrigado a vencer a ferocidade dos reis Trácios e a horda perigosa das sacerdotisas Bacantes.

As Bacantes foram as druidas da Trácia pré-histórica. Elas adoravam um Deus de cabeça de touro, que elas chamavam de Baco. O grosseiro ídolo de madeira simbolizava as forças geradoras da natureza e o instinto brutal. Elas lhe ofereciam sacrifícios sangrentos e o celebravam em ritos luxuriosos. Por meio da magia do sangue e da volúpia, elas seduziram os reis bárbaros e os submeteram a seu culto lúbrico e cruel.

Pois Orfeu as dominou à força de encanto, de melodia e de graça. Às bacantes fascinadas, aos chefes bárbaros abrandados, ele impôs o culto dos Deuses Olímpicos. Ele lhes falou sobre os Deuses do céu: Zeus, Apolo, Artemis e Palas; sobre Posêidon, o rei do mar e das tempestades, e sobre Plutão, o juiz severo dos mortos, que reina no Tártaro. Instruído nas hierarquias divinas, ele conseguiu trazer para o caos das divindades helênicas a ordem, a claridade e a harmonia. Foi a religião popular.

Porém, para seus discípulos, para seus iniciadores, Orfeu ensinou coisas muito mais profundas e mais emocionantes, — as maravilhas ocultas de Dioniso! Dioniso, propagava-lhes ele, é o Baco celeste, o gerador poderoso que atravessa todos os reinos da natureza para se encarnar e se completar no homem. E, para melhor fazê-lo compreender seu pensamento, ele lhes contava uma história, um sonho que havia tido: "Zeus, sob a forma da serpente astral, tinha-se unido à Alma do mundo, concebida como a virgem increada e chamada pelo próprio nome de Perséfone (Koré). Seu filho divino, destinado à dominação universal, trazia o nome de *Dioniso-Zagreus*, ou Dioniso ultrajado e dilacerado. Um dia o filho divino se olhava num espelho e estava perdido na contemplação de sua encantadora imagem. Então, os Titãs (os elementos desencadeados ou forças inferiores da natureza) se atiraram sobre ele e o rasgaram em sete pedaços; que levaram para ferver em uma imensa caldeira. Minerva-Palas (a sabedoria divina, nascida do puro pensamento de Zeus) salvou o coração de Dioniso e o levou de volta a seu pai. Zeus o recebeu em seu seio, para gerar um novo filho, e fulminou os Titãs. De seus corpos ardentes, misturados com os vapores que saíam do corpo dilacerado de Dioniso, é que nasceu a humanidade. Porém, da parte mais pura de Dioniso, de seu coração, submerso novamente e refundido no seio etéreo de Júpiter, nascem os gênios e os heróis. Dele nasceu também o novo Dioniso, no qual as almas esparsas no universo reconhecerão seu modelo divino. Assim, o Deus fragmentado na humanidade sofredora encontrará sua unidade radiosa em Dioniso ressuscitado!"

Por meio destas imagens tão eloqüentes, deste sonho plástico, Orfeu procurava fazer com que seus discípulos compreendessem a dupla origem do homem, ao mesmo tempo terrestre e celeste, sob a ação das forças cósmicas, a multiplicidade de suas encarnações sucessivas e a possibilidade de seu retorno a Deus em um esplendor e uma beleza sem mancha.

É esta a concepção central da doutrina dos Mistérios gregos. Como uma tocha brilhante, acesa no fundo de uma caverna tortuosa, clareia as paredes obscuras e as saliências profundas, o mistério de Dioniso clareia todos os outros mistérios. Ele assustava os fracos, enquanto os fortes nele encontravam a coragem, a alegria da luta, a indestrutível esperança. Cultos suntuosos, filosofias luminosas deviam nascer mais tarde desta revelação. E nós veremos dentro em pouco sair a tragédia, armada dos pés à cabeça, como Minerva da cabeça de Júpiter.

Deste modo se constituiu, de um lado, a religião pública dos Olímpicos; de outro, a religião sagrada dos Mistérios; a primeira para a multidão, a segunda para os iniciados. Elas não se contradiziam, mas se explicavam reciprocamente. A religião oculta era a parte inferior, o organismo interno da religião exterior, e esta era a superfície colorida, a expressão plástica da outra sobre o plano físico.

A lenda, talvez simbólica, talvez real, narra que Orfeu teve a sorte de seu Deus: morreu dilacerado pelas Bacantes, como Dioniso pelos Titãs. Elas teriam deste modo se vingado de seu amor persistente pela esposa única, por Eurídice, a morta amada, e ao mesmo tempo teriam realizado ironicamente o mistério dele em seu próprio culto sangrento. Tradição sugestiva. Ébrias com o sangue dos machos, as Bacantes não amam os apaixonados da Alma e os matam quando podem. Talvez, também, elas desejassem mal ao filho de Apolo, por ter ele despertado nelas, por um momento, a imóvel Perséfone e por ter ele desdenhado seus belos corpos salpicados de nébrides, quando elas passavam sob os densos bosques da Trácia, com os braços envoltos por serpentes. Seja como for, Orfeu, morrendo, teve a certeza de que a Grécia sagrada viveria de seu sopro, e sua cabeça cortada, levada pelo rio com sua lira ainda vibrante, é verdadeiramente a imagem de sua obra.

Os Eumólpidas deviam enriquecer sua iniciação e seu culto com a doutrina e a tradição órficas. Elas vinham completar seus mistérios por meio de uma ampla concepção cósmica e uma espiritualidade mais forte. Isto aconteceu, sem dúvida, por volta do sexto século antes de nossa era, no momento em que o culto popular e orgiástico de Baco, refluindo da Frígia como uma onda de desatino, revolucionava a Hélade, semeando em Tebas, até sobre as alturas do Citerão e do Parnaso, cortejos delirantes de homens e mulheres, brandindo tirços e coroas de pâmpano, suscitando ao mesmo tempo um lirismo apaixonado, desconhecido no tempo de Homero, e uma música perturbadora, ao zumbido do tambor e aos apelos agudos da flauta dupla, enquanto retumbava por toda parte este grito: Évio! Evoé! que parecia querer evocar do fundo dos bosques e dos antros da montanha o Deus da vinha e da alegria.

Foi para represar este movimento e para opor a ele uma iniciação mais elevada, que os sacerdotes de Elêusis adotaram o Dioniso órfico e o fizeram entrar no culto das Grandes Deusas. Ao mesmo tempo a disciplina tornou-se mais severa, e o ensinamento dos iniciados se aprofundou.

A religião de Elêusis não compreendia somente as cerimônias, as representações e as festas periódicas. Na época de seu florescimento, antes das guerras medas, o essencial dos Mistérios consistia nos ensinamentos da sabedoria secreta. Ela era comunicada aos místicos que vinham por um tempo habitar no recinto do templo. O treino psíquico era constituído de jejuns e meditações sobre a natureza da alma e dos Deuses, da inteligente concentração do pensamento antes do sono e ao despertar, a fim de que se conservasse a impressão nítida dos sonhos, dos quais o homem comum raramente se lembra.

O fim desta iniciação era fazer do *místico* (daquele que traz um véu) um *epopto* (isto é, um vidente) e levá-lo a ver Dioniso. Mas Dioniso é um Deus múltiplo, um Deus fracionado na humanidade inteira e que se manifestava de maneira diversa a cada discípulo. Em Elêusis, conheciam-se três deles, que representavam três degraus da iniciação. O primeiro, acessível somente à inteligência abstrata, era aquele de Orfeu, o Dioniso-Zagreus, dividido em todos os seres. Dizia-se ao místico debutante: "Sabes que o Espírito supremo, o Eu divino, sacrificou-se para se manifestar e se fragmentou nas inumeráveis almas. Ele vive e sofre, ele inspira e expira em ti como nos outros. O vulgar não o conhece, porém trata-se, para o iniciado, de reconstituir sua totalidade em si mesmo. Isto não se faz em um dia. Olha em ti mesmo até o fundo, procura-o e tu o encontrarás." O místico se recolhia, meditava, olhava em si mesmo, e não encontrava nada. Habitualmente, ele não podia compreender este Deus espalhado por toda a parte, ao mesmo tempo um e múltiplo, sublime e vil, poderoso e miserável. Esta era a primeira prova, a mais leve, porém já torturante, aquela da dúvida da alma diante das contradições insolúveis da razão não iluminada. O hierofante explicava ao místico desconcertado: "Aprende a compreender a necessidade da contradição que está ṇo fundo de todas as coisas. Em sofrimento não existiria vida, sem luta não haveria progresso e nem consciência sem contestação. Dioniso teria permanecido para sempre oculto no seio de Zeus, e tu mesmo não serias senão uma gota dissolvida numa nebulosa. Houve um tempo, é verdade, o tempo distante da Atlântida, em que o homem primitivo estava ainda tão envolvido com a natureza, que ele *via* as forças ocultas nos elementos e conversava com elas. Os Egípcios chamaram este tempo de o tempo dos Schesu-Hor, em que os Deuses reinavam sobre a terra. Então Dioniso, ainda que dividido pelos homens, estava ainda unido em sua consciência. Pois os homens dessa época eram videntes e os Deuses viviam com eles sob formas etéricas, variáveis e de toda a espécie. No entanto, houve uma outra época, muito mais próxima da nossa, na qual o espírito se encarnou naqueles que nós chamamos os Heróis. Eles se denominavam Hércules, Jasão, Cecrops, Cadmo, Teseu e muitos outros mais. Entre estes homens divinos, que fundaram nossas cidades e nossos templos, houve um que partiu da Grécia para conquistar a Índia e voltar através da Arábia e da Ásia Menor na Trácia, com seu estranho cortejo, espalhando por toda a parte o culto da videira e da alegria. Nós o chamamos *o segundo Dioniso*. Este não é o nascido da Deméter celeste, da luz incriada, como o primeiro, mas de uma mulher mortal que os Gregos chamam de Sêmele. Esta, num desejo temerário, desejou ver seu Deus em todo seu esplendor e morreu fulminada ao seu contacto. No entanto, do amplexo do Deus desconhecido, ela tinha concebido um filho divino. Escuta agora o que nos ensina esta aventura: "Se o homem hoje desejasse ver bruscamente, com seus olhos físicos, os Deuses, isto é, o lado escondido do mundo e as forças cósmicas em meio às quais o Atlanta se movia naturalmente, porque possuía uma outra constituição, este homem hoje não poderia suportar o espetáculo assustador, o turbilhão de luz e de fogo. Ele morreria fulminado, como a amante de Júpiter, a muito ardente Sêmele. Todavia, o filho da audaciosa mortal, Dioniso, que caminhou outrora sobre a terra como um homem de carne e osso, viveu sempre no mundo do espírito. É ele o guia dos iniciados, é ele quem lhes mostra o caminho dos Deuses! Persevera. . . e tu o verás!"

Ora, acontecia que à noite, dormindo em sua cela do templo de Elêusis, o místico tinha um sonho, no qual via passar à sua frente o Deus coroado de pâmpanos com seu séquito de Faunos, de Sátiros e de Bacantes. Mas, coisa estranha, este Dioniso não tinha, de modo algum, os traços regulares de um Olímpico, porém a face de um Silene. No entanto, de sua fronte sublime e dos olhos jorravam clarões de vidência e raios de êxtase, que traíam sua natureza divina. E o místico refletia: "Se um meio-deus tem esta forma, que forma terei eu mesmo e o que sou ainda com todas as minhas paixões?" Então ele via contorcer-se diante dele uma espécie de monstro, mistura de touro, de serpente e de dragão furioso, que o enchia de pavor. No entanto uma voz interior lhe gritava implacavelmente: "Olha bem, isto és tu mesmo!"

Se ele narrava a visão ao hierofante, este respondia: "Encontraste Dioniso e ele te fez ver o *Guardião do Limiar*, isto é, teu ser inferior, aquele que foste em tuas numerosas encarnações precedentes e que és ainda em parte. É preciso aprender a suportar a visão do monstro, a conhecê-lo, a amordaçá-lo e a dominá-lo. Se tu não acorrentas teu Cérbero, tu não entrarás no país das sombras, não descerás para o Hades!"

Muitos místicos se revoltavam contra esta idéia e a repeliam com indignação, zombando até. Eles não consentiam em se reconhecer no monstro e se afastavam com horror. Provavam assim sua inaptidão para os métodos de Elêusis e deviam renunciar a prosseguir sua iniciação. Aqueles, ao contrário, que se familiarizassem com esta espécie de fenômenos, aprendiam deles, cada vez com maior perfeição, o sentido e o fim. O segundo Dioniso se tornava seu instrutor e lhes descobria, soerguendo véu após véu, segredos cada vez mais maravilhosos. No coração do mundo dos Deuses, que se abria para eles por dentro, como uma límpida aurora, alguns raros eleitos chegavam a ver o *terceiro Dioniso*.[1] Este, na realidade, era o primeiro Dioniso (aquele dilacerado pelos Titãs, isto é, dividido entre os seres e fracionado nos homens) agora reconstituído e ressuscitado em uma harmonia superior e uma espécie de transfiguração. O epópte avançado percebia deste modo o arquétipo humano sob sua forma grega, tendo alcançado a plenitude da consciência e da vida, modelo divino de uma futura humanidade. Este Dioniso era de uma beleza perfeita e translúcida, cujo mármore de Praxíteles pode nos dar um pressentimento. Um suor ambrosíaco perolizava seu corpo modelado no éter. Dir-se-ia que uma Deméter celeste tinha afivelado seus cabelos de ouro, e a chama triste e doce de seus olhos parecia responder ao langor de uma Perséfone distante.

Ah! este olhar de Dioniso medindo a imensidade do caminho percorrido, poderia o epópte esquecer?... Este olhar continha todo o resto!... Absorvido nele o iniciado via ao mesmo tempo as panteras e os leões, dóceis, lambendo as mãos do Deus e serpentes luminosas enroladas a seus pés, em uma vegetaçao luxuriante.

Seu sopro mágico animava a natureza, e a natureza satisfeita respirava nele... Não era este aquele sobre o qual Orfeu havia dito: "Os Deuses nasceram de seu sorriso e os homens de suas lágrimas"?

Então, a voz interior sussurrava ao místico transformado em vidente: "Um dia... talvez... poderás te assemelhar a ele!...

Acabamos de penetrar no coração do fenômeno dionisíaco. Deste centro incandescente irradiavam outros fenômenos místicos de visão e de êxtase que se atravessava por meio da disciplina de Elêusis.

De todas estas experiências emanava a doutrina religiosa que, sob forma de imagens expressivas e de poderosos recursos, reatava o destino à vida cósmica. Tratava-se, pois, não de teorias abstratas, mas, como o afirma perfeitamente Aristóteles, de uma filosofia experimental, emocional, fundamentada por uma série de acontecimentos psíquicos. As festas periódicas de Elêusis, que terminavam por uma série de fenômenos de outro gênero, descritas por Pórfiro, não eram senão a preparação suntuosa, uma transposição dramática daquilo que os místicos e os epóptes tinham atravessado individualmente em sua iniciação.

Sabemos que o drama, representado no templo, terminava com o casamento simbólico de Perséfone com o Dioniso ressuscitado, união que trazia o nome de casamento sagrado ($\iota\,\acute{\epsilon}\rho o s\,\gamma\alpha\mu o s$). Exteriorizava de alguma maneira o fenômeno interior já vivido pelos epóptes. O iniciado viajara em um outro mundo mergulhando nos abismos de seu subconsciente. Neste Hades, ele encontrara monstros do Tártaro com todos os Deuses: Deméter (a mãe primordial), Perséfone (a Alma imortal) e Dioniso (o Eu cósmico, o Espírito transcendente) evoluindo para a verdade através de todas as suas metamorfoses. Agora, então, ele ia reviver as mesmas coisas engrandecidas pela arte, em uma assembléia de almas afinadas pelo mesmo diapasão que o seu. Que deslumbramento, que renascimento ao descobrir em si mesmo as forças que o universo visível nos oculta sob seu véu e ao compreender seu objetivo! Que felicidade adquirir consciência de suas relações íntimas com o cosmos e sentir como que um fio invisível subir de seu próprio coração, através das outras almas, até alcançar o Deus insondável!

Como todas as instituições religiosas, os Mistérios de Elêusis tiveram sua florescência, sua maturidade e seu declínio.

Após as guerras medas e os excessos da democracia, eles se banalizaram abrindo suas portas para a multidão. Deixou-se de exigir as provas sérias, a disciplina se enfraqueceu, as pompas exteriores acabaram substituindo a iniciação propriamente dita; o espetáculo dirigido pelos Eumólpidas, porém, jamais perdera sua magia única. Também não há senão uma voz na antigüidade para celebrar a grandeza, a santidade e os benefícios de Elêusis. É bom relembrar estes testemunhos que a crítica moderna negligencia, pois eles a transtornam em seu intento. Escutemos primeiro o velho rapsodo no hino homérico a Deméter. Ele fala sobre "as orgias sagradas que não lhe é permitido nem negligenciar, nem sondar, nem revelar, pois o grande respeito aos Deuses reprime a voz" e acrescenta: "Feliz de quem é instruído sobre estas coisas entre os homens terrestres! Aquele que não é iniciado nas coisas sagradas e que delas não participa, não desfruta jamais de um destino semelhante, mesmo morto sob as densas trevas." O maior dos líricos gregos, Píndaro, exclama: "Felizes daqueles que foram iniciados nos Mistérios, eles conhecem a origem e o fim da vida." O viajante Pausânias, que percorreu e descreveu todos os santuários, deteve-se respeitosamente diante do de Elêusis. Tinha a intenção de descrevê-lo também. Infelizmente para nós, ele foi impedido por um sonho, porém sua conclusão é significativa e vale talvez uma descrição: "Os Mistérios de Elêusis, diz ele, estão acima de todos os outros cultos, tanto quanto os Deuses estão acima dos homens."

Quer dizer que a instituição dos Eumólpidas foi sem perigo para as cidades gregas e para a civilização helênica? Assim como acontece na eletricidade positiva que desenvolve a eletricidade negativa em seu pólo oposto, todo centro místico coloca em movimento, numa determinada periferia, forças hostis que afluem sobre ele como uma maré montante. Os cultos orgiásticos populares, que periodicamente invadiram a Grécia, as associações de Coribantos e de Menades são um exemplo disso. Os Eumólpidas bem o sabiam e preveniram o perigo redobrando a severidade de sua disciplina e promulgando, de acordo com o Areópago de Atenas, a pena de morte contra quem quer que violasse o segredo dos Mistérios. O perigo não existia menos por isso, pois, migalhas mal compreendidas das doutrinas e das representações de Elêusis transpiravam, a despeito de todas as precauções, e circulavam pelo público por meio de estranhas deturpações. Compreende-se tanto melhor o temor dos sacerdotes de Apolo e dos arcontes de Atenas de que estas profanações atingissem inteiramente a religião helênica.

Uma grosseira e falsa interpretação das doutrinas sagradas ameaçava a crença nos Deuses e, com ela, a própria existência da cidade antiga. – *Eskato Bebeloï*! Para trás com os profanos! – clamava o herói de Elêusis que viera a Atenas para a abertura das grandes festas de outono. Nada impedia que os profanos propusessem entre eles coisas singulares. Conta-se entre outras que, no interior do templo de Elêusis de colunas de basalto, na capela de Hecata, lugar tenebroso, tão terrível quanto o Tártaro, o hierofante, ao luar das tochas, pronunciava sentenças sacrílegas como estas: Primeiro – O homem é o colaborador dos Deuses. Segundo – A essência dos Deuses é imutável, mas sua manifestação depende dos tempos e dos lugares, e sua forma é, em parte, obra dos homens. Terceiro – Enfim, os próprios Deuses evoluem e mudam com todo o universo.

"Como? – exclamavam no estilo de Aristófanes os sofistas e os elegantes dos estádios e dos ginásios – O homem, criatura dos Imortais, seria igual a eles? E os Deuses, do mesmo modo que os histriões, têm um vestiário e mudam a todo o instante de costume para nos enganar? Enfim, os Deuses evoluem segundo o capricho humano? Então é ele quem os fabrica; podemos, assim, concluir que eles não existem!"

Estes discursos subversivos, estas tagarelices frívolas, cujos espíritos superficiais têm crivado em todos os tempos os mistérios da religião e os conceitos da mais elevada sabedoria, eram feitos entretanto para amedrontar os governantes de todas as cidades gregas. Nesta incredulidade zombeteira, havia motivo para enfraquecer o Deus do Olimpo, o Zeus de marfim e de ouro, cinzelado e fundido por Fídias, do mesmo modo que a colossal Palas, a Virgem divina com olhos de pedras preciosas, de pé na *cela* do Partenon, apoiada em sua lança e sustentando com a mão a Vitória alada. Por isso os Eumólpidas redobravam sua vigilância, e o Areópago sua severidade. A pena de morte contra os divulgadores e os profanadores foi rigorosamente aplicada.

Apesar de tudo as idéias de Elêusis seguiam seu caminho pelo mundo. E vêmo-las sair, como por contrabando e de uma maneira inteiramente imprevista, através da mais maravilhosa e mais viva das artes – o teatro grego, predecessor do teatro moderno.

A tragédia, com efeito, não foi outra coisa, em sua origem, senão uma evadida dos Mistérios e uma intrusa na cidade. Este fenômeno tão curioso e de tal modo significativo, que todo o enigma da vida e da evolução aí se representa de alguma maneira nos bastidores, foi muito mal compreendido até o dia de hoje, por motivos que talvez não seja necessário insistir aqui.

NOTA:

1. Celebrava-se oficialmente sob o nome de *Iakkos*, cuja estátua se levava em grande pompa de Atenas a Elêusis, ao nono dia das festas, antes da *noite santa*. O Deus Iakkos era representado por uma estátua de criança, porque ele era considerado como um Deus renascente e em vias de crescimento.

CAPÍTULO VI

O LADO OCULTO DA TRAGÉDIA

Paralelamente aos mistérios de Deméter, de Perséfone e de Dioniso, que remontam à noite dos tempos, o culto popular de Baco não deixou de encantar e perturbar a Grécia.

Coribantes delirantes na Frígia, Mênades desenfreadas em Tebas, Sátiras jocosas em Ática, igualmente manifestações diversas e irresistíveis do entusiasmo pelas forças ocultas da natureza, através das quais transpareciam muitas vezes certos segredos dos santuários... os quais fizeram o possível para entravá-las. Todavia, as forças dionisíacas uma vez desencadeadas não se dominam mais facilmente. Camponeses de Megara ouviram contar que o Deus Baco tinha sido outrora despedaçado pelos Titãs e que ele havia se livrado desse infortúnio ressuscitando, como a uva sai de novo cada ano do tronco da videira e o vinho raro da cuba espumosa. O trágico, o misterioso e o picante da história os encantaram. Será que um obscuro pressentimento lhes dizia que esta fábula encerra o segredo dos mundos? Disseram-lhes também que, nos Mistérios, Baco tinha Sátiros por companheiros.

Ao mesmo tempo devotos e maliciosos, eles imaginaram se mascarar como estes seres híbridos, pés de cabra e Faunos corníferos, e celebrar neste trajo ridículo o Deus, por meio de cantos entusiastas, ao som das flautas, dos bômbices e dos tambores.

Este foi o *ditirambo*, que se espalhou logo por toda a Grécia. Mas eis que um poeta rural, empresário audacioso, de nome Thespis, imaginou subir sobre pranchas, de representar ele próprio o Deus em pessoa, no meio de um coro de Sátiros, o qual respondia em estrofes ritmadas a seus relatos tristes ou alegres. A tentativa teve um sucesso prodigioso. Logo a seguir um 'outro poeta, Susarion, gracejador brejeiro, o imitou; porém, em lugar de representar o lado sério da fábula, ele procurou ressaltar dela todos os detalhes ridículos que se pode encontrar transportando-a para a realidade quotidiana. Desta brincadeira acabavam de nascer, ao mesmo tempo, a tragédia e a comédia.

A essência psíquica deste fenômeno, o mais surpreendente da história da arte e o mais fecundo em conseqüências, merece ser penetrada. O Sátiro representa na mitologia grega o homem primitivo, ao mesmo tempo vizinho do animal e mais perto dos Deuses, porque ele está ainda em comunhão instintiva e direta com as forças divinas da natureza. Nele se desencadeia a energia sexual, pela qual os Gregos tinham uma espécie de respeito religioso como para uma força criadora; porém nele se manifesta também o dom de uma predição espontânea, com fusadas de sabedoria e clarões de profetismo. Em uma palavra, o Sátiro é um lembrar-se de novo e uma revivescência do Atlanta, no qual a clarividência existia no estado natural.

Esta é a razão profunda de ter saído a tragédia de um coro de Sátiros. Em sua exaltação dionisíaca, o bando dos discípulos de Baco disfarçados em Faunos, chorando e celebrando o Deus morto e ressuscitado, chamando-o com seus cantos e seus gritos, terminou por ter uma alucinação. É o apogeu do ditirambo. Quando o hábil representador aparece sob a figura de Baco, fala em seu nome, conta suas aventuras e se entretém com o coro, que acolhe a narração de seu martírio por meio de cantos fúnebres, e a narração de sua ressurreição com um delírio de alegria, ele não faz senão realizar o desejo da multidão superexcitada. Deste desdobramento sutil do eu, desta projeção da visão interior em ação viva nasceu a tragédia. Dioniso desprendeu-se vivo do entusiasmo do ditirambo. Ele não tem mais que se fracionar na multidão dos Deuses e dos homens — e este será o drama divino e humano.

O teatro está de pé para sempre. Ter-se-ia podido crer *a priori* que o drama foi primitivamente uma imitação da vida real; não é nada disso. A mais potente das artes surgiu da sede de um Deus e do desejo do homem de voltar à sua fonte. Foi somente após ter visto seu Deus, que o homem riu de sua queda, isto é, de si mesmo.

Pode-se imaginar o sucesso de tal espetáculo, com suas emoções violentas, múltiplas e contraditórias, sobre um auditório primesautier. Nas planícies, as festas dionisíacas tornaram-se representações dramáticas, acompanhadas de danças e regadas de inúmeros odores de vinho.

Quando Thespis representou em Atenas, um verdadeiro delírio se apoderou da cidade. Homens e mulheres, gente do povo e letrados, todo o mundo ficou arrebatado. Os magistrados se inquietaram, e havia razão para isto.

Plutarco conta na *Vie de Cimon* que Solon mandou chamar Thespis e lhe perguntou "se ele não tinha vergonha de apresentar ao povo *mentiras tão grandes".* O sábio daquele tempo que governava a cidade devia temer menos a ilusão inocente da cena do que a profanação dos Mistérios pelas deturpações grosseiras que a eles deram os primeiros autores trágicos. A torrente tendo rompido o dique, não se podia mais detê-la; procurou-se então represá-la. Aqui se mostra toda a sabedoria do Areópago iluminado pela ciência dos Eumólpidas. Permitiu-se aos autores dramáticos buscar o assunto de suas peças nas tradições mitológicas, que tinham, todas, sua fonte nos Mistérios; porém, foi-lhes proibido, sob pena de morte, divulgar o seu sentido oculto ou manchá-las por meio de baixos gracejos. Os primeiros cidadãos de Atenas, nomeados pelo Arconte e pelo Areópago, foram encarregados da escolha das peças.

A tragédia deixava, então, de ser um divertimento campestre de camponeses embriagados, para tornar-se um culto público da cidade de Atenas. Por este golpe de mestre, o jogo perigoso se metamorfoseava em revelação benfazeja. Palas tomava sob sua proteção a evadida dos Mistérios, para dela fazer a mais poderosa das musas, a sacerdotisa da arte iniciadora e salvadora. Deste modo cresceu, sob a Égide de Minerva e com a ajuda dos gênios de Elêusis, esta Melpómene que devia dar à humanidade um novo estremecimento e arrancar do coração humano torrentes de lágrimas divinas.

Vimos que todas as gerações do gênio grego, aquelas que constituem até hoje os elementos essenciais de nossa cultura, saíram dos Mistérios. Reconheçamos na tragédia o último e o não menos extraordinário de seus milagres.

Com Ésquilo, seu organizador e seu verdadeiro criador, ela avança até nós ainda armada da chama da iniciação. Filho de um sacerdote de Elêusis, poder-se-ia chamá-lo de o grande pontífice da tragédia. Seus sucessores tiveram outros méritos, porém estiveram muito longe de atingir sua profundidade e sua majestade. Ésquilo vai buscar, à mãos-cheias, nas fontes da antiga sabedoria, e é com sua luz que ele desce até o abismo obscuro da vida humana. Poeta, músico, arquiteto, maquinista, guarda-roupas, chefe dos coros, ator ele próprio, calçado de coturno*; e trazendo a máscara trágica, Ésquilo permanece um Eumólpida. A matéria humana que ele movimenta com grandes podadas, é a mesma que a de Homero e mais vasta ainda. Suas setenta tragédias, das quais somente sete nos foram conservadas, abrange todo o horizonte dos poetas cíclicos, toda a lenda grega.

Todavia, que abismo entre Ésquilo e Homero! Lá embaixo, as aventuras olímpicas, as catástrofes terrestres se desenrolam como um sonho aéreo. Aqui, espetáculos, personagens, gestos e palavras, nos transportam ao centro das consciências e das vontades. Nós estamos no antro onde se forjam os destinos. Ainda que o coro de Ésquilo represente anciães ou virgens, as Erínias ou as Oceánides, ele está sempre em presença de Deuses, como que impregnado e vibrando com seu sopro. Nos *Coéfores,* os escravos do palácio dos Atrides se comprimem como um enxame de pombas ao redor do túmulo de Agamênon. Electra e Oreste, que dominam o grupo, invocam a sombra de seu pai para a obra da vingança, e o corifeu, soerguendo seus véus como asas, lança esta imprecação, que o coro repete: "Oh! possa eu um dia cantar o hino fatal sobre um homem abatido pelo gládio, sobre uma mulher moribunda! Pois, por que esconder dentro de mim o sopro divino que enche minha alma? Malgrado eu, ele se escapa e sobre minha face respira a cólera de meu coração, o ódio que em mim fermenta. Quando Júpiter estenderá sua mão vingadora? Grande Deus! Fere estas cabeças soberbas! " A este grau de exaltação e de veemência, o coro não é acessório, é a própria alma da ação.

Acima desta humanidade semividente e submersa em uma espécie de meio sonho, erguem-se os heróis da típica trilogia: Agamênom, Clitemnestra, Orestes. Pela grandeza dos caracteres, pela energia das vontades, eles ultrapassam a mediana estatura humana, porém extravasam paixões verdadeiras. Neles se pode estudar a psicologia do crime, atravessando de geração em geração a alma coletiva de uma família. Tem-se o hábito de dizer que o drama antigo repousa na fatalidade cega que envolve os homens pelo feito dos Deuses, como a rede com que Clitemnestra apertou seu esposo para degolá-lo. A crítica moderna julgou encontrar o verdadeiro fundo deste conceito substituindo pelo arbítrio divino a lei do atavismo pela qual ela acredita tudo explicar.

---

* Uma espécie de calçado simbólico de alta dignidade usado por atores que representavam deuses, semideuses e heróis lendários (N. da T.).

Nada de mais estreito e de mais falso do que esta idéia. O pensamento de Ésquilo é exatamente outro.

A estrutura e o desenlace de seus dramas provam que ele tem perfeitamente consciência das três forças que dominam a vida e se equilibram: o Destino, a Providência e a Liberdade humana. O Destino ou a Fatalidade não é outra coisa senão a corrente das paixões e das calamidades que se criam de geração em geração por meio do acúmulo dos crimes. A liberdade humana as tornou possíveis, contudo o homem, ajudado pela sabedoria divina, reagiu. Reconhece-se em Orestes o sentimento da responsabilidade livrando-se da fatalidade que o enlaça. As Erínias que o assediam não representam somente o remorso considerado objeto. São as forças ocultas criadas pelas faltas da humanidade através das idades. Por seus desvios sangüinários, o próprio homem lançou na atmosfera as Fúrias vingadoras. Elas experimentam um empreendimento sobre todas as almas que, por uma razão qualquer, cometeram um crime. Orestes, que a fatalidade da família o impeliu ao assassinato da própria mãe, purifica-se com a ajuda de Apolo e de Minerva. Esta institui para ele o tribunal dos Areópagos, que substitui a lei do talião por uma legislação mais clemente, na qual o culpado que reconhece sua falta pode se libertar. As Eríneas continuarão a ser forças terríveis, espantalhos dos criminosos, advertências para todos, todavia não serão mais a vingança sem piedade. Ao final de sua trilogia, Ésquilo apresenta um cortejo de jovens atenienses que conduzem as Fúrias, transformadas em Euménides (Benevolentes). em seu templo subterrâneo de Colon.

Palavras, situação e dramatização davam a este desfecho uma serenidade grandiosa. De um lado, os terrores da natureza, vencidos, reconciliados, transformados em forças favoráveis; de outro, a cidade feliz sob a égide dos Deuses. A própria Noite, a Noite antiga do caos, tornada sagrada, se abre aos archotes de Elêusis, e os hinos de alegria enchem a alma de uma felicidade sobre-humana. Verdadeira cena de iniciação, transposta para drama religioso e festa cívica.

Em seu *Prometeu,* Ésquilo foi muito mais longe. Seu temperamento titânico não respeitava sempre os limites impostos pela lei. Impelido por seu gênio, ele teve a audácia de revelar pela metade um dos maiores segredos dos Mistérios, o que, parece, deve ter-lhe custado caro.

Ensinava-se em Elêusis que o homem, descendente dos Deuses, tornando-se seu associado, assume de alguma maneira a sua tarefa, à medida em que ele se desenvolve, e que, de seu lado, os Deuses, as forças cósmicas, se desenvolvem também por meio do homem e com o homem. Isto não significava de nenhum modo negar sua existência, porém, submetê-los, a eles também, à grande lei da evolução universal, e reconhecer no homem seu herdeiro, o qual conquistou por seu próprio esforço o poder criador. Tal é a idéia fundamental do *Prometeu acorrentado,* verdadeiro drama cosmogônico, em que o herói fala a todo o instante sobre os milhares de anos que ainda lhe restam para viver. Prometeu tinha tido piedade dos homens que Júpiter queria destruir. Ele os salvou arrebatando o fogo do céu, pai de todas as artes. Daí sua luta com o mestre dos Deuses. A colossal imagem do Titã preso, a golpes de martelo, no cume de uma montanha, por Vulcão, assistido pela Potência e pela Força, suportando seu suplício num silêncio desdenhoso; depois, deixado só, invocando todas as divindades do universo como testemunhas de seu martírio voluntário; o forçado dos Deuses consolado pelas Oceánides antes que Júpiter o precipitasse com seu raio até o fundo do Tártaro, — este símbolo gravou-se na memória dos homens como o tipo do gênio sofredor e de todos os nobres revoltados.

Jamais figura poética mais fortemente individualizada conseguiu se impor tanto quanto esta. Em Prometeu nos aparece de algum modo a subconsciência dos Deuses e do cosmos, falando através do homem elevado ao apogeu de sua força. Nele vive a grande idéia da Justiça universal, primordial e final, que domina o universo e os Deuses, vitoriosa sobre o Destino, filha da Eternidade. Como intérprete desta subconsciência, Prometeu é verdadeiramente a mais alta encarnação teatral de Dioniso, o Deus fragmentado em centenas de heróis. Aqui todos os heróis se amalgamam em um só, o qual parece querer dizer a última palavra sobre as coisas e cuja voz faz tremer o Olimpo.

Compreende-se, aliás, que o público de Atenas também tenha tremido. Compreende-se que milhares de espectadores, não iniciados, tremessem, a palavras como estas, pronunciadas no teatro de Baco pelo próprio poeta, desempenhando o personagem de Prometeu, palavras dirigidas ao Deus nacional de todos os Gregos: "E no entanto este Júpiter, apesar do orgulho que enche sua alma, será humilde um dia. O himeneu que ele prepara o derrubará do alto de seu poderio; ele cairá do trono; será apagado do Império!"

Segundo o escolástico, esta ousadia provocou a indignação da multidão, que se atirou para o palco ameaçando de morte o autor de tal sacrilégio. O poeta só escapou dos punhais dos agressores porque se refugiou na orquestra, circundando o altar de Dioniso.

Deste modo, pela lógica hábil do Destino, a tragédia ideal esteve a ponto de engendrar um drama sangrento sobre o palco, e a sorte do poeta seria a mesma de seu héroi, no próprio momento em que o encarnava.

Destino quase invejável, uma vez que foi o de Orfeu e do próprio Dioniso! Quanto ao Areópago, segundo esta versão, condenou Ésquilo a beber a cicuta, sem a intervenção dos Eumólpidas, os quais declararam que Ésquilo não era iniciado e tinha pecado por ignorância. Seja qual for a tradição, nenhum dramaturgo jamais igualou a audácia do Titã-poeta, nascido em Elêusis e morto no exílio, ao pé do Étna. Sua alma incendiária lançou seu último clarão no sopé do vulcão.

Tenha ele sido ou não formalmente iniciado, a obra de Ésquilo prova que ele traz a marca de Elêusis em todas as fibras de ser ser. Não, menos estreitamente do que ele, Sófocles se prende aos Mistérios, ainda que nele as idéias de Elêusis se curvem e se transportem muito mais. Seus coros menos ditirâmbicos conservam, entretanto, o caráter religioso. Seus heróis, sempre dignos, se aproximam bastante da humanidade comum. A ação, mais interior e mais sabiamente conduzida. Os caracteres, mais vazados e mais matizados, seguem a lei de progressão. Sófocles é o inventor da evolução psicológica. Estudando-se sob este ponto de vista sua triologia de *Édipo* e de *Antígone,* encontra-se um verdadeiro drama de iniciação. A disciplina de Elêusis consistia precisamente em operar uma metamorfose no homem, ao fazer nascer nele uma outra alma, purificada e vidente, que se tornaria seu gênio consciente, seu Daimon, sob a égide de um Deus.

No *Édipo* de Sófocles, o mistério se desenvolve de uma lenda que o deixa transparecer. Édipo tornou-se rei de Tebas livrando o país de um monstro fêmea que o devastava, a Esfinge. A tradição corrente e a literatura clássica não viam na Esfinge senão um monstro fabuloso como os outros, como a Hidra de Lerne, a Quimera e os inumeráveis dragões de todas as regiões. Entretanto, nos Mistérios antigos, a Esfinge era um símbolo muito mais vasto e mais poderoso. Com corpo de touro, garras de leão e cabeça humana, ela representava toda a evolução animal da qual o homem se livrou. Suas asas de águia significavam também a natureza divina que ele traz em gérmen. Sófocles escolheu a Esfinge que lhe fornecia a lenda popular de Tebas, deixando simplesmente adivinhar seu sentido esotérico. Édipo não é um iniciado, nem mesmo um aspirante aos Mistérios; é o homem forte e orgulhoso que se atira na vida com toda a energia de seu desejo sem limite, e investe sobre todos os obstáculos como um touro sobre seus adversários. Vontade de posse e de poder, eis o que domina nele. Com um instinto indubitável, ele adivinha o enigma que a Esfinge-Natureza propõe a todo homem no limiar da existência, o qual se constituía de uma única palavra, o Homem em pessoa. Todavia, ser de desejo e de pura paixão, ele conhece perfeitamente por isto um homem semelhante a si mesmo, sem ter a menor idéia de quem seja homem divino, transfigurado. Por seu golpe de vista de homem de ação ele ataca o monstro, lança-o por terra, impõe-se ao povo, torna-se rei. Porém os Deuses lhe preparam o castigo atraído por sua presunção e sua violência. Sem o saber ele tinha matado seu próprio pai e esposado sua mãe. Esta descoberta o precipita do ápice da prosperidade no mais assustador abismo.

A beleza espiritual do drama consiste no contraste entre o divino Tirésias, que, privado da vida exterior, mas dotado da vidência do espírito, penetra toda a trama do destino, e Édipo, que, com seus olhos abertos, não vê senão a aparência das coisas e se lança como uma fera nas armadilhas estendidas.

Se *Édipo-Rei* nos mostra o castigo da presunção, *Édipo* em *Colon* nos apresenta no ancião errante, fugitivo, acumulado de todos os males e conduzido por sua nobre filha, a purificação do homem por meio da dor heroicamente suportada. À força de sofrer com coragem e consciência, o rei proscrito e cego tornou-se, ele também, um vidente da alma e traz em torno de sua cabeça desnuda uma auréola de consolação e de esperança onde irradia a graça divina. Édipo, assim transfigurado, quase torna-se um santo. Depois disto, não nos espantamos mais ao contemplar na sublime Antígona a flor delicada do puro amor humano, uma cristã antes da epístola.

A obra-prima de Sófocles justifica, pois, perfeitamente as judiciosas reflexões de Fabre d'Olivet:

"Saída completamente do fundo dos Mistérios, a tragédia possuía um sentido moral que os iniciados compreendiam. Eis o que a colocava acima de tudo o que poderíamos imaginar hoje, o que lhe dava um preço inestimável. Enquanto o vulgar, ofuscado somente pela pompa do espetáculo, arrebatado pela beleza dos versos e da música, se entregava a um gozo fugitivo, o sábio experimentava um prazer mais puro e mais durável, absorvendo a verdade no próprio seio das ilusões mentirosas dos sentidos. Este prazer era tanto maior quanto mais perfeita tinha sido a inspiração do poeta, e quanto melhor ele conseguisse transmitir o espírito alegórico, sem trair o véu que o cobria."

Se toda a força dos Mistérios irradia através da obra de Ésquilo e de Sófocles, não encontramos mais nenhum vestígio na obra de seu ilustre rival e sucessor, Eurípedes. De um momento para outro, as tochas sagradas, que conduzem à luz venturosa, se apagaram, e nós tateamos nas trevas do destino cego que clareiam somente os fachos das paixões e os fogos rubros do Tártaro. De onde vem esta brusca mudança? A razão é fácil de se encontrar.

Contemporâneo do titã Ésquilo e do divino Sófocles, também poeta como eles, à sua maneira, seu igual, seu superior talvez por algumas qualidades, como sua sensibilidade palpitante, a limpidez maravilhosa de seu estilo e a riqueza engenhosa de sua imaginação, Eurípides pertence a um outro mundo, muito mais ao nosso do que ao da antigüidade, pelo giro de seu espírito e a natureza de sua alma. Não somente ele não se prende por nenhum vínculo a Elêusis, como também é discípulo fervoroso de Sócrates, que recusou se fazer iniciar, porque, conforme dizia, ele não queria saber das coisas comunicadas sob o juramento do silêncio e sobre as quais ele não teria o direito de discutir em público. Sócrates acreditava firmemente e ensinava que só o raciocínio pode atingir a verdade e que a lógica rigorosa, sem a ajuda de nenhuma outra faculdade, leva infalivelmente à virtude como à felicidade. Ele vira as costas à antiga vidência, mãe da sabedoria primordial e de todas as religões antigas; ele ignora a intuição, criadora das filosofias sintéticas; ele sorri finalmente da inspiração, fonte da poesia e das artes. Ele não vê salvação a não ser na observação, na análise e na dialética. Por isto ele é, verdadeira e autenticamente, como o disse Nietzsche, o pai do racionalismo intransigente e do positivismo moderno.

Ora, Eurípedes, ainda que poeta e poeta de gênio, é o discípulo mais fanático deste mestre da dúvida. Dir-se-ia que ele escreve apenas para um único espectador. Pois Sócrates, que jamais ia ao teatro, vai para escutar as tragédias de Eurípedes. Que prazer requintado para ele ouvir os coros e as personagens de seu discípulo reproduzir seus silogismos, em que o espírito se prende como em uma ratoeira, e parafrasear seu ceticismo demolidor; sua face de Silene se alegra, e seu olho de Cíclope se acende diante do espetáculo. Os Deuses inutilmente desceram do céu em seus carros dourados e declamaram versos pomposos sob máscaras pintadas, em discursos contraditórios; o infatigável racionador vê o Olimpo cair como poeira e se apagar toda a fantasmagoria mitológica. Por isso aplaudiu ele com grande entusiasmo a esta passagem de um coro de *Hipólito:* "Certamente, a previdência dos Deuses, quando ela se impõe a meu pensamento, dissipa-me as inquietações, porém, mal penso tê-la compreendido, a ela renuncio vendo as misérias e as ações dos mortais."

Estas palavras mostram o abismo que separa a obra de Eurípedes da de seus predecessores. Os mesmos assuntos, as mesmas personagens, as mesmas decorações; toda a lenda homérica; no entanto, o sentimento religioso e a compreensão profunda da vida desapareceu. Apesar do conhecimento das paixões, apesar da magia incomparável da língua e de inúmeras belezas de detalhe, não se sente mais aí o vasto golpe de vista que abrange o conjunto do destino humano e trespassa o fundo penetrando em seu além. O gênio dos Mistérios não está mais aí e, sem ele, tudo míngua, enruga, fenece e tomba em pedaços. O coro cessou de ser os olhos e a voz dos Deuses, ele não representa mais senão o povo, a massa flutuante, o vil rebanho, o ancião trêmulo e crédulo, o cidadão *Demos* de Aristófanes. Quanto a seus heróis, falou-se justamente que Eurípedes "colocou o espectador no palco". Todas as grandes personagens, nas quais o mito glorifica os fundadores da civilização grega, baixaram um ou vários degraus na escala social. Hércules, este tipo de iniciado com seus doze trabalhos, tornou-se um pândego, generoso, mas vulgar e grosseiro; Jasão, o conquistador do Tosão de Ouro, um covarde choramingas. Apenas os Aquiles, os Orestes, os Pilades conservam sua dignidade. Eurípedes criou virgens delicadas, mas os caracteres dos homens, em sua obra, são, em geral, fracamente delineados. Ele foi mestre na pintura das paixões propriamente ditas, quando elas se tornam mestras da alma e quando se colocam em lugar da individualidade. Daí as amantes ferozes, Fedra e Medéia, e a rugidora Hécuba, tigre das vinganças maternais. Permanece o patético, do qual Eurípedes é inventor. Niguém sabe como excitar-lhe a piedade, fazer correr as lágrimas, porém é uma piedade infecunda e debilitante, que não deixa no coração nem força, nem consolação. Pode-se dizer que a estética de Eurípedes, resultado de sua filosofia, se reduz ao patético sem luz, ao trágico inexplicado da vida. Ele não nos legou senão duas obras-primas, nas quais o teatro moderno freqüentemente tem-se inspirado,

Hipólito e *Ifigênia em Aulide,* e onde ele atinge o auge da emoção. Todavia, se via ao fundo destes dramas, vê-se que eles são a condenação involuntária da filosofia da qual Eurípedes se fez o porta--voz. Hipólito, o casto e orgulhoso adolescente, adorador de Diana, injustamente acusado de incesto por seu pai e morto a seu pedido por Netuno; Ifigênia, a terna virgem, sacrificada por um pai bárbaro e um exército supersticioso; estas duas vítimas não provam que uma civilização puramente intelectual, e que não conhece os verdadeiros Deuses, é forçada, para subsistir, a imolar seus mais nobres jovens?

Nada de mais trágico e de mais singular do que o destino do próprio Eurípedes. Após uma vida de glória e de sucessos contínuos, ele foi chamado à corte pelo rei da Macedônia, Arquelaus. Lá ele compôs sua tragédia sobre as *Bacantes,* que é a negação absoluta de sua estética e de sua filosofia antimística. Pois aí se vê o rei Penteu dilacerado pelas Bacantes, depois de ter negado a divindade de Dioniso e a necessidade de seus Mistérios incompreensíveis. Teria o Deus mágico das metamorfoses ficado satisfeito com esta retratação tardia? Parece que não, se acreditarmos nos boatos que correram em Atenas. Pois, pretende-se que, num passeio solitário, o hóspede ilustre do rei da Macedônia foi dilacerado por um bando de molossos. Sobre isso o simbolismo audacioso dos partidários tardios de Ésquilo teve sorte. Eles afirmaram que as paixões selvagens, desencadeadas por Eurípedes no teatro de Baco e com as quais ele havia tão habilmente brincado durante sua longa vida, tinha entrado nos cães da Trácia para se lançar sobre seu mestre, como as bestas feras que terminam quase sempre por devorar seu domador. Profunda e derradeira ironia, diziam eles, dos Deuses que ele tinha ofendido!

Fabre d'Olivet, este grande pensador esquecido, sutentou um julgamento notável sobre Eurípedes. Eu o cito, apesar de sua severidade excessiva, porque ele oferece, em alguns traços, um quadro magistral do desmoronamento da tragédia, depois que ela perdeu as regras e a tradição de Elêusis: "Se as leis que primeiro foram promulgadas contra aqueles que, tratando sobre assuntos trágicos, aviltassem seu sentido misterioso, tivessem sido executadas, não se teria suportado que Eurípedes pintasse tantos heróis degradados pela adversidade, tantas princesas desvairadas pelo amor, tantas cenas de vergonha, de escândalo e de enormes crimes; no entanto, o povo, já degradado e vizinho da corrupção, se deixava arrebatar por estes quadros perigosos, e ele mesmo corria ao encontro da taça envenenada que lhe era oferecida. É à própria magia destes quadros, ao talento com o qual Eurípedes sabia colori-los, que se deve atribuir a decadência dos costumes atenienses, e o primeiro golpe dirigido à pureza da religião. O teatro, transformando-se na escola das paixões e não oferecendo mais à alma nenhum alimento espiritual, abriu uma porta pela qual se insinuaram, até nos santuários, o desprezo e a zombaria dos Mistérios, a dúvida, a audácia mais sacrílega e o completo esquecimento da Divindade."

Maravilha da arte viva, a tragédia nos apareceu como a flor do milagre helênico e a última palavra do gênio grego. Mostrei como o mito de Dioniso lhe deu nascimento, que os Mistérios de Elêusis inspiraram suas obras-primas e que ela entrou em uma decadência rápida logo que deixou de compreendê-los. Uma conclusão se impõe sobre a relação destas duas instituições, conclusão que nos abrirá uma perspectiva sobre a verdadeira missão do teatro e sobre seu possível futuro na humanidade.

A trágedia é, conforme a palavra de Aristóteles, *uma purificação* ($\kappa\alpha\theta\alpha\rho\delta\iota\varsigma$) *pelo terror e a piedade*. Esta fórmula é perfeita em sua concisão. Ela somente demanda uma explicação. Por que o terror e a piedade, que na vida real são impressões deprimentes, tornam-se na grande tragédia grega forças reconfortantes e pruficadoras? Porque apresentam ao espectador *as provas da alma* que a tornam propícia à assimilação das verdades consoladoras e sublimes, arrancando véu após véu. Sem a clara compreensão destas provas, as angústias do terror e o impulso da simpatia permanecem impotentes. Porém, a lustração da alma que sucede ao estremecimento trágico, produz uma estiagem onde penetram os raios de uma verdade e uma felicidade desconhecidas. O fim dos Mistérios de Elêusis era comunicar esta verdade mesma ao iniciado por meio da experiência pessoal, de claros conceitos e imagens expressivas. A iniciação e as festas de Elêusis davam aos que sabiam compreendê-las a chave das contradições e dos terrores da vida. Deste modo as duas instituições se completavam e se ajudavam mutuamente. Em Ésquilo e em Sófocles entrevia-se a paz e a luz para além do terror e da piedade. Em Eurípedes, o dialético e o sofista, que pertence já à civilização puramente intelectual e racionalista da qual Sócrates é o agente principal, nós encontramos o terror e a piedade sem sua eficácia transcendente, isto é, sem a iluminação e a quietude psíquica que eles possuíam no drama primordial de Elêusis e que o drama de Ésquilo e de Sófocles tinha conservado em larga escala. O homem em Eurípedes aparecia como a vítima do acaso e do arbítrio divino. Pode-se dizer que o terror e a piedade tornam-se mais pungentes neste conceito da vida, porém eles aí perdem sua virtude enobrecedora, seu poder educador. Sai-se libertado e rejuvenescido de uma tragédia de Ésquilo ou de Sófocles; sai-se emocionado, mas oprimido, de um melodrama de Eurípedes. Apesar da grandeza do poeta e do artista, falta-lhe o sopro divino.

O ideal da arte seria juntar, na plenitude da vida, ao terror e à piedade salutar da tragédia, as revelações consoladoras que a Grécia encontrou nos Mistérios e particularmente no drama eleusiano. A história sem dúvida não recomeça e não se nada duas vezes no mesmo rio, como dizia Heráclito; entretanto, no curso das eras, as idéias e as coisas voltam em metamorfoses incessantes e em formas imprevistas. Apesar do véu opaco com o qual nos envolve nossa civilização materialista, não é impossível que o milagre helênico tenha transformações e renascimentos surpreendentes.

As novas criações surgem às vezes do profundo e doloroso desejo de um passado jamais perdido. Queima ainda em nós todos a inextinguível nostalgia da tragédia grega, sobre a qual flutua — esperança imortal — a luz sublime de Elêusis!

LIVRO VIII

O CRISTO CÓSMICO
E
O JESUS HISTÓRICO

Pode-se sempre aprofundar o Mistério da Palestina. Por detrás dele
existe... o Infinito.

RUDOLF STEINER

CAPÍTULO I

O CRISTO CÓSMICO

Chegamos ao ponto da evolução humana e divina em que é preciso recordar tudo o que precede para compreender tudo o que vem a seguir. Pois aqui o influxo que vem do alto e o esforço de baixo se encontram em um ponto luminoso, que projeta seus raios para trás, sobre o passado imemorial, e para a frente, sobre o futuro infinito.

A chegada de Cristo é o ponto central, o foco incandescente da história. Ela marca uma meia-volta, uma mudança de orientação, um estímulo novo e prodigioso. O que é surpreendente é ele se apresentar para os materialistas insensíveis como um desvio funesto e para os simples crentes como uma cena inesperada, que suprime o passado para reconstruir o mundo em novos quadros. Para falar a verdade, os primeiros são vítimas de sua cegueira espiritual e os segundos da estreiteza de seu horizonte. Se, de um lado, a manifestação do Cristo por meio do mestre Jesus é um fato de alcance incalculável, de outro, ela foi preparada por toda a evolução precedente. Um entrelaçamento de fios invisíveis a reata a todo o passado de nosso planeta. Este raio vem do coração de Deus para descer até o coração do homem e lembrar à terra, filha do Sol, e ao Homem, filho dos Deuses, sua origem celeste.

Procuramos elucidar este mistério com algumas palavras.

A terra com seus reinados, a humanidade com suas raças, as forças espirituais com suas hierarquias que imergem no Insondável, evoluem sob um mesmo impulso, de um movimento simultâneo e contínuo. O céu, a terra e o homem marcham juntos. O único meio de acompanhar o sentido de sua evolução é penetrar, com a mesma visão, estas três esferas, em seu trabalho comum e considerá-las como um todo orgânico e indissolúvel.

Assim considerando, lancemos um golpe de vista sobre a condição do mundo por ocasião do nascimento de Cristo e concentremos nossa atenção sobre as duas raças que representam, nesse momento, a vanguarda humana — sobre o mundo greco-latino e o povo judeu.

Sob o ponto de vista espiritual, o movimento da humanidade, desde a Atlântida até a era cristã, nos oferece o duplo espetáculo de um recuo e de um progresso. De um lado, a diminuição gradual da vidência e da comunicação direta com as forças da natureza e os poderes cósmicos; do outro, o desenvolvimento ativo da inteligência e da razão, e em conseqüência o empreendimento material do homem sobre o mundo. A vidência continua a ser cultivada por uma elite nos centros de iniciação, nos lugares em que se proferem os oráculos, e é daí que partem todos os movimentos religiosos e todos os grandes estímulos civilizadores. Todavia a vidência e as faculdades adivinhas diminuem na massa humana. Esta transformação espiritual e intelectual do homem, cada vez mais atraído para o plano físico, corresponde a uma transformação paralela de seu organismo. Quanto mais voltamos ao seu passado pré-histórico mais nos deparamos com um corpo leve e fluido. Agora ele se solidifica. Ao mesmo tempo seu corpo etérico, que outrora ultrapassava o corpo físico, é cada vez mais absorvido por ele e toma sua forma exata. O corpo astral, sua aura radiante, que outrora se estendia ao longe como uma atmosfera e servia para suas percepções hiperfísicas, para sua comunicação com os Deuses, curva-se também ao redor de seu corpo e não é senão um nimbo estreito saturado de vida própria e colorido com suas paixões.

Este desenvolvimento compreende milhares e milhares de anos. Ele se estende sobre a segunda metade do período atlanta e sobre todas as civilizações dá Ásia, do norte da África e da Europa que daí saíram (Hindus, Persas, Caldeus, Egípcios, Gregos e povos do norte da Europa).

Esta involução das forças do cosmos no homem físico era indispensável para seu acabamento como para sua perfeição intelectual. A Grécia representa o último estádio desta *descida do Espírito na matéria*. Nela, a fusão é perfeita. Daí resulta um maravilhoso desabrochar da beleza física no equilíbrio intelectual. Porém, este templo diáfano, habitado por homens semidivinos, se ergue à beira de um precipício onde fervilhavam os monstros do Tártaro. Foi uma hora crítica esta. Como nada se detém, e é preciso sempre recuar ou marchar para a frente, a humanidade não podia mais, a partir deste ponto, a não ser chafurdar na bestialidade e na depravação, ou se elevar até o topo do Espírito com uma consciência fortalecida. A decadência grega e sobretudo a orgia imperial de Roma apresenta o espetáculo, ao mesmo tempo grandioso e repelente, desta corrida do homem antigo para a libertinagem e a crueldade, decadência fatal de todos os grandes movimentos da história.[1]

"A Grécia, – diz Rudolf Steiner –, somente pôde realizar sua obra deixando adensar-se gradualmente o véu que recobria a antiga vidência. O mundo greco-latino, com sua rápida decadência, marca a mais profunda descida do espírito na matéria, no curso da evolução humana. A conquista do mundo material e o desenvolvimento das ciências positivas vinham a este preço. Como a vida póstuma da alma é condicionada por sua vida terrestre, os homens médios não iam longe no mundo espiritual após sua morte. Eles levavam com eles uma parte de seus véus e sua existência astral era semelhante à das sombras. Daí a lamentação da alma de Aquiles em Homero: Antes ser um mendigo sobre a terra do que um rei no país das sombras! A missão determinada à humanidade post-atlântida devia forçosamente se afastar do mundo espiritual. É uma lei do cosmos que a grandeza de um lado se compre, por determinado tempo, pela fraqueza do outro."[2]

Uma formidável meia-volta, uma subida aos cumes da Alma era necessária à humanidade para o cumprimento de seus destinos. Contudo, para isto era preciso uma religião nova mais poderosa que todas as precedentes, capaz de soerguer as massas entorpecidas e de transportar o ser humano até as últimas profundidades. As revelações anteriores da raça branca tiveram, todas, lugar sobre o plano astral e sobre o plano etéreo, de onde elas agiam poderosamente sobre o homem e sobre a civilização. O cristianismo, vindo de mais longe e de mais alto, através de todas as esferas, devia se manifestar justamente sobre o plano físico, para transfigurá-lo espiritualizando-o, e entregar ao homem individual, como á humanidade coletiva, a consciência imediata de sua origem celeste e de seu fim divino. Não havia, pois, somente razões morais e sociais, havia razões cosmológicas para a aparição do Cristo em nosso Mundo.

Às vezes, em pleno Atlântico, quando um vento baço rompe o céu tempestuoso, vêem-se, em um ponto, as nuvens se adensarem e se inclinarem na direção do Oceano em forma de trompa. Logo o mar se ergue em ponta e vai ao encontro da nuvem. Parece que toda a massa das águas aflui a este turbilhão líquido, para se contorcer e se levantar com ele. De repente, as duas pontas, que se atraem, se confundem como duas bocas... A tromba está formada!... O vento sorve o mar e o mar bebe o vento. Vórtice de ar e de água, uma coluna viva, avança vertiginosamente sobre as vagas convulsas e junta, por um momento, a terra com o céu.

O fenômeno do Cristo, que desce do mundo espiritual para o mundo físico, através do mundo astral e do plano etérico, assemelha-se ao meteoro marítimo. Em um e no outro caso, as potências do céu e da terra estão em atividade e colaboram para uma junção suprema. Porém, se a tromba se forma em alguns minutos, sob a violência do furacão e das correntes elétricas, a descida de Cristo sobre a terra exige milhares de anos e remonta, por sua causa primeira, aos arcanos de nosso sistema planetário.

Nesta metáfora, que procura traduzir por meio de uma imagem o papel do Cristo cósmico em nossa humanidade, o povo judeu representa o lado terrestre, esotérico e visível. É o lado de baixo que se revolta, atraído pelo turbilhão do alto. Este povo se volta contra todos os outros. Com sua intolerância, sua idéia fixa, obstinada, ele escandaliza as nações como a tromba escandaliza as vagas. A idéia monoteísta rebenta com os patriarcas. Moisés dela se apodera e se utiliza para modelar uma nação. Como o Simão despacha uma coluna de poeira, Moisés reúne os Ibrins, os beduínos, para formar o povo de Israel. Iniciado no Egito, protegido de um Eloim, que ele chama de Jeová, ele se impõe pela palavra, o ferro e o fogo. Um Deus, uma Lei, uma Arca, um povo para transportá-la; e em frente, por quarenta anos pelo deserto, através da penúria e das sedições, em direção à terra prometida! Deste pensamento poderoso, como a coluna de fogo que marcha diante do tabernáculo, surgiu o povo de Israel com suas doze tribos, que correspondem aos doze signos do zodíaco. Israel guardará intacta a idéia monoteísta, apesar dos crimes de seus reis e o assalto dos povos idólatras. E sobre esta idéia se enxerta, desde a origem, a idéia messiânica. Pois, já morrendo, Moisés havia anunciado o salvador final, o rei da justiça, profeta e purificador universal. De século em século, a voz infatigável dos profetas o proclama, desde o exílio babilônico até sob o jugo de ferro dos Romanos. Durante o reinado de Herodes ele se assemelha a um navio à deriva, cuja equipagem desnorteada incendiaria seu mastro de mizena como um facho para se guiar através dos escolhos. Pois, nesse momento, Israel apresenta o espetáculo estranho e desconcertante de um povo oprimido pelo Destino, meio aniquilado, que espera sua salvação da encarnação de um Deus!

Israel devia naufragar; todavia, Deus se encarnou.

Que jogo complexo é este da Providência, da liberdade humana e do Destino?

O povo judeu personifica e corporifica, de alguma maneira, o apelo da terra ao Cristo. Nele, a liberdade humana, entravada pelo Destino, isto é, pelas faltas do passado, grita para a Providência, a fim de obter sua salvação. As grandes religiões refletiram esta preparação como em um espelho. Ninguém tinha uma idéia clara do Messias, mas os iniciados o pressentiam e o anunciavam há longo tempo.

Jesus responde aos Fariseus que o interrogam sobre sua missão: "Antes de Abraão, eu era." Aos apóstolos, que temem sua morte, ele diz estas palavras espantosas, que nenhum outro profeta jamais pronunciou e que pareceriam ridículas em outra boca que não a sua: "O céu e a terra passarão, porém minhas palavras não passarão." Ou tais palavras são as divagações de um louco ou elas têm um sentido cosmológico transcendente. Para a tradição oficial da Igreja, Cristo, segunda pessoa da Trindade, deixou o seio do Pai para se encarnar na Virgem Maria. Para a tradição esotérica também, Cristo é um ser sobre-humano, um Deus em toda a força do termo, a mais alta manifestação espiritual que a humanidade tenha conhecido. Contudo, como todos os Deuses, Verbos do Eterno, desde os Arcanjos até os Tronos, ele atravessa uma evolução, que perdura por toda a vida planetária e, como ele é a única Potência, entre todas, que se manifestara completamente em uma encarnação humana, esta evolução é de uma natureza especial. Para compreender-lhe a origem, é preciso se transportar para além da história das raças humanas até a formação da terra e o primeiro estremecimento da luz em nossa nebulosa. Porque, segundo a tradição rosa-cruciana, o Espírito que falou ao mundo sob o nome de Cristo e pela boca do mestre Jesus, está espiritualmente ligado ao astro-rei de nosso sistema, ao sol.

Vimos, na *Evolução planetária*, as Potências cósmicas elaborarem nosso mundo sob uma única direção e segundo uma hierarquia sábia. Esboçados no plano espiritual, os tipos e os elementos, as almas e os corpos se refletem no plano astral, se vitalizam no plano etéreo, para se concretizar na matéria. Cada planeta é a obra de uma determinada ordem de poderes e gera outras formas de vida. Cada grande Potência cósmica, digamos cada grande Deus, arrasta atrás de si legiões de espíritos, que são obreiros inteligentes.

A tradição esotérica do Ocidente considera o Cristo como o rei dos gênios solares. No momento da separação da terra e do sol, os espíritos sublimes chamados ἐξουτίαι, por Denis, o Areopagita, *Virtudes* pela tradição latina, *Espíritos da Forma* por Rudolf Steiner, se retraem sobre o astro luminoso que acabava de repelir seu núcleo opaco. Eles eram de uma natureza bastante etérea para se darem bem na pesada atmosfera terrestre, onde deviam se debater os Arcanjos. E, concentrados em torno da aura do sol, eles agem daí com mais força sobre a terra, fecundando-a com seus raios e revestindo-a com um manto de verdura. O Cristo, feito o regente destas forças espirituais, poderia se chamar o Arcanjo solar. Incubado por elas, ele permaneceu longo tempo desconhecido dos homens, sob seu véu de luz.

A terra nascente sofria a influência de um outro Deus, cujas legiões eram então centralizadas sobre o planeta Vênus. Este poder cósmico foi denominado Lúcifer, ou Arcanjo rebelde, pela tradição judaico-cristã. Sua função foi indicada no primeiro capítulo deste livro. Ele impeliu a alma humana muito antes na matéria, cravou o eu até o fundo do corpo. Por isto, ele foi o autor indireto do mal, mas também da paixão e do entusiasmo, a fulguração do deus no homem, através dos tumultos do sangue. Sem ele, nós não teríamos nem a razão, nem a liberdade, e o espírito deixaria de ser um trampolim para voltar até os astros.

A influência dos espíritos luciferianos predominou durante o período lemuriano e atlanta, porém, desde o começo do período ariano, a influência espiritual que emana da aura solar se faz sentir. Ela aumenta de período em período, de povo em povo, de religião em religião. O Cristo se aproxima, deste modo, pouco a pouco do mundo terrestre, por meio de uma irradiação progressiva. Esta lenta e profunda incubação se assemelha, no plano espiritual, ao que seria no plano físico a aparição de um astro vindo do fundo do céu, cujo disco se veria crescer, à medida que se aproximasse de nós. Indra, Osiris, Apolo se levantam na Índia, no Egito e na Grécia como precursores do Cristo. Ele brilha através destes Deuses solares como a pura luz através dos vitrais vermelhos, amarelos e azuis das catedrais. Ele aparece também aos iniciados, como às vezes sobre o Nilo se vê despontar uma estrela longínqua através dos raios rosados do sol poente que sobem até o zênite. Desde então ele resplandece em pessoa para Zoroastro sob a figura de Ahura-Mazda, que se mostra a ele, em sua grande visão, como um Deus vestido do sol. Ele reluz para Moisés na sarça ardente, e fulgura, igual a um relâmpago, através de todos os Eloim, em meio aos raios do Sinai. Ei-lo transformado em Adonis, o Senhor, anunciando sua vinda próxima.

Mas, isto não era o bastante. Para arrancar a humanidade da prisão da matéria, em que ela se atolara na descida, era preciso que este Espírito sublime se encarnasse em um homem, era preciso que o Verbo solar descesse em um corpo humano, que fosse visto caminhar e respirar sobre a terra. A fim de enviar os homens para o caminho das alturas espirituais e lhes mostrar seu fim celestial, não era preciso nada menos do que *a manifestação do Arquétipo divino sobre o plano físico.* Era preciso que ele triunfasse do mal pelo Amor sem limites, e da morte por uma Ressurreição magnífica, ressurgindo intacto, transfigurado e mais esplêndido ainda, do abismo onde tinha mergulhado.

O redator do Evangelho segundo São João pôde, então, proclamar em um sentido ao mesmo tempo literal e transcendente: "A Palavra se fez carne e a luz caminhou entre nós cheia de graça e de verdade."

Esta é a razão cósmica da encarnação do Verbo solar.

Acabamos de distinguir a necessidade de sua manifestação terrestre, no ponto de vista da evolução divina. Vejamos agora como a evolução humana lhe preparou um órgão digno de recebê-lo.

NOTAS

1. Ver o quadro que apresentei no início da *Vida de Jesus* em meus *Grands Initiés.*

2. Esboço da ciência oculta *Die Geheimwissenschaft Umriss*, por Rudolf Steiner (Altmann, Leipzig).

CAPÍTULO II

O MESTRE JESUS, SUAS ORIGENS
E SEU DESENVOLVIMENTO

Uma questão preliminar se coloca àquele que deseja evocar hoje o verdadeiro Jesus, a questão do valor relativo dos quatro Evangelistas. Quem penetrou pela meditação e a intuição da verdade intrínseca destes testemunhos, de gênero único, estaria tentado a responder a todas as objeções feitas pela crítica à autenticidade dos Evangelhos, por meio da palavra de Goethe. No fim de sua vida, um amigo vem dizer-lhe:

— Sabeis que se acaba de descobrir que o Evangelho de São João não é autêntico?

— O que é autêntico, — respondeu o autor de *Fausto* — senão o que é eternamente belo e verdadeiro?

Por meio desta palavra soberba, o velho poeta, mais sábio que os pensadores de seu tempo, colocava em seu devido lugar as pesadas construções da escola crítica e puramente documentária, cuja deformidade pretensiosa terminou por nos mascarar a Verdade e a Vida.

Mas, sejamos mais precisos. Está provado que os Evangelhos gregos foram redigidos muito tempo após a morte de Jesus, sobre tradições judaicas que remontam diretamente aos discípulos e aos testemunhos oculares da vida do mestre. Que eles contenham ou não algumas contradições de detalhe e que nos apresentem o profeta da Galiléia sob ângulos diferentes, em que consiste para nós a autenticidade e a veracidade destes escritos? Será na data de sua redação? Será nas montanhas de comentários acumulados sobre eles? Não. Sua força e sua veracidade residem na unidade viva da pessoa e da doutrina de Jesus que daí se desprende, e que tem por contraprova o fato de que esta palavra mudou a face do mundo, e a vida nova que ela pode ainda evocar em cada um de nós.

Eis a prova soberana da realidade histórica de Jesus de Nazaré e da autenticidade dos Evangelhos. Tudo o mais é acessório. Quanto àqueles que, como David Strauss, imitado por alguns teósofos, querem nos persuadir de que o Cristo é um simples mito, "um grandioso *humbug* histórico", seu pedantismo grotesco exige de nós uma fé mais cega do que aquela dos crentes mais fanáticos. Jean-Jacques Rousseau o disse muito bem, que, se pescadores da Galiléia, escribas de Jerusalém e filósofos neoplatônicos de Éfeso tivessem fabricado em bloco o tipo de Jesus Cristo, o qual venceu o mundo antigo e conquistou o mundo moderno, isto, sim, seria um milagre mais ilógico e mais difícil de compreender do que todos os milagres de Cristo, os quais, aos olhos do ocultismo contemporâneo, como da iniciação de todos os tempos, são fatos conhecidos, confirmados e impelidos por ele à sua mais alta potência. Estes milagres materiais foram necessários para persuadir os contemporâneos de Jesus. O que se nos impõe no presente, com uma força não menos invencível, é a personalidade comovente, é a incomparável grandeza espiritual deste mesmo Jesus, que ressalta cada vez mais viva dos Evangelhos e da consciência humana.

Digamos, pois, com Rudolf Steiner:

"A crítica moderna sobre os Evangelhos apenas nos esclarece sobre o aspecto exterior e material dos documentos. Ela nada nos ensina sobre sua essência. Uma personalidade tão vasta quanto a de Cristo não poderia ser abrangida toda por um só de seus discípulos. Ela devia se revelar a cada um deles, conforme suas faculdades, por uma face diferente de sua natureza. Suponhamos que se tire a fotografia de uma árvore apenas de um só lado, ter-se-ia dela uma imagem parcial; mas, suponhamos que se tire a fotografia dos quatro lados diferentes, ter-se-ia da árvore uma imagem completa.

Acontece o mesmo com os Evangelhos. Cada um deles corresponde a um grau diferente de iniciação e nos apresenta uma parte da natureza de Jesus Cristo.

"Mateus e Lucas nos pintam de preferência o mestre Jesus, isto é, a natureza humana do fundador do cristianismo. Marcos e João exprimem sobretudo sua natureza espiritual e divina.

"Mateus vê o mestre Jesus *do ponto de vista físico*. Ele nos fornece sobre sua descendência e suas relações atávicas com o povo de Israel os mais preciosos documentos. Lucas, o mais poético e o mais visionário dos Evangelistas, narra a *vida íntima do mestre*. Ele *vê* o reflexo de seu eu no seu corpo astral, e pinta em imagens comoventes a força do amor e do sacrifício que se expande de seu coração. Marcos corresponde à *aura magnética que circunda o Cristo* e cujos raios se estendem no mundo espiritual. O que ele nos mostra antes de tudo é o poder miraculoso do terapeuta, sua força e sua majestade. João é, por excelência, o *Evangelista metafísico*. Ele tem por objeto o espírito divino do Cristo. Menos conciso do que Mateus e Marcos, mais abstrato do que Lucas, ele não tem como este último as visões impressionantes que refletem os fatos do mundo astral. Porém *ele ouve o verbo interior e primordial, a palavra criadora* que vibra em cada sentença e em toda a vida de Cristo. Ele proclama o Evangelho do Espírito.

"Os quatro Evangelistas são, pois, todos inspirados e clarividentes do Cristo, porém, cada um nos limites de sua esfera."[1]

A diversividade e a unidade de inspiração dos Evangelhos, que se completam e se encaixam como os quatro estágios do ser humano, nos mostram deste modo seu valor relativo. É narrando cada um em sua esfera que se penetra, pouco a pouco, na elevada personalidade de Jesus Cristo, o qual atinge, por seu aspecto justo e pelo aspecto divino, toda a evolução planetária.[2]

Remontando à ascendência de Jesus até Davi e Abraão, o Evangelho de Mateus quer nos mostrar que ele descende da elite da raça de Judá e que seu corpo físico é o escol supremo deste povo. Eis o que é preciso reter desta árvore genealógica. Ele conta que fisicamente o mestre Jesus devia ser o produto de uma longa seleção, a filtragem de toda uma raça. No entanto, além do atavismo do corpo, há o da alma. Todo o ego humano teve inúmeras encarnações anteriores. As encarnações dos iniciados são de um gênero especial, excepcional e proporcional a seu grau de evolução. Os profetas judeus, os *nabi*, eram geralmente consagrados a Deus por sua mãe e traziam o nome de *Emanuel* ou de *Deus nele*. Isto significava que eles seriam inspirados pelo Espírito. Estas crianças, educadas em um colégio de profetas, votadas em seguida à vida ascética no deserto, eram chamadas Nazarenos, porque elas deixavam crescer seus cabelos. Aqueles que se chamam na Índia os *Bodhisatvas* se assemelhavam (tendo em conta todas as diferenças de raça e de religião) aos profetas hebreus que trazem o nome de Emanuel. Eram seres cuja alma espiritual (*a Bodhi*) tinha atingido um grau de desenvolvimento suficiente para se comunicar com o mundo divino durante sua encarnação. Um *Buda* era para os Hindus um Bodhisatva que chegou à perfeição moral em sua última encarnação, perfeição que supõe uma penetração completa do corpo pela alma espiritual. Depois de uma tal manifestação, que exerce sobre a humanidade uma influência purificante e regeneradora, um Buda não tem mais necessidade de se reencarnar. Ele entra na glória do *Nirvana* ou da *Não-Ilusão* e permanece no mundo divino, de onde continua a agir sobre a humanidade.

Cristo é mais do que um Bodhisatva e mais do que um Buda. É um poder cósmico, o eleito dos Devas, o próprio verbo solar, que não devia encarnar senão uma única vez para dar à humanidade seu mais poderoso impulso. Um espírito com esta envergadura não poderia se encarnar no seio de uma mulher e no corpo de um menino. Este Deus não podia seguir, como os outros homens a isto obrigados, por maiores que sejam, a estreita prova da evolução animal que reproduz a gestação do filho pela mãe. Ele não podia sofrer o eclipse temporário da consciência divina, que é a lei inelutável de toda encarnação. Um Cristo diretamente encarnado no seio de uma mulher teria feito morrer a mãe, com Júpiter fez morrer Sêmele, mãe do segundo Dioniso, conforme a lenda grega. Era-lhe necessário, para se encarnar, um corpo adulto, um corpo evoluído por uma forte raça até o grau de perfeição e de pureza em que ele seria digno do Arquétipo humano, do Adão primitivo, moldado pelos Eloim na luz incriada, na origem de nosso mundo.

Este corpo escolhido entre todos, o povo judeu o forneceu na pessoa do mestre Jesus, filho de Maria. Porém, era necessário, além disso, que, desde seu nascimento até a idade de trinta anos, época em que Cristo devia tomar posse de seu habitáculo humano, o corpo do mestre Jesus fosse purificado e admitido por um iniciado de primeira ordem e que assim um homem quase divino oferecesse seu organismo em holocausto, como um vaso sagrado, para receber o Deus feito homem. Qual é o grande profeta, ilustre nos fastos religiosos da humanidade, ao qual incumbiu esta tarefa terrível? Os Evangelistas não o dizem, mas o Evangelho de Mateus o faz pressentir e o indica claramente na mais sugestiva de suas lendas.

O Menino divino nasceu na noite perfumada e pacífica de Belém. O silêncio pesa sobre os montes negros de Judá. Sozinhos, os pastores escutam deslizar vozes angelicais sob o céu estrelado. O menino dorme em sua manjedoura. A mãe, extasiada, o cobre com os olhos. Quando ele abre os seus, Maria se sente trespassada até o âmago, como se fosse uma espada, por este raio solar que a interroga com espanto. A pobre alma abalada, que vem de um outro lugar, lança ao seu redor um olhar perturbado; porém, tendo encontrado seu céu perdido nas pupilas vibrantes de sua mãe, o menino adormece de novo profundamente. O Evangelista, que descreve esta cena, observa outra coisa ainda. Ele vê as forças espirituais concentradas sobre este grupo do fundo do espaço e do tempo. Elas se condensam, para ele, em um quadro cheio de doçura e de majestade.

Vindos do Extremo Oriente, três magos atravessam o deserto e vão para Belém. A estrela se detém sobre o estábulo onde dorme o menino Jesus. Então, os reis magos, cheios de alegria, se prostram diante do recém-nascido para adorá-lo e lhe oferecem em homenagem o ouro, o incenso e a mirra, que simbolizam a sabedoria, a piedade e a força do querer.

Qual é o sentido desta visão? Os magos eram discípulos de Zoroastro e o consideravam como seu rei. Eles próprios se diziam reis, porque eles sabiam ler no céu e agir sobre os homens. Uma antiga tradição corria entre eles: seu mestre devia reaparecer no mundo sob o nome de Salvador (*Sosiosch*) e restabelecer o reinado de Ormuz. Durante séculos, esta predição de um Messias perseguiu os iniciados do Oriente.[3] Finalmente ela se realizou.

O Evangelista que narra esta cena nos ensina, pois, na língua dos adeptos, que os magos do Oriente vieram saudar no menino de Belém *uma reencarnação de seu mestre Zoroastro.* Tais são as leis da evolução divina e da psicologia transcendente. Tal é a filiação das mais altas individualidades. Tal é a força que tece, com as grandes almas, as grandes linhas sobre a trama da história. O próprio profeta que havia anunciado ao mundo o Verbo solar, sob o nome de Ahura-Mazda, do alto do monte Albordj e nas planícies do Irã, devia renascer na Palestina, para encarná-lo em todo seu esplendor!

Por maior que seja um iniciado, quando ele se reencarna, sua consciência se obscurece, ele se submete ao véu da carne. De qualquer maneira ele é forçado a reconquistar seu eu superior em sua vida terrestre e de engrandecê-lo por um novo esforço.

A infância e a adolescência de Jesus foram protegidas por sua família simples e piedosa. Sua alma curvada para si mesma pôde desabrochar sem entrave, como os lírios selvagens nas altas campinas da Galiléia. Ele lançava sobre o mundo um clarão, mas sua vida interior permanecia profundamente escondida. Ele não sabia ainda quem ele era, nem o que o esperava. Entretanto, como uma paisagem montanhosa sob um céu sombrio se ilumina, às vezes, com as bruscas estiagens, sua alma se iluminava com visões intermitentes. "Um dia, durante um êxtase, nas montanhas azuis da Galiléia, entre os lírios brancos de coração violeta que crescem nas campinas mais altas do que o homem, ele vira chegar para ele, do fundo dos espaços, uma maravilhosa estrela. Aproximando-se, a estrela tornou-se um sol imenso. No centro dominava uma figura humana, fulgurante e colossal. Ela tinha a majestade do Rei dos reis com a doçura da Mulher eterna, se bem que era Homem por fora e Mulher por dentro".[4] E o adolescente, deitado nas altas campinas, se sentia como que elevado nos espaços por este astro que o atraía. Despertando do sonho, pareceu-lhe que ele tinha se tornado leve como uma pluma.

Pois, que visão prodigiosa era esta que o perseguia às vezes? Ela era semelhante àquelas que os profetas descrevem e, entretanto, completamente distinta. Ele não falava dela a ninguém, e sentia que ela continha seu destino anterior e futuro. Jesus de Nazaré era desses adolescentes que se desenvolvem somente por dentro, sem que ninguém disso suspeite. O trabalho interior de seu pensamento manifesta-se um belo dia por uma circunstância exterior e atinge todo o mundo de assombro. Esta fase do desenvolvimento psíquico nos é pintada por Lucas.

José e Maria perderam o menino Jesus, que eles levaram a Jerusalém, para os dias de festa, e voltando sobre seus passos encontram-no sentado no meio dos doutores do templo, "escutando-os e colocando-lhes questões". Ao queixume dos pais aflitos ele replica: "Por que me procurais? Não sabeis que eu preciso me ocupar com os negócios de meu Pai?" Mas, eles não compreendiam o que dizia seu filho, acrescenta o Evangelista. No entanto, este adolescente, que vivia uma vida dupla, era "submisso a seus pais e crescia em sabedoria, em estatura e em graça." (Luc.II, 41-52)

NOTAS

1. A classificação dos Evangelhos do ponto de vista de sua esfera de compreensão é um resumo de diversas conferências do Dr. Rudolf Steiner. Encontra-se um esboço sumário em meus *Grandes Iniciados*, em nota. Estas intuições espontâneas recebem aqui uma confirmação magnífica por meio da ciência de um pensador e de um vidente de primeira ordem.

2. Para este que é do primeiro desenvolvimento de Jesus e da eclosão de sua consciência, envio de novo o leitor ao livro VIII de *Grandes Iniciados*.

3. Ver, neste livro, o capítulo sobre *Um mago da Caldéia nos tempos do profeta Daniel*.

4. *Sanctuaires d'Orient*, p. 362.

CAPÍTULO III

ESTADA DE JESUS ENTRE OS ESSENIANOS.
O BATISMO DO JORDÃO E A ENCARNAÇÃO DO CRISTO

O que fez Jesus dos treze aos trinta anos? Os Evangelhos não dizem nada a respeito. Existe aí uma lacuna intencional e um profundo mistério. Pois, todo profeta, por maior que seja, tem necessidade de ser iniciado. É preciso que sua alma anterior seja despertada e que ela tome consciência de suas forças para cumprir sua nova missão. A tradição esotérica dos teósofos está de acordo em afirmar que o mestre Jesus só podia ter sido iniciado entre os Essenianos, derradeira confraria em que viviam ainda as tradições do profetismo e que habitava então as margens do Mar Morto. Os Essenianos, cujos costumes e doutrinas secretas foram revelados por Filon, da Alexandria, eram sobretudo conhecidos como terapeutas ou curandeiros pelos poderes do Espírito. *Asaya* quer dizer médico. Os Essenianos eram os médicos da alma.[1]

Como convinha para a humanidade profana, os Evangelistas deixaram pairar um silêncio absoluto, tão profundo quanto o do Mar Morto, sobre a iniciação do mestre Jesus. Eles não nos mostraram a não ser o final, no batismo do Jordão. Entretanto, tendo reconhecido, de uma parte, a individualidade transcendente do mestre Jesus, idêntica à do profeta Ahura-Mazda, sabendo, de outra, que o batismo do Jordão recobre o mistério formidável da encarnação do Cristo, afirmada em escritura oculta por meio dos símbolos transparentes que pairam sobre a narrativa evangélica, podemos reviver, em suas fases essenciais, esta preparação do mais extraordinário acontecimento da história, único no gênero.

266

Em sua embocadura no Mar Morto, a várzea do Jordão é o quadro mais impressionante da Palestina. Não se assemelha a nada. Quando se o avista, descendo das colinas estéreis de Jerusalém, tem-se a sensação de uma desolação grandiosa, sobre a qual corre um sopro sagrado que toca o coração. Compreende-se, ao primeiro olhar, que os maiores acontecimentos religiosos da terra puderam se passar ali. Uma alta barra de um azul vaporoso ocupa o horizonte; são as montanhas de Moab. Seus cumes desnudos se dispõem em zimbórios e em cúpulas, e seu oceano tumultuoso, que se perde em um empoeiramento de bruma e de luz, é dominado pela grande linha horizontal, como o tempo pela eternidade. Mais desnudado que os outros, distingue-se o monte Nebo, onde Moisés entregou sua alma a Jeová. Entre os montes abruptos de Judá e a imensa cadeia de Moab, estende-se a imensa várzea do Jordão, deserto fulvo, circundado de árvores e de campinas.

Diante de nós, o oásis de Jericó, com suas palmeiras e videiras grandes como plátanos, e seus tapetes de relva que ondulam na primavera, matizados de rubras anêmonas. A mais de uma légua, o Jordão corre entre areias brancas e dunas para se perder no Mar Morto. Este aparece como um triângulo de azul entre os altos promontórios de Judá e de Moab que se fecham sobre ele como que para melhor guardá-lo. Ao redor do lago maldito que recobre, segundo a tradição bíblica, Sodoma e Gomorra, tragadas por uma voragem de fogo, reina um silêncio de morte. Suas águas oleosas e salubres foram transformadas em asfalto e matam tudo o que elas atingem. Nenhum barco à vela aí singra, nenhum pássaro sobrevoa. Sobre os seixos de suas praias áridas, não se recolhem a não ser peixes mortos ou esqueletos esbranquiçados de aloés e de sicômoros. Entretanto, a superfície desta massa líquida, cor de lápis-lazúli, é um espelho mágico. Ele muda incessantemente de aspecto como um camaleão. Sinistro e plúmbeo sob a tempestade, ele ostenta ao sol o azul límpido de suas profundezas e reflete em imagens fantásticas as arquiteturas colossais das montanhas e o jogo das nuvens. O lago da morte é também um lago de visões apocalípticas.

Este vale do Jordão, outrora tão fértil, hoje devastado, conduzindo ao corredor do Mar Morto como a um inferno sem saída, nos aparece assim como um lugar separado do mundo e repleto de contrastes assustadores. Natureza vulcânica, trabalhada com loucura pelas potências produtivas e destrutivas. O voluptuoso oásis de Jericó, irrigado por fontes sulfurosas, parece desafiar, com seu sopro tépido, as montanhas convulsas de formas demoníacas. Ali o rei Herodes mantinha seu harém em palácios suntuosos, enquanto lá embaixo, nas cavernas de Moab, bradava a voz dos profetas. Os passos de Jesus, gravados sobre o solo, fizeram calar os derradeiros estertores das cidades infames. É uma região marcada pela chancela despótica do Espírito. Tudo ali é sublime: a tristeza, seu silêncio e sua imensidão. A palavra humana ali morre; nada é feito a não ser pela palavra de Deus.

Compreende-se, pois, que os Essenianos tenham escolhido para seu refúgio o canto mais retirado do lago, chamado pela Bíblia "o Mar da Solidão". En-Gaddi é um estreito terraço em meia lua, situado ao pé de uma falésia de trezentos metros, sobre a costa ocidental de Asfaltite, do lado dos montes de Judá. No primeiro século de nossa era, viam-se ali casas construídas na terra seca dos últimos terapeutas. Em um estreito barranco eles cultivavam o sésamo, a vinha e o trigo, passando a maior parte de sua existência em leituras e meditações.

Ali é que o mestre Jesus foi iniciado na tradição profética de Israel, como nas tradições concordantes dos magos da Babilônia e de Hermes sobre o Verbo solar. Noite e dia, o Esseniano predestinado lia a história de Moisés e dos profetas; contudo, foi pela meditação e a luz interior que nele crescia, que tomou consciência de sua missão. Agora, quando lia as palavras do Gênesis, elas repercutiam nele como o raio harmonioso dos astros rolando em suas esferas. E esta palavra mostrava tudo em painéis imensos:

"— Eloim disse: — Que a Luz seja! E a Luz se fez. — Eloim separou a Luz das Trevas."

E Jesus via nascer os mundos, o sol, os planetas. Mas, qual não foi seu espanto quando, aos trinta anos, uma noite em que dormia numa gruta, no cume da falésia, foi surpreendido pela visão de Adonis, que ele não tivera mais desde a infância . . . Então, como por um raio, ele se lembrou de já ter visto seu profeta, alguns milhares de anos no passado. Ele compreendeu, sob a torrente de fogo que o invadiu, que ele, Jesus de Nazaré, havia sido Zoroastro, o profeta Ahura-Mazda, sobre os cumes de Albordj e entre o povo dos Árias! Ele teria, pois, retornado à terra para afirmá-lo de novo? Alegria, glória, felicidade inaudita . . . Ele vivia, ele respirava nesta mesma luz . . . Mas, que missão nova o Deus temível esperava dele?

Semanas de embriaguez silenciosa e concentrada se seguiram, em que o Galileu reviveu sua vida de antigamente. Depois, esta existência se dissolveu de novo como uma nuvem num abismo. Parecia-lhe, agora, que ele abrangia séculos decorridos desde sua morte, com os olhos de Ormuz-Adonis — e isto lhe causava uma dor aguda. Como a tela palpitante de um imenso quadro, a decadência da raça ariana, do povo judeu e do mundo greco-latino se desenrolou diante dele. Ele viu os vícios, os crimes, os sofrimentos. Ele viu a terra abandonada pelos Deuses, pois a maior parte dos antigos Deuses tinham-se retirado da humanidade pervertida, e Deus Pai, o Insondável, estava muito longe da pobre consciência humana. O Homem degenerado, tornado um celerado, morria, sem o saber, de sede dos Deuses ausentes. A Mulher, que tem necessidade de ver Deus no Homem, morria com a ausência do Herói, o Mestre, do Deus vivo. Ela se tornava cortesã ou vítima, como a sublime e trágica Mariana, filha dos Macabeus, que dedicou um grande amor ao tirano Herodes, e não encontrou senão inveja, desconfiança e o punhal de um assassino . . .

E o mestre Jesus, vagando sobre as falésias de En-Gaddi, escutava de longe a pulsação rítmica do lago. Esta voz pesada, que se ampliava repercutindo nas reentrâncias das rochas, como um imenso gemido de mil ecos, parecia-lhe, então, o grito da maré humana subindo até Adonis, e reclamando dele um profeta . . . um salvador . . . um Deus!

E o antigo Zoroastro, transformado no humilde Esseniano, invocava, ele também, o Senhor. O rei dos Arcanjos solares não viria ditar-lhe sua missão? E ele não vinha. Em lugar da fascinadora visão, uma cruz negra perseguia seu sono e suas vigílias. No interior, no exterior, ela flutuava diante dele. Ela o acompanhava sobre a praia, seguia-o sobre as elevadas falésias, e se erguia à noite, como uma sombra gigantesca, entre o Mar Morto e o céu estrelado. Quando ele interrogava o impassível fantasma, uma voz respondia do fundo de si mesmo:

— Tu educaste teu corpo sobre o altar de Adonis, como uma lira de marfim e de ouro. Agora é teu Deus quem te reclama para se manifestar aos homens. Ele te procura! Ele te quer! Tu não lhe escaparás! Oferece-te em holocausto! Abraça a cruz!

E Jesus tremia da cabeça aos pés.

Na mesma época, boatos estranhos chegaram até os solitários de En-Gaddi. Dois Essenianos, que voltavam do Jordão, anunciaram que João Batista pregava o arrependimento dos pecados às margens do rio, no meio de uma multidão. Ele anunciava o Messias, dizendo: "Eu vos batizo com água, aquele que deve vir batizará com o fogo." A agitação se espalhava em toda a Judéia.

Ora, uma manhã, o mestre Jesus passeava pela praia de En-Gabbi, com o Patriarca centenário dos Essenianos, e ele falou ao chefe da confraria:

— João Batista anuncia o Messias. Quem será ele?

O ancião olhou longamente o grave discípulo, depois replicou:

— Por que me perguntas, uma vez que o sabes?

— Quero ouvi-lo de tua boca.

— Pois bem, este serás tu! Há dez anos nós te preparamos para isto. A Luz se fez em tua alma, mas é preciso ainda a vontade. Estás pronto?

Como única resposta, Jesus estendeu os braços em cruz e abaixou a cabeça. Então, o velho terapeuta se prostrou diante do discípulo e beijou-lhe os pés, que ele inundou de uma torrente de lágrimas, dizendo:

— Em ti, pois, descerá o Salvador do mundo.

Congelado em um pensamento terrível, o Esseniano consagrado ao grande sacrifício o deixou fazer sem se mexer. Quando o centenário se ergueu, Jesus exclamou:

— Está pronto.

Eles se olharam de novo. A mesma luz e a mesma resolução brilhavam nos olhos marejados do mestre e chamejantes do discípulo.

— Vai, pois, ao Jordão, que João te espera para o batismo. Vai, em nome de Adonai!

E o mestre Jesus partiu com os dois jovens Essenianos.

João Batista, no qual mais tarde Cristo quis reconhecer Elias, representava nesta hora a última encarnação do velho profetismo impulsivo e espontâneo. Nele bramia ainda um daqueles ferozes ascetas que anunciavam aos povos e aos reis as vinganças do Eterno e o reinado da justiça, quando o Espírito os empurrava. Ao seu redor se comprimia uma multidão agitada e matizada, composta de todos os elementos da sociedade de então, que era atraída por sua palavra poderosa. Estavam ali Fariseus hostis, Samaritanos entusiastas, portageiros simples, soldados de Herodes, pastores idumeus barbudos com seus rebanhos de cabras, Árabes com seus camelos e até cortesãs gregas de Séforis, que vinham por curiosidade, em suntuosas liteiras com um cortejo de escravos. Todos vinham, com sentimentos diversos, escutar "a voz que retumbava no deserto". Quem queria se fazia batizar, porém, isto não era um jogo. Sob a voz imperiosa, sob a rude mão do Batista, era preciso mergulhar na água do rio e aí ficar imerso alguns segundos. Daí se saía purificado de toda mancha e como que transformado. Mas, que duro momento a passar! Durante a longa imersão, arriscava-se a sufocar. A maior parte acreditava morrer e perdia a consciência. Muitos se afogavam, diziam. A perigosa cerimônia cada vez atraía mais o povo.

Ora, naquele dia, a multidão, que acampava ao redor da curva do Jordão onde João pregava e batizava, se rebelava. Um escriba maligno de Jerusalém, incitado pelos Fariseus, a tinha amotinado, e dizia ao homem vestido de pele de camelo: "Faz um ano que tu nos anuncias o Messias, o qual deve revolucionar as potências da terra e restabelecer o reino de Davi. Quando virá ele? Quem é? Mostra-nos o Macabeu, este rei dos Judeus. Nós somos numerosos e temos armas. Se és tu, dize-nos e guia-nos no assalto de Makerus, do palácio de Herodes ou da Torre de Sião que os Romanos ocupam. Dizem que és Elias. Pois bem, aplica o castigo! ..."

Gritos se elevavam, lanças reluziam. Uma onda ameaçadora de entusiasmo e de cólera levou a multidão na direção do profeta.

Diante deste motim, João investiu contra os revoltosos com sua face de asceta barbudo e de leão visionário e bradou: "Para trás, raça de víboras e de chacais! Os raios de Jeová estão preparados para vós! "

Desde a manhã deste dia, vapores sulfurosos se elevaram do Mar Morto. Uma nuvem negra cobria de trevas todo o vale do Jordão e um trovão distante ribombou. A esta voz do céu, que parecia responder à voz do profeta, a multidão, tomada de um terror supersticioso, recuou e se dispersou no acampamento. Num abrir e fechar de olhos, o vácuo se fez em volta do profeta irritado, que ficou só à margem da enseada profunda, onde o Jordão forma uma curva em um matagal de tamargueiras, de lentiscos e de caniços arborescentes.

Pouco depois, o céu clareou no zênite. Uma bruma leve, semelhante a uma luz difusa, cobriu o vale, ocultando os cumes e não deixando ver senão o sopé das montanhas, onde se arrastavam clarões acobreados.

João viu chegar os três Essenianos. Ele não conhecia nenhum, mas reconheceu a ordem por suas roupas brancas. O mais jovem falou:

— O patriarca dos Essenianos roga ao profeta João conceder o batismo a nosso irmão eleito, a Jesus de Nazaré, sobre cuja cabeça não tocou o ferro.

— Que ele seja abençoado pelo Eterno e que ele entre em nossa onda sagrada — disse João tomado de respeito diante da majestade do desconhecido, de elevada estatura, belo como um anjo e pálido como um morto, que avançava para ele, de olhos baixos. Todavia, o Batista não duvidava mais do mistério sublime do qual ele seria o oficiante.

O mestre Jesus hesitou um instante antes de entrar na bacia onde o Jordão formava um ligeiro redemoinho; depois, resolutamente ele aí mergulhou e desapareceu sob a onda. João mantinha a mão estendida sobre a água luminosa, pronunciando as palavras sacramentais. Do outro lado, os dois Essenianos permaneciam imóveis, presos ao solo, numa angústia mortal. Era proibido ajudar o batizado a sair da água. Acreditava-se que um eflúvio de espírito entrava nele pela mão do profeta e pela água do rio. A maior parte deles saíam reavivados da prova; alguns morriam, outros tornavamse loucos e como que possessos. Eram os chamados demoníacos. Por que, pois, o mestre Jesus tardava a sair do Jordão, cujo redemoinho sinistro continuava a borbulhar sobre a placa fatídica?

Neste minuto, no silêncio solene, cumpria-se para nosso mundo um acontecimento de um alcance incalculável. Se ele teve milhares de testemunhas invisíveis, teve apenas quatro sobre a terra; os dois Essenianos, o Batista e o próprio Jesus. Três mundos foram sulcados como por um relâmpago, que vinha do mundo espiritual, através da atmosfera astral da terra, para retinir sobre o plano físico humano. Os atores terrestres deste drama cósmico foram afetados por ele de maneira diversa, mas igualmente fulminante.

E o que se passou primeiro na consciência do mestre Jesus? Uma sensação de afogado sob a imersão, seguida de uma convulsão terrível. O corpo étereo foi violentamente arrancado de seu invólucro físico. Por alguns segundos, toda a vida passada turbilhonava em um caos. Depois, um imenso alívio, e o negro da inconsciência. O eu transcendente, a alma imortal do mestre Jesus deixou para sempre e mergulhou de novo na aura do sol que o aspira. No entanto, ao mesmo tempo, por um movimento inverso, o Gênio solar, o ser sublime que chamamos Cristo, se apoderou do corpo abandonado para dele tomar posse até a medula e animar de um fogo novo esta lira humana, preparada por centenas de gerações e pelo holocausto de seu profeta.

Seria por isto que os dois Essenianos viram um relâmpago brotar do céu azul e iluminar todo o vale do Jordão? Eles fecharam os olhos sob o clarão penetrante, como se eles tivessem visto um Arcanjo cintilante se precipitar, cabeça abaixada, no rio, deixando para trás miríades de espíritos como um rastro de chamas.

O Batista nada tinha visto de tudo isto. Ele esperava numa angústia profunda a reaparição do imergido. Quando, enfim, o batizado saiu da água, um tremor sagrado sacudiu o corpo de João, pois o corpo do Esseniano parecia resplandecente de luz e a sombra que velava sua face tinha mudado para uma majestade serena. Um tal brilho, uma tal doçura emanava de seu olhar que em um segundo o homem do deserto sentiu fundir toda a amargura de sua vida. Quando o mestre Jesus, auxiliado pelos dois discípulos, tornou a colocar a veste branca de Esseniano, ele fez ao profeta um gesto inefável de bênção e de adeus. Então, João, dominado por um transporte súbito, viu a imensa auréola que flutuava de todos os lados do corpo de Jesus. Depois, sobre sua cabeça, como miraculosa aparição, ele viu pairar uma grande pomba incandescente de luz, como a prata em fusão que sai do cadinho. João sabia, pela tradição dos profetas, que a Pomba Iona significa, no mundo astral, o Eterno-Feminino celeste, o arcano do Amor divino, fecundador e transformador das almas, que os cristãos deviam chamar o Espírito Santo. Ao mesmo tempo, ele ouviu, pela segunda vez em sua vida, a Palavra primordial que ressoou nos arcanos do seu ser e que outrora o havia impelido para o deserto como um som de trombeta. Agora ele repercutia como uma centelha melodiosa. Seu sentido era: "Este é meu filho bem-amado; *hoje eu o engendrei.*"[2] Então, somente João compreendeu que Jesus era o Messias predestinado.

Ele o viu se afastar com pesar. Seguido dos dois discípulos, Jesus atravessou o acampamento, onde se via uma mistura de camelos, asnos, liteiras de mulheres e rebanhos de cabras, elegantes Seforianos e ferozes Moabitas, com pessoas de toda a espécie. Quando Jesus desapareceu, o Batista julgava ver ainda flutuar nos ares a auréola sutil, cujos raios se projetavam ao longe. Então, o profeta entristecido sentou-se sobre um montão de areia e pousou a fronte nas mãos.

A tarde havia chegado, o céu tranquilizara-se. Animados pela atitude humilde do Batista, os soldados de Herodes e os portageiros, conduzidos pelo emissário da sinagoga, se aproximaram do feroz pregador. Inclinado sobre ele, o escriba astuto zombou:

— Pois bem, quando nos mostrarás o Messias?

Sem se levantar, João olhou o escriba com um olhar severo e bradou:

— Insensatos! Ele acaba de passar no meio de vós... e vós não o reconhecestes!

— O quê? Este Esseniano seria o Messias?... Então, por que tu não o segues?

— Isto me é proibido. É preciso que ele cresça e que eu diminua... Minha tarefa está terminada... eu não pregarei mais... Ide para a Galiléia!

Um soldado de Herodes, espécie de Golias, com fisionomia de carrasco, que tinha respeito pelo Batista e gostava de escutá-lo, afastando-se, disse com uma piedade enternecida:

— Pobre homem! Seu Messias o tornou doente!

Mas o escriba de Jerusalém soltou uma gargalhada e bradou:

— Imbecis que sois! Ele ficou louco... Vistes muito bem que eu fiz calar vosso profeta!

Foi assim a descida do Verbo solar no mestre Jesus.

Hora solene, momento essencial da história. Misteriosamente — e com que imenso amor! — as potências divinas trabalharam do alto durante milênios, para preparar secretamente o Cristo, deixando-o brilhar sobre a humanidade através de outros Deuses. Vertiginosamente — e com que desejo frenético! — o oceano humano se sublevou de baixo, em um turbilhão, com o povo judeu para formar, no seu cume, um corpo digno de receber o Messias. Finalmente o desejo dos anjos, o sonhos dos magos, o grito dos profetas se cumpriu. As duas espirais se tocaram. O turbilhão do amor divino juntou-se ao turbilhão do sofrimento humano. A tromba se formou. E, por três anos, o Verbo solar marchará sobre a terra em um corpo cheio de força e de graça, para provar a todos os homens que Deus existe, que a Imortalidade não é uma vã palavra, que aqueles que amam, que crêem e que querem, podem atingir o céu através da morte e da ressurreição.

NOTAS

1. Encontra-se um estudo sumário sobre os Essenianos em meus *Grandes Iniciados*.

2. Liam-se estas últimas palavras no Evangelho hebreu primitivo e nos primeiros textos dos sinópticos. Mais tarde foram substituídas por aquelas que se lêem hoje: "Este é meu filho bem-amado, *em quem coloquei toda minha afeição*", o que é uma repetição inútil. É justo acrescentar que, na simbólica sagrada, nesta *escritura oculta*, emprestada aos Arquétipos do mundo espiritual, só a presença da Pomba mística no batismo de João indica a encarnação de um Filho de Deus.

CAPÍTULO IV

RENOVAÇÃO DOS MISTÉRIOS ANTIGOS
ATRAVÉS DA VIDA DE CRISTO. DA TENTAÇÃO
À TRANSFIGURAÇÃO

Procuremos definir a constituição do ser sublime e único no gênero que saiu do batismo do Jordão.

O filho de Maria, o mestre Jesus, o iniciado dos Essenianos que entregou ao Cristo seu corpo físico, entregou-lhe também de uma vez o corpo etéreo e o corpo astral. Triplo envoltório admiravelmente evoluído e harmonizado. Através dele, o Verbo solar, que falou a Zoroastro em visão astral, a Moisés em corpo etéreo sob a forma de um Eloim, vai falar aos homens como um homem em carne e osso. Era preciso isto para sacudi-los e convencê-los, a tal ponto eles tinham se tornado opacos para a luz da alma e surdos à voz do Espírito. Muitas vezes e sob as formas mais diversas, os Deuses se manifestaram desde os tempos da Atlântida até os tempos heróicos da Judéia e da Grécia. Eles tinham acobertado richis, iluminado profetas, aprumado heróis. Com o Cristo aparece pela primeira vez um Deus completamente encarnado num homem. E este fenômeno não se produziu senão uma vez na história, no momento central da evolução humana, quer dizer no ponto inferior de sua descida na matéria. Como do negro abismo ele subirá aos límpidos cumes do Espírito? Para isto é preciso o estímulo formidável de um Deus feito homem. Dado o impulso, o Verbo continuará a agir sobre a humanidade por meio de seu eflúvio, porém sua encarnação não será mais necessária.

Daí o maravilhoso organismo do ser chamado Jesus Cristo. Através de suas sensações, ele mergulha na carne; através dos pensamentos, ele remonta aos Arquétipos. A cada sopro, ele respira o Divino. A totalidade de sua consciência está contida nesta palavra que volta sem cessar à sua boca: "Eu e o Pai somos um". Todavia, ao mesmo tempo ele se sente unido aos sofrimentos da humanidade com uma ternura invencível, pelo imenso amor que o fez aceitar livremente sua missão. Sua alma é um fogo vivo que sai da combustão do humano pelo divino. Por aí se pode imaginar o poder de irradiação e de atração de tal ser. Sua aura humana é circundada por uma vasta auréola que o coloca em comunicação com todas as forças espirituais. Seu pensamento não hesita sobre os caminhos escabrosos do raciocínio; ele desprende-se como um relâmpago da verdade central que abrange todas as coisas.

Atraídos por esta força primordial, as almas se comprimem até ele, vibram e renascem sob seus raios. O fim de sua missão será a espiritualização da terra e do homem, sua elevação a um estádio superior de sua própria evolução. O meio será ao mesmo tempo moral e intelectual; moral, pela expansão do Amor, este sentimento de universal fraternidade que emana dele como de uma fonte inesgotável; intelectual e espiritual, pela abertura dos Mistérios a todos os espíritos transformados pela Verdade.

Deste modo, durante sua carreira de três anos, o Cristo inicia, simultaneamente, a comunidade em sua doutrina moral, e seus apóstolos nos antigos Mistérios, que ele renova e rejuvenesce engrandecendo-os. No entanto, ao contrário do que se passava outrora na Pérsia, no Egito, na Grécia e na Judéia, esta iniciação, antes reservada para uma elite, se mostra às claras e por atos públicos, a fim de que a humanidade inteira possa dela participar.

"A vida real de Jesus — diz Rudolf Steiner — foi um acontecimento histórico do que antes dele não se passava a não ser na iniciação. O que até aquele dia permanecera enterrado no Mistério do templo devia, por meio dele, se desenrolar sobre o cenário do mundo em uma realidade pungente. A vida de Jesus é, pois, uma confirmação pública dos Mistérios."

A tentação de Cristo. Ainda que Deus, pela essência, mesmo Cristo deveria atravessar a primeira etapa da iniciação, antes de começar seu ministério. O homem comum não pode alcançar a visão do mundo astral senão percebendo seu duplo inferior que a esconde dele. A tradição oculta o chama de o *Guardião da Entrada*, e a lenda o simboliza na figura do Dragão.² É uma condensação astral de todas as suas encarnações precedentes, sob uma forma impressionante e às vezes terrificante. Ele não pode dissipar este fantasma terrível que lhe barra o caminho do mundo espiritual a não ser extirpando da alma os derradeiros vestígios das paixões baixas.

Cristo, este puro Gênio solar, não tem duplo inferior e nem *Karma*. Ele é virgem de toda a mancha, não tendo jamais se separado de Deus. Entretanto, a humanidade, na qual Cristo quer penetrar, tem seu *Guardião da Entrada*, a saber, a força cósmica que a fez evoluir anteriormente, impelindo-a no cortejo da matéria e graças a ela pôde adquirir a consciência do eu. É esta força que agora dissimula para a imensa maioria dos homens o mundo espiritual. A Bíblia a chama de Satã, que corresponde ao Arimã persa. Arimã, do qual falei a propósito de Zoroastro e da magia caldéia, é a sombra de Lúcifer, sua projeção e sua perda no mundo inferior, o Daimon que perdeu a consciência divina. Ele tornou-se o gênio das trevas, enquanto que Lúcifer permanece, apesar de sua queda, o porta-luz em potência e voltará a sê-lo em ato.

Eis por que Cristo devia vencer Arimã, na aura magnética da terra antes de começar sua missão. Daí seu jejum de quarenta dias e as três provas, concentradas em três imagens no Evangelho segundo Mateus. O príncipe deste mundo submete sucessivamente o Cristo à tentação dos sentidos (por meio da fome), do medo (mostrando-lhe o abismo em que ele ia se lançar), à do poder absoluto (oferecendo-lhe todos os reinos da terra). E três vezes Cristo o repele em nome da palavra Verdade, que escuta e nele ressoa como a harmonia das esferas. Por esta resistência infrangível, Arimã é vencido. Ele recua com suas inúmeras legiões diante do Gênio solar. Uma brecha se fez na trama tenebrosa com a qual eles envolviam a terra. A porta da alma humana foi reaberta; o Cristo pode entrar nela.

Nos ensinamentos de Cristo à sua comunidade, encontramos as quatro etapas da iniciação antiga, formuladas deste modo por Pitágoras: Primeiro, *Prepração* ou instrução ($\pi\alpha\rho\alpha\tau\chi\epsilon\iota\tau\eta$); segundo, *Purificação* ($\chi\alpha\theta\alpha\rho\tau\iota s$); terceiro, *Perfeição* ou iluminação ($\tau\epsilon\lambda\epsilon\iota w\tau\eta s$); quarto, *Visão do alto* ou síntese ($\epsilon\pi\upsilon\rho\alpha\nu\iota\alpha$).²

Os dois primeiros graus desta iniciação, estando destinados ao povo, quer dizer a todos, se emaranham e são simultâneos. Os dois últimos, reservados aos apóstolos e particularmente a três dentre eles, se repartem pelo fim de sua vida. Esta renovação dos Mistérios antigos é, em um sentido, uma vulgarização e uma libertação, em outro, um aprofundamento e um arrebatamento à vidência sintética por uma espiritualização mais elevada.

Primeiro grau de iniciação: Preparação.
O Sermão da Montanha e o Reino de Deus

A obra de Cristo começa pelo idílio galileu e o anúncio do reino de Jesus. Esta prédica nos mostra seu ensinamento popular. É ao mesmo tempo a preparação para os Mistérios mais sublimes que ele revelará gradualmente aos apóstolos, discípulos mais íntimos. Ela corresponde deste modo ao que era a preparação moral dos Mistérios antigos. Mas não estamos mais nos templos e nas criptas. A iniciação galiléia tem por teatro o lago ˙de Genezaré. Suas águas límpidas e cheias de peixes, suas margens floridas e arborizadas, suas montanhas azuis e violetas, de amplas ondulações, que o envolvem como em um cálice de ouro, todo este paraíso perfumado de um odor de relvas selvagens forma o contraste mais absoluto com a paisagem infernal do Mar Morto. Um tal quadro, com a população simples e ingênua que o habita, é necessário para a entrada do Messias. Deus, que se encarnou no corpo de Jesus de Nazaré, traz em si o plano divino que preparou secretamente durante séculos, em imensas linhas como os raios solares. Agora que ele é homem e cativo da terra, no mundo das aparências e das trevas, é preciso que busque a aplicação deste plano, passo a passo, etapa por etapa, sobre seu caminho pedregoso.

Mas Jesus está armado para isto. Ele lê nas consciências, atrai os corações. Com um único olhar penetra nas almas, nos destinos. Quando falou ao pescador Pedro, que remenda suas redes na praia: "Sou eu, farei de ti um pescador de homens", Pedro se levanta e o segue. Quando aparece, no crepúsculo, em sua veste branca de Esseniano, com a estranha auréola que flutua ao seu redor, a Tiago e a João, estes lhe perguntam: "Quem és tu? " Ele responde simplesmente: "Vinde para meu Reino." E eles vêm. Já agora um cortejo de pescadores, de portageiros, de mulheres jovens e idosas o segue de cidade em cidade, das sinagogas através dos campos. E ei-lo a pregar sobre a montanha, à sombra de uma imensa figueira. E o que diz? — "Felizes os pobres de espírito, porque deles é o reino dos céus. — Felizes aqueles que estão em aflição, porque eles serão consolados. — Felizes os que têm fome e sede de justiça, porque eles serão saciados. — Felizes os que têm o coração puro, porque eles verão a Deus."

Estas verdades, impregnadas da voz possante e do olhar do mestre, não se dirigem à razão, mas ao sentimento puro. Penetram nas almas como um róseo celeste e contêm mundos. Todo o mistério da vida espiritual, com a lei das compensações que vai de uma existência à outra, ali está contido. Aqueles que as recebem não medem seu alcance, porém penetram seu sentido através do coração. Saboreiam-nas como um licor inebriante e quando o mestre acrescenta: "O reino dos céus está dentro de vós", uma flor de alegria desabrocha no coração das mulheres, como uma rosa que exala todo seu perfume a um golpe de vento.

A palavra fraternidade, pela qual se define habitualmente o ensinamento moral de Cristo, é bastante insuficiente para exprimir sua essência. Uma de suas características é o *entusiasmo* que ele provoca e a *fé* que ele exige. "Com Cristo, algo de inteiramente novo penetra no *eu* humano, algo que lhe permite perceber, no mais profundo de sua alma, este mundo espiritual que não percebera até aí senão em seu corpo astral e no etéreo. Antes disto, na vidência espontânea como nos Mistérios, havia sempre uma parte inconsciente. O decálogo de Moisés, por exemplo, só falava no corpo astral e se apresentava sob a forma de *Lei,* não de *Vida. A Vida do Amor* não entrou na humanidade senão através de Cristo. Buda, ele também, tinha trazido ao mundo a doutrina do Amor e da Piedade. Sua missão era de imprimi-la por meio do raciocínio. Cristo, sendo o Amor em pessoa, tinha trazido o Amor propriamente dito, que age unicamente por sua presença com uma força irresistível como um sol radiante. Existe uma diferença entre um *pensamento* que se pode compreender e uma *força* que entra em vós como uma torrente de vida. É a *substância do Amor* e não somente a *Sabedoria do Amor* que Cristo trouxera ao mundo dando-se a si mesmo, entregando-se à humanidade."[3]

Daí vem a espécie de *fé* que Cristo reclama aos seus. "A fé, no sentido do Novo Testamento, não significa, como o pretendem muitas vezes os que se dizem ortodoxos, uma adesão e submissão cega da inteligência a dogmas abstratos e imutáveis, mas uma convicção de alma e uma plenitude de amor capazes de extravasar de um eu para outro eu. É uma perfeição comunicativa. Cristo disse: "Não é suficiente que dês àqueles que podem restituir-vos. Os portageiros os fazem igualmente. Dai também àqueles que vós sabeis que não podem restituir nada." O amor de Cristo é um amor transbordante e submergente."[4]

Tal era a pregação deste "reino do céu" que reside na vida interior e que o divino mestre comparava muitas vezes a um grão de mostarda. Semeado em terra, ele brotará, crescerá e produzirá milhares de grãos. Este reino dos céus, que está dentro de nós, contém em gérmen todo o resto. É suficiente para os simples, sobre os quais Jesus dirá: "Felizes aqueles que não viram e creram." A vida interior é por si mesma uma força e uma felicidade, porém, no pensamento de Cristo ela não é senão uma preparação para um reino mais amplo, nas esferas infinitas, o reino de seu Pai, o mundo divino, cujo caminho ele deseja reabrir para todos os homens, e dar a visão radiosa a seus eleitos.

À espera disto a jovem comunidade que cerca o mestre cresce e viaja com ele. Ela o segue de uma margem do lago à outra, sob as laranjeiras da planície e as amendoeiras das colinas, entre os trigos maduros e os lírios brancos de coração violeta que brotam nas altas campinas das montanhas. Ele prega o reino de Deus às multidões na barca amarrada junto do porto, como nas pequenas sinagogas ou sob os grandes sicômoros da estrada. Esta multidão já o chama de Messias, sem saber o que significa esta palavra, nem para onde a conduzirá. Mas ele está ali, e isto é suficiente. Talvez só as mulheres, que o adoram com um amor impetuoso e perturbador, pressentem sua natureza sobre-humana, e espalham sobre seus pés avalanches de flores. Ele mesmo desfruta silenciosamente, como convém a um Deus, desta manifestação da primavera terrestre. Sua divindade se humaniza e se enternece diante de todas estas almas vibrantes, que esperam dele a salvação, e cujos destinos encabrestados ele liberta, e cujo futuro ele adivinha. Ele desfruta desta floração de almas como o esposo silencioso das núpcias de Caná desfruta a esposa comovida e perfumada, no meio de seu cortejo de ninfas.

Segundo os Evangelhos, um dramático episódio lança sua sombra sobre as ondas de sol que se derramam na primavera da Galiléia. É o primeiro ataque das forças hostis que deste então conspiram no invisível contra o Cristo? Durante uma travessia do lago, forma-se uma dessas borrascas terríveis tão freqüentes sobre o mar de Tiberíades.

Jesus estava adormecido na popa. O barco sacudido iria soço-brar? Despertaram o mestre, que, com os braços estendidos, acalmou as ondas, enquanto que o barquinho, empurrado pelo vento favorável, ganhava o porto hospitaleiro. Eis pelo menos o que nos conta Mateus. E por que isto seria impossível? O Arcanjo solar, em comunhão estreita com as forças que governam a atmosfera, pode muito bem projetar sua vontade como um círculo mágico no turbilhão do Eólio. Pode romper de azul o negrume do céu e criar, por um instante na tormenta, *o olho da tempestade* com o coração de um Deus! Realidade ou símbolo? Nos dois casos, verdade sublime. O Cristo dormindo no barco de pesca, no seio das vagas irritadas, que soberba imagem da paz da alma, consciência de sua pátria divina, no meio dos elementos furiosos e das paixões desencadeadas!

Segundo grau de iniciação: Purificação.
Curas milagrosas. A terapêutica cristã

Em todos os mistérios antigos, à preparação moral e intelectual sucedia uma purificação da alma, que devia criar nela órgãos novos e torná-la capaz, em conseqüência, de *ver* o mundo divino. Era essencialmente uma purificação do corpo astral e do corpo etéreo. Com o Cristo, como já o dissemos, o Divino desceu através do plano astral e do plano etéreo até o plano físico. Sua ação se exercerá, pois, até sobre o corpo físico de seus fiéis, através dos dois outros. Ela transformará deste modo seu ser completamente. Pois, seu influxo, tendo atravessado as três esferas de vida, esguichará o sangue das veias até o cume do eu.

Cristo é ao mesmo tempo o médico da alma e do corpo. Daí esta nova terapêutica de efeitos imediatos, transcendentes e fulminantes. Exemplo magnífico que ninguém igualará, e sobre cujos rastros marcharão os que acreditam no Espírito.

A concepção esotérica do milagre não é aquela de uma interrupção ou de um transtorno das leis da natureza, mas de uma acumulação das forças esparsas do universo sobre determinado ponto e de uma aceleração do progresso vital dos seres. Milagres análogos ao de Cristo tinham sido operados antes dele nos santuários da Ásia, do Egito e da Grécia, entre outros o de Esculápio em Epidauro, de que dão testemunho numerosas inscrições. Os de Cristo se distinguem por sua intensidade e por seus efeitos morais. Leprosos, paralíticos, cegos ou endemoniados, uma vez curados de seus males, sentem a alma transformada. O equilíbrio das forças se restabeleceu em seu corpo pelo fluído do mestre, e ao mesmo tempo sua beleza divina lhes deu o raio de esperança e seu amor a luz da fé. E eles experimentarão de novo tal contacto em todas as futuras existências. Isto ressalta da cura do paralítico.

Ele havia esperado trinta anos, perto do tanque de Bethesda, sem poder se curar. Cristo lhe disse simplesmente: "Levanta-te e anda!" e ei-lo de pé. Jesus, então, afirma aos discípulos que o mal daquele homem não provinha nem de seus pais nem de seus pecados desde o nascimento. Entretanto, ele diz ao doente curado: "Vai e não peques mais." Isto significa que ele havia pecado gravemente em uma existência anterior.

"O Amor transformado em ação, eis o que oferece Cristo. Lucas soube compreender em Jesus Cristo o médico da alma e do corpo, e o seu aspecto terapêutico, porque ele mesmo tinha sido médico e praticado a arte de curar pelo Espírito. Eis por que os elevados ensinamentos do budismo nos aparecem em Lucas como que rejuvenescidos por uma fonte de Juvence."[5]

Terceiro grau de iniciação: a Iluminação.
A Ressurreição de Lázaro

Uma opinião geralmente admitida em nossos dias é que Jesus não tencionava trazer o reino de Deus a não ser aos simples, que ele não tinha senão um único e mesmo ensinamento para todos, e que por conseqüência sua doutrina punha fim a todo o mistério. Nossa era, que acredita ingenuamente ter encontrado uma nova religião na democracia, tem desejado limitar o maior dos Filhos de Deus à idéia grotesca e mesquinha que consiste no esmagamento da elite pela massa. O mais ilustre de seus biógrafos não se julgou no dever de dar a Jesus, perto do mundo moderno, a mais irresistível das recomendações, chamando-o de "o amável democrata"?

Sim, certamente, Cristo queria abrir o caminho da verdade a todas as almas de boa vontade, mas ele sabia também que é preciso dosá-la segundo o grau das inteligências. O simples bom senso proíbe a crença de que um espírito de tal profundidade tenha desprezado a lei de hierarquia que domina o universo, a natureza e a humanidade. Mas a opinião de que o ensinamento de Cristo não tinha nem grau, nem mistérios, é refutada pelos quatro Evangelistas.

Tendo os apóstolos perguntado a Jesus por que ele fala ao povo por parábolas, ele responde: "Porque a vós é dado conhecer *os mistérios do reino dos céus*; porém isto não foi concedido a eles. Pois, ao que tem se lhe dará, e possuirá em abundância; mas ao que não tem, até aquilo que tem ser-lhe-á tirado." (Mat., XIII, 10 e 11). Isto significa que *a verdade consciente*, isto é, *cristalizada pelo pensamento,* é indestrutível e torna-se um centro de atração para verdades novas, enquanto que *a verdade instintiva e flutuante* se esgota e se dissipa sob a multiplicidade das impressões. Pois, Cristo tinha um ensinamento secreto, reservado aos apóstolos, ensinamento que se chamava "os mistérios do reino dos céus". Entretanto, há mais. Quando ali se olha de perto, a hierarquia se acentua e se dispõe segundo os quatro graus de iniciação clássica. Primeiro: no início *o povo*, ao qual ele transmite o ensinamento moral sob a forma de alegorias e parábolas; Segundo: depois, *os setenta*, que receberam a explicação destas parábolas; Terceiro: em seguida, *os doze apóstolos*, iniciados nos "mistérios do reino dos céus". Quarto: finalmente, entre eles, os três eleitos, Pedro, Tiago e João, iniciados nos mais profundos mistérios do próprio Cristo, os únicos que assistiram à transfiguração. Ainda é preciso acrescentar que, entre estes últimos, João será o único *epópto* verdadeiro no sentido dos mistérios de Elêusis e de Pitágoras, isto é, *um vidente que compreende o que vê*.

Com efeito, o Evangelho de João tem, do princípio ao fim, o caráter da mais alta iniciação. A Palavra criadora, "a Palavra que estava no começo com Deus *e que era o próprio Deus*" ali ecoa desde os primeiros versos, como a harmonia das esferas, eterna modeladora dos mundos. Mas, ao lado desta metafísica do Pai, do Filho e do Espírito Santo, que é como o *leitmotiv* de todo Evangelho e onde se assinalou justamente a influência alexandrina, no ponto de vista da forma de que as idéias se revestiram, encontra-se no Evangelho de João uma familiaridade, um realismo comovente, detalhes precisos e tocantes que traem uma intimidade especial do discípulo com o Mestre. Esta observação se aplica a toda a narrativa da Paixão e mais particularmente a todas as cenas de Betânia, das quais a ressurreição de Lázaro é a mais importante.

Lázaro, que João designa simplesmente como o irmão de Marta e Maria de Betânia, é o personagem mais enigmático e mais singular dos Evangelhos. João apenas o menciona; os sinópticos não o conhecem. Ele não está ali a não ser pela cena da ressurreição. O milagre operado, ele desaparece como em um açalpão. No entanto ele faz parte do grupo mais próximo de Jesus, daquele que o acompanha até o túmulo.

Desde então se coloca uma dupla questão. Pergunta-se involuntariamente: Que individualidade vaga é esta de Lázaro que passa como um fantasma no meio das outras personagens tão vivas e tão nitidamente desenhadas na narrativa evangélica? O que significa por outro lado a sua ressurreição? Segundo a tradição geral, Jesus teria ressuscitado Lázaro apenas para provar aos Judeus que ele era o Messias. Mas isto rebaixa Cristo à classe de um vulgar taumaturgo. A crítica moderna, sempre pronta a negar em bloco o que a embaraça, resolve o dilema declarando que este milagre é, como todos os outros, um jogo da imaginação popular. Equivale a dizer, como alguns, que toda a história de Jesus não passa de uma lenda fabricada logo depois e que Cristo jamais existiu. Acrescentamos que a idéia da ressurreição é o centro do pensamento cristão e o princípio de seu impulso. Interpretá-la e compreendê-la, limitá-la às leis universais, é necessário, mas suprimi-la pura e simplesmente é subtrair ao cristianismo sua luz e sua força. Sua alavanca desaparece com a alma imortal.

Ora, a tradição rosa-cruciana nos fornece para este enigma perturbador uma solução tão audaciosa quanto luminosa[6]. Pois, ao mesmo tempo, ela faz sair Lázaro de sua penumbra e restitui à sua ressurreição seu sentido esotérico, sua verdade transcendente. Para aqueles que descobriram o véu das aparências, Lázaro não é outro senão o próprio apóstolo João. Se ele não o disse é por uma espécie de pudor de alma e pela admirável modéstia que se impuseram os discípulos de Jesus. O desejo de não se colocar acima de seus irmãos o impediu de contar, sob seu próprio nome, o maior acontecimento de sua vida, o qual fez dele um iniciado de primeira ordem. Daí a máscara de Lázaro com a qual se cobriu, nesta circunstância, o apóstolo João. Quanto à sua ressurreição, ela toma pelo fato em si um novo caráter, e se revela a nós como a fase primordial da iniciação antiga, a do terceiro grau.

No Egito, o iniciado, depois de longas provas, era mergulhado pelo hierofante em um sono letárgico e passava três dias em um sarcófago colocado no templo. Durante este tempo, o corpo físico, congelado, tinha toda a aparência de morte, enquanto que o corpo astral, completamente desligado, podia se expandir livremente no cosmos. Quanto ao corpo etéreo, sede da vida e da memória, se desprendia também e seguia o outro, deixando no corpo físico legítimo bastante de si mesmo para impedir a morte. Ao despertar do sono cataléptico provocado pelo hierofante, o homem que saía do sarcófago não era mais o mesmo. Sua alma tinha viajado no outro mundo e dele se recordava. Tornara-se um verdadeiro iniciado, membro da corrente mágica, "associado, segundo uma velha inscrição, ao exército dos Deuses superiores". Cristo, cuja missão foi a de divulgar os Mistérios aos olhos do mundo inteiro e aumentar o seu alcance, quis fazer seu discípulo preferido atravessar a crise suprema que conduz ao conhecimento direto da verdade. Conforme o próprio texto do Evangelho, tudo foi desejado por ele e preparado por antecipação. Maria envia de Betânia um mensageiro a Jesus, que estava pregando na Galidéia, com as seguintes palavras: "Senhor! *Aquele que tu amas* está doente! " (Estas palavras não indicariam claramente o apóstolo João, *o discípulo que Jesus amava?*) Entretanto Jesus, em lugar de correr, espera dois dias e fala a seus discípulos: "Esta doença não é a morte, mas ela veio para a glória de Deus, a fim de que o Filho de Deus seja glorificado... *Lázaro, nosso amigo, dorme; contudo ele vai despertar.* " Deste modo, Jesus sabe por antecipação o que ele quer e o que vai fazer. Ele chega a propósito para o fenômeno que previu e preparou. Quando, em presença das irmãs em prantos, dos Judeus que acorreram, diante do túmulo talhado na rocha cuja pedra foi recuada e onde dormia um sono letárgico aquele que se acreditava morto, o mestre bradou: "Lázaro! sai daí! " Aquele que se ergue diante da multidão pasmada não é o Lázaro lendário, pálido fantasma que traz ainda sobre si a sombra do túmulo, mas um homem transfigurado, de fronte radiosa. É o apóstolo João... e desde então os clarões de Patmos chamejam em seus olhos. Pois ele viu a luz divina; durante o sono ele viveu o Eterno. Sua pretensa mortalha tornou-se a veste de linho do iniciado. Ele compreende então o que quer dizer a palavra do mestre: "Eu sou a ressurreição e a vida! " O Verbo criador: "Lazáro! sai daí! " repercutiu até à medula de seus ossos, e fez dele um ressuscitado na alma e no corpo. João sabe agora por que ele é o discípulo que Jesus ama acima de todos os outros, pois só ele o compreende profundamente. Pedro permanecerá o homem do povo, o crente impetuoso e ingênuo, que fraqueja no último momento. João será o iniciado e o Vidente que seguirá o mestre até o pé da cruz, até o túmulo e os esplendores do Pai.

Quarto grau de iniciação: Visão do alto.
A Transfiguração

O Epifante ou visão do alto significava, na iniciação pitagoracia-na, a visão de conjunto que deve seguir a contemplação espiritual. Era a comprensão íntima e a assimilação profunda das coisas vivas do espírito. A vidência devia conduzir a uma *síntese do cosmos*. Era o coroamento iniciático. A esta fase corresponde, na instrução dada por Cristo aos apóstolos, o fenômeno da *Transfiguração*.

Relembremos as circunstâncias nas quais se realizou este acontecimento.

A aurora primaveril do idílio galileu empalidecera. Tudo se escurecia ao redor de Cristo. Seus inimigos mortais, os Fariseus e os Saduceus, espreitavam sua volta a Jerusalém, para prendê-lo e entregá-lo à justiça. Nos fiéis pequenos burgos da Galiléia, as deserções se produziam em massa sob as calúnias da grande Sinagoga acusando Jesus de blasfemo e de sacrílego. Logo o Cristo, preparando-se para a última viagem, ia dizer, do alto de uma colina, tristes adeuses a suas cidades queridas e a seu lago tão amado: "Infeliz de ti, Cafarnaum! Infeliz de ti, Korazin! Infeliz de ti, Betsaida! " Os ataques do ódio obscureciam cada vez mais sua auréola de Arcanjo solar. A notícia da morte de João Batista, decapitado por Herodes Antipas, foi para Jesus o aviso de que sua hora se aproximava. Ele conhecia seu destino e não recuava diante dele. Todavia devia nascer nele a questão: "Meus discípulos terão compreendido minha palavra e sua missão no mundo? " A maior parte dos doze, impregnada da idéia judaica, imaginava o Messias como um dominador dos povos pela espada. Eram ainda incapazes de compreender a tarefa que Cristo ia assumir na história. Jesus quis, para isto, preparar os três eleitos. A narração de Mateus é, neste ponto, singularmente significativa e de um poderoso relevo.

"Seis dias depois, Jesus tomou Pedro, Tiago e João, seu irmão, e os levou, à parte, sobre uma alta montanha. – E ele foi transfigurado em sua presença; sua fisionomia tornou-se resplandescente como o sol, e suas vestes se tornaram brilhantes como a luz. – Ao mesmo tempo Moisés e Elias apareceram, e com ele se entretiveram. Então Pedro, tomando a palavra, disse a Jesus: "Senhor! é bom que nós permaneçamos aqui; se quiseres, faremos aqui três tendas: uma para ti, uma para Moisés e outra para Elias." Enquanto ele ainda falava, uma nuvem resplandecente os cobriu; e de repente uma voz saiu da nuvem, dizendo: "Eis aqui meu Filho bem-amado, em quem pus toda minha afeição; escutai-o." Ouvindo, pois, isto, os discípulos caíram com a face em terra e temeram muito. Jesus, porém, aproximando-se, tocou-os e lhes disse: "Levantai-vos e não temais". E eles, erguendo os olhos, já não viram ninguém, a não ser Jesus tão-somente." (Mat. XVII, 1-8).

Em seu quadro, *A Transfiguração,* Rafael compreendeu maravilhosamente, com seu gênio angéligo e platônico, o sentido transcendente desta visão. Os três mundos: *o mundo físico* ou terrestre, *o mundo anímico* ou astral e *o mundo divino* ou espiritual, que domina e penetra os outros com seu brilho, ali estão nitidamente separados e figurados em três grupos, que constituem os três estágios do quadro: embaixo da montanha, vêem-se os apóstolos não iniciados e a multidão. Eles replicam e discutem por gestos violentos sobre um milagre, mas não vêem Cristo. Sozinho, entre eles, o possesso curado percebe a visão e solta um grito. Nos outros, os olhos da alma não estão ainda abertos.

No cume da montanha, Pedro, Tiago e João dormem profundamente. Eles não estavam ainda capacitados para serem videntes do espírito em estado de vigília. O Cristo, que aparece elevado acima da terra, nas nuvens brilhantes, entre Elias e Moisés, representa a visão dos três eleitos. Contemplando e compreendendo a visão, os três apóstolos iniciados têm diante deles, nas três figuras, um resumo de toda a evolução divina. Pois Moisés, o profeta do Sinai, o formidável condensador do *Gênesis,* representa a história da terra desde a origem do mundo. É todo o passado. Elias representa Israel e todos os profetas anunciadores do Messias. É o presente. O Cristo é a encarnação transparente e radiante do Verbo solar. O Verbo criador que sustenta o mundo desde a origem e que agora fala através de um homem. É o futuro[7]. A voz que os apóstolos ouvem é a Palavra universal do Pai, do Espírito puro, de onde saem todos os Verbos. Ela é semelhante à música das esferas, que rola sobre os mundos e ordena os ritmos, e que só os iniciados escutam. Nesta hora única e solene, ela se traduz em linguagem humana para os apóstolos.

Assim a visão do Tabor reúne em um quadro de uma simplicidade grandiosa toda a evolução humana e divina. *A Transfiguração* foi o começo de uma nova modalidade de êxtase e de visão espiritual aprofundada.

NOTAS:

1. Ver, nesta obra, a descrição do *Guardião da Entrada* no capítulo da *Iluminação de Buda*, no *Mistério da Índia* e o capítulo sobre o *Dioniso dos Mistérios* no *Milagre Helênico*.

2. Ver *Pitágoras*, em *Grandes Iniciados*.

3. Rudolf Steiner. *Conferences de Bâle sur l'Évangile de Luc*. 1910.

4. R. Steiner, idem.

5. R. Steiner, *Conferences sur l'Évangile de Luc*.

6. Ver *O Mistério Cristão e os mistérios antigos*, por R. Steiner, trad. francesa (libr. Perrin).

7. Em meus *Grandes Iniciados*, tentei descrever o que se passava na alma do próprio Cristo, no momento da Transfiguração.

CAPÍTULO V

OS NOVOS MISTÉRIOS, A PAIXÃO, A MORTE E A RESSURREIÇÃO DE CRISTO

Sorridentes e ensolarados foram os três anos de ministério de Jesus. A vida errante sobre as margens do lago e através dos campos se mistura aos mais graves ensinamentos. A terapêutica da alma e do corpo alterna com exercícios de alta vidência. Dir-se-ia, ás vezes, uma ascensão vertiginosa do mestre para arrebatar os seus à sua própria altitude espiritual. À medida que ele sobe, a maior parte se debulha no caminho. Três somente o acompanham até o cume, onde eles caem como que fulminados sob a revelação. Tal foi a manifestação radiosa, de uma força e de uma beleza crescente, de Cristo através do mestre Jesus. Depois, bruscamente, Deus desce desta glória para uma voragem de ignomínia. Voluntariamente, aos olhos de seus discípulos, ele se deixa prender pelos inimigos e se entrega sem resistência aos últimos ultrajes, ao suplício e à morte. Por que esta profunda queda?

Platão, modesto e prodigioso iniciado, que serve de transição entre o gênio helênico e o cristianismo, disse em alguma parte que "a alma do mundo foi crucificada sobre a trama do universo, em todas as criaturas, e espera sua liberdade". Palavra estranha, em que o autor do *Timeo* parece ter pressentido a missão de Cristo em seu sentido mais íntimo e mais transcendente, pois esta palavra contém ao mesmo tempo o enigma de evolução planetária e sua solução por meio do mistério da cruz. Após o emaranhamento da alma humana nos laços da matéria, não era preciso nada menos do que o sacrifício de um Deus para arrancá-la daí e mostrar-lhe o caminho do Espírito.

Em outras palavras, para cumprir sua missão, Cristo, depois de ter iniciado seus discípulos, devia, para completar seu ensinamento, atravessar uma iniciação pessoal. Deus devia descer até o fundo da dor e da morte, para se identificar com o coração e o sangue da humanidade e imprimir à terra um impulso novo. O poder espiritual está em razão direta do dom de si. Eis por que foi para Cristo um engrandecimento o dar-se à humanidade entrando em um corpo humano e aceitando-lhe o martírio.

Estão ali novos mistérios, únicos no gênero, tais que ainda não tinham sido vistos e que, sem dúvida, jamais seriam vistos durante as futuras evoluções da terra, que aguarda ainda muitas metamorfoses. Pois nestes mistérios, um Deus, o Arcanjo solar é o iniciado — e o Espírito puro, o Pai, é o hierofante. Cristo ressuscitado surge como o Salvador da humanidade. O resultado disso é, para o homem, um alargamento imenso de sua área de percepção espiritual, e por conseqüência, um engrandecimento incalculável de seu destino terrestre e celeste.

*
**

Por mais de um ano os Fariseus espreitaram Jesus, porém ele só queria se entregar na hora certa. E quantas vezes discutiram, na entrada das sinagogas e sob o grande pórtico do Templo de Jerusalém, onde passeavam em trajes suntuosos os mais altos dignitários do poder religioso. Quantas vezes ele os havia reduzido ao silêncio por meio de sua dialética cerrada, respondendo às armadilhas por outras armadilhas mais sutis. E quantas vezes também ele os havia assustado com palavras que pareciam cair do céu como o raio:

"Em três dias eu destruirei o Templo... e em três dias o reconstruirei! "

Muitas vezes ele os havia desafiado face a face e alguns de seus epítetos penetravam em suas carnes como arpões:

"Hipócritas! raça de víboras! sepulcros caiados! "

E quando, furiosos, eles queriam prendê-lo no próprio Templo, Jesus, por várias vezes, usara do mesmo expediente que mais tarde Apolônio de Tiane empregaria, no tribunal do imperador Domiciano: lançava um véu em seus olhos e se tornava invisível. "E ele passou no meio deles sem ser visto", dizem os Evangelhos.

Entretanto, tudo está preparado na grande Sinagoga para o julgamento do perigoso profeta que ameaçou destruir o Templo e que se diz o Messias. Do ponto de vista da lei judaica, estas duas acusações são suficientes para condená-lo à morte. Caifás tem dito em pleno sinédrio: "É bom que um só homem morra por todo o povo de Israel." Quando o céu fala pela boca do inferno, a catástrofe está iminente. Finalmente a conjunção dos astros sob o signo de Virgem marcou a hora fatídica no quadrante do céu, assim como no quadrante da história, lançando sua flexa negra na alma solar de Cristo.

Ele reúne os apóstolos em seu retiro habitual, uma caverna do Monte das Oliveiras e lhes anuncia sua morte próxima. Consternados, eles não compreendem, e não compreenderão senão depois.

É o dia da Páscoa. Jesus ordenou a última ceia em uma casa de Jerusalém.

E eis os doze sentados na sala abobadada, ao cair da noite. Sobre a mesa fumegava o cordeiro pascal, que comemora para os judeus a fuga do Egito e se tornará o símbolo da maior vítima. Pelas janelas em arcada, distingue-se a cidadela de Davi, o teto cintilante de ouro do templo de Herodes, a sinistra torre Antonina, onde domina a lança romana... e, acima, o pálido crepúsculo. Um silêncio opressor, um vapor pesado e avermelhado flutua no ar.

João, que vê e adivinha mais que os outros, pergunta-se por que, na obscuridade crescente, aparece em torno da cabeça de Cristo um pálido halo de onde saem raios furtivos que logo se apagam, como se Jesus tremesse no mais profundo de sua alma e vibrasse diante da derradeira resolução. E silenciosamente o discípulo amado pousa sua cabeça sobre o coração do mestre. Finalmente, este rompe o silêncio:

"Em verdade vos digo que um de vós me trairá esta tarde."

Murmuradas numa voz grave, estas palavras passam sobre os doze como o alarme do naufrágio sobre um navio á deriva.

"Quem? Quem?" Jesus, designando Judas, que segura fortemente sua bolsa, acrescenta sem cólera: "Vai e faze o que tens para fazer". Vendo-se descoberto, o traidor sai com sua cólera concentrada.

Então Jesus, tomando o pão e apresentando o cálice, pronuncia solenemente as palavras que consagram sua missão e que ecoarão através dos séculos: "Tomai... isto é o meu corpo... bebei... isto é o meu sangue..." Agora, menos do que nunca, os apóstolos desorientados compreendem. Só Cristo sabe que ele cumpriu neste momento o mais formidável ato de sua vida. Por meio destas palavras, que se inscrevem no Invisível, ele se entregou à humanidade, ele se sacrificou por antecipação. Antes disto, o Filho de Deus, o Verbo, mais livre do que todos os Eloim, teria podido voltar atrás, recusar o holocausto sangrento. Agora, jamais. As Potências receberam seu juramento. Como uma imensa auréola, os Eloim sentem subir até eles a parte divina de Jesus Cristo, sua alma solar com todos os seus poderes, e a retêm em seu círculo atento, garantia fulgurante do sacrifício divino. Os Eloim não a devolveram senão após sua morte. Permanece na terra apenas o Filho do Homem, uma vítima marchando para o suplício.

Entretanto, somente ele sabe o que significa "o corpo e o sangue do Cristo".

Outrora os Tronos tinham dado seu corpo para a criação da nebulosa; os Arqueus, seu último sopro para fazer sair o sol da noite saturnina; os Arcanjos, sua alma de fogo para criar os Anjos, protótipos do Homem. Agora, Cristo daria seu corpo para salvar a humanidade. De seu sangue deve surgir a fraternidade humana, a regeneração da espécie, a ressurreição da alma... E, enquanto ele oferece aos discípulos o cálice onde se avermelha o acre vinho da Judéia... Jesus reflete sobre seu sonho celeste... seu sonho cósmico antes da encarnação... quando ele respirava ainda na zona solar... e os doze grandes-profetas lhe ofereceram, a ele, o terceiro, o cálice terrível... que ele aceitou!

Entretanto os apóstolos, salvo João que adivinha o inefável, não podem compreender. Eles sentem que algo de terrível vai se passar, tremem e empalidecem. A incerteza, a dúvida, pai do medo covarde, os acomete.

Quando Cristo se levanta, dizendo: "Vamos orar em Getsêmani! ", os discípulos o seguem dois a dois. O cortejo sai pela funda poterna da porta de ouro, desce ao sinistro vale de Hinnom, o cemitério dos Judeus, e ao vale da Sombra da Morte. Passa a ponte do Cedron, para se ocultar na caverna do Monte das Oliveiras. Os apóstolos permanecem mudos, impotentes, aterrados.

Sob as grandes árvores do Monte das Oliveiras, de traçados angulosos e espessa folhagem, o círculo infernal se fecha sobre o Filho do Homem para exterminá-lo em seu golilha.

Os apóstolos dormem. Jesus reza e sua fronte se cobre de um suor de sangue. É preciso que ele sofra a angústia sufocante, que ele beba o cálice até a lia, que ele saboreie o amargor do abandono e do desespero humano.

Finalmente, tochas e armas brilham sob as árvores. É Judas com os sargentos. Ele dá em Jesus o beijo da traição, indicando-o aos soldados mercenários. Há uma doçura verdadeiramente infinita na resposta de Cristo: "Meu amigo, com que fim estás aqui? ", doçura tão esmagadora que levará o traidor até o suicídio, apesar da perfídia de sua alma. Após este ato de perfeito amor, Jesus permanecerá impassível até o fim. Ele está protegido contra todas as torturas.

Ei-lo diante do grande sacerdote Caifás, tipo do saduceu empedernido e do orgulhoso sacerdote sem fé. Jesus se confessa o Messias e o pontífice rasga sua veste; é a condenação à morte. No pretório de Roma, Pilatos procura salvar o Galileu, que ele julga um sonhador inofensivo. Pois este pretenso "rei dos Judeus", que se diz "filho de Deus", afirma que "seu reino não é deste mundo". Entretanto, tendo os sacerdotes judeus evocado a sombra ciumenta de César, e diante da multidão que urrava: "Crucifica-o! ", o proconsul, após ter lavado as mãos daquele crime, entregou o Messias às mãos brutais dos legionários romanos. Cobriram-no com um manto de púrpura, enterraram-lhe na fronte uma coroa de espinhos e colocaram-lhe nas mãos um caniço com um cetro irrisório. As pancadas caem com os insultos. A fim de manifestar seu desprezo aos Judeus, Pilatos exclama: "Eis vosso rei! " Depois acrescenta com amarga ironia: *Ecce Homo!* como se toda a miséria e toda a vileza humana se resumisse neste profeta flagelado.

A antigüidade agonizante e mesmo os Estóicos não compreenderam a Paixão de Cristo melhor do que Pilatos. Eles não viram senão o exterior desolador e sua aparente inércia, que provocava sua indignação. Porém, todos os atos da vida de Jesus têm, ao mesmo tempo, um sentido simbólico e uma ação mística sobre a humanidade futura. As estações da Cruz, evocadas em imagens astrais pelos santos da Idade Média, tornaram-se para eles um instrumento de iniciação e de perfeição. Os Irmãos de São João e os Templários, as Cruzadas, que conceberam a conquista de Jerusalém para lá fazerem a capital do mundo, os misteriosos Rosa-Cruzes do século XIV que prepararam a reconciliação da Ciência e da Fé, do Oriente e do Ocidente com uma prudência superior, todos estes homens de ação espiritual, no sentido mais intenso da palavra, deviam encontrar na Paixão de Cristo uma fonte incalculável de força. Quando eles tinham a visão da *Flagelação,* a figura martirizada de Cristo lhes dizia:

"Aprende comigo a ficar impassível sob o ultraje do destino, a resistir a todos os sofrimentos, e obterás um sentido novo: a compreensão de todas as dores, o sentimento da unidade com todos os seres. Pois foi assim que eu consenti em sofrer pelos homens, a fim de penetrar até o fundo de sua alma."

A Coroa de Espinhos lhes ensinava a enfrentar o mundo moral e intelectualmente, a suportar o desprezo e o ataque contra tudo o que nos é mais caro. Ela lhes falava assim: "Fica de pé, quando todo o mundo te atinge. Sabe dizer: *sim!* quando todo o mundo diz: *não!* Somente assim serás *tu mesmo.*"

A cena de *Jesus carregando a Cruz* lhes ensinava outra virtu¹e, dizendo:

"Aprende a carregar o mundo sobre tua consciência como Cristo consentiu em carregar a Cruz, a fim de se identificar com a terra. Aprende a conduzir teu corpo como uma coisa exterior. É preciso que o espírito sustente o martelo!" Deste modo, pois, não foi absolutamente a passividade que o Mistério da Paixão ensinou ao Ocidente e aos povos do Norte, mas uma energia nova por meio do Amor e do Sacrifício.

A cena do *Gólgota* é derradeiro termo da vida de Cristo, a chancela colocada em sua missão, e por isto mesmo o mais profundo do cristianismo. Goethe disse justamente a este propósito: "O mistério supremo do sofrimento é uma coisa tão sagrada que expor sua imagem aos olhos da multidão pode parecer uma profanação sacrílega." Por que a lúgubre cena da crucificação? — perguntavam os pagãos dos primeiros séculos. Será deste cruel horror que deve sair a salvação do mundo? — E muito pensador moderno tem repetido: A humanidade não poderia ser salva senão pela morte de um justo? O universo é, pois, um cavalete de tortura, e Deus um carrasco! A resposta mais filosófica a este lancinante problema foi dada por Rudolf Steiner:

"A prova de que o espiritual triunfa sempre sobre o material devia se colocar aos olhos do mundo. *Uma iniciação transposta para o plano da história universal, eis o acontecimento do Gólgota.* Uma torrente de vida espiritual nasce das gotas de sangue vertidas sobre a cruz. O sangue é a substancialização do eu. Com o sangue derramado no Gólgota, o Amor de Cristo vai penetrar o egoísmo humano com um fluido vivificante."

Lentamente, a cruz foi erguida sobre a sinistra colina que domina o Sião. Na vítima sangrenta, que palpita e estremece sob o infame madeiro, respira uma alma super-humana. Cristo, entretanto, entregara seus poderes ao Eloim, e se sente como que privado de sua aura solar, em uma solidão horrível, no fundo de um abismo de trevas onde bradam soldados e vociferam inimigos. Uma negra nuvem pesa sobre Jerusalém, pois a atmosfera terrestre não passa de um prisma de vida universal. Seus fluidos, seus ventos, seus espíritos elementares se enchem às vezes das paixões humanas, ao mesmo tempo que respondem aos impulsos cósmicos por meio das tempestades e das convulsões. E eis que haviam chegado para Jesus as horas da agonia, pesadas como uma eternidade. Apesar das dilacerações do suplício, ele permanece o Messias. Ele perdoa a seus carrascos e consola o ladrão que conservou a fé. À aproximação da morte, Jesus sentiu a sede devoradora dos supliciados, presságio da libertação. Todavia, para esgotar seu cálice, é preciso que ele atinja o máximo do sentimento de solidão, que o fará dizer: "Meu Pai, por que me abandonaste? " seguindo-se a palavra suprema: "Tudo está consumado" que põe o selo do Eterno sobre a fronte dos séculos pasmados.

Um derradeiro lamento saiu do peito do crucificado, estridente como o clarim ou como o som de uma harpa, cujas cordas se ferissem todas de uma só vez. Tão terrível e possante foi este grito que os legionários romanos recuaram, balbuciando: "Seria mesmo o Filho de Deus? "

Jesus está morto... mas o Cristo está vivo... mais vivo do que nunca! Aos olhos dos homens, não fica dele senão um cadáver suspenso em um madeiro, sob um céu mais negro do que o inferno. Todavia, no mundo astral e no mundo espiritual, explode um raio seguido de um trovão de mil ecos. Em um único salto, a alma de Cristo se reuniu à sua aura solar, seguida por oceanos de almas e saudada pelo hosana das legiões celestes.

Desde então, os videntes de além-túmulo e os Eloim sabem que a vitória foi conquistada, que a morte perdeu seu aguilhão, que a pedra dos sepulcros foi rompida e que as almas gloriosas serão vistas pairar sobre suas queixadas vazias. Cristo reintegrou seu reino com poderes centuplicados por meio de seu sacrifício. Agora, com um novo gesto, ele estava prestes a voltar para o coração do Infinito, no centro efervescente de luz, de amor e de beleza que ele chama Pai. Porém, sua piedade o reconduz à terra, da qual ele se tornara o mestre através do martírio.

Uma bruma sinistra, um morno silêncio cobrem sempre Jerusalém. As santas mulheres choram sobre o corpo do mestre; José de Arimatéia sepulta-o. Os apóstolos se escondem nas cavernas do vale de Hinnom. Com o mestre morto, eles perderam toda a esperança. Nada mudou, em aparência, no mundo opaco da matéria. No entanto, um fato singular se passou no templo de Herodes. No momento em que Jesus expirava, o esplêndido véu, trançado em linho cor de púrpura e de jacinto, que esconde o tabernáculo, rompeu-se de alto a baixo. Um levita que passava viu, no santuário, a arca de ouro sustentada pelos Querubins de ouro maciço, cujas asas se levantavam até a abóbada. Coisa inaudita, olhos profanos puderam contemplar o mistério do santo dos santos, onde até o grande pontífice não deve penetrar senão uma vez por ano. Os sacrificadores assustados expulsam o povo, a fim de que não seja testemunha do sacrilégio.

Este sinal tem um sentido. A imagem do Querubin, com corpo de leão, asas de águia, cabeça de anjo, é semelhante à da esfinge. Ela simboliza toda a evolução da alma humana, sua descida na carne e sua volta ao Espírito. Graças a Cristo, o véu do santuário é rasgado, o enigma da esfinge fica solucionado.

De hoje em diante o mistério da vida e da evolução está aberto a todos aqueles que têm ousadia e vontade.

Para explicar agora a obra realizada pelo espírito do Cristo pendente que os seus velavam no sepulcro, precisamos relembrar o fato capital da iniciação egípcia. O iniciado passava três dias e três noites, e em sarcófago, mergulhado em sono letárgico sob a supervisão do hierofante. Durante este tempo, ele completava sua viagem no outro mundo, proporcional a seu grau de adiantamento. Como ele se lembrava disto ao despertar e como tivesse visitado por antecipação o império dos mortos, ele era como que um ressuscitado e *duas vezes nascido* conforme a linguagem dos templos. Cristo também completou sua viagem cósmica, durante seu sepultamento, antes de sua ressurreição espiritual aos olhos dos seus. Aqui também há um paralelismo, entre a iniciação antiga e os novos Mistérios trazidos ao mundo por Cristo. Paralelismo, mas também um imenso alargamento. Pois a viagem astral de um Deus, depois de ter passado pela prova da morte terrestre, devia ser de outro gênero e de alcance mais vasto do que a tímida abordagem de um simples mortal no reino dos mortos, sobre a barca de Isis.[1]

Duas correntes psicofluídicas envolvem o globo terrestre com seus múltiplos anéis como serpentes elétricas sempre em movimento. Uma, chamada *Horeb* por Moisés, *Erebe* por Orfeu, poderia chamar-se também *força centrípeta,* uma vez que tem seu centro na terra e a ela conduz tudo o que cai em seu fluxo torrencial. É a voragem das gerações, do desejo e da morte, a esfera da prova, também chamada purgatório pelas religiões. Todas as almas ainda entregues às paixões terrestres são levadas em seus redemoinhos e turbilhões. A outra corrente foi denominada *Iona* por Moisés e poderia se chamar *força centrífuga* Pois nela reside *o poder de expansão,* como na outra *o poder de contradição;* e ela está em comunicação com todo o cosmos. Por meio dela as almas voltam ao sol e ao céu e medram as influências divinas. Foi através dela que Cristo desceu sob a forma de Pomba. Se os iniciados, preparados para a viagem cósmica por uma alma fortemente evoluída, tivessem sempre sabido se reunir à corrente de *Iona,* após a morte, a grande massa das almas obscurecidas pelas fumaças da carne lá dificilmente chegaria e quase não sairia da região de *Horeb,* de uma encarnação à outra. A passagem de Cristo pelos limbos crepusculares provocou aí uma abertura, deixou círculos luminosos e reabriu para as almas perdidas, como aquelas do segundo círculo do Inferno de Dante, as vias celestes. Assim, a missão de Cristo devia iluminar e ampliar a vida depois da morte, do mesmo modo como ele havia ampliado e iluminado a vida sobre a terra.

Contudo, o essencial da missão de Cristo era introduzir a certeza da ressurreição espiritual no coração dos apóstolos, que deviam propagar seu pensamento pelo mundo. Depois de ter ressuscitado para si mesmo, era preciso que ele ressuscitasse neles e por eles, e fizesse o acontecimento pairar sobre toda a história futura. A ressurreição de Cristo devia ser a garantia de ressurreição das almas a partir desta vida como de sua fé na outra. E para isto não seria suficiente que Cristo se manifestasse aos seus, em visão astral, durante o sono profundo. Era preciso mostrar-se a eles durante a vigília, no plano físico, e que sua ressurreição lhes parecesse um fato de alguma maneira material. Difícil para outros, este fenômeno era fácil para Cristo. Pois o corpo etéreo dos grandes adeptos — e o de Cristo devia ser de uma vitalidade particularmente intensa e sutil — conserva-se muito tempo após a morte e guarda uma parte de seu poder sobre a matéria. É suficiente que o Espírito a anime para torná-la visível em algumas condições.

A fé na ressurreição não se apoderou bruscamente dos apóstolos. Ela devia se insinuar neles como uma voz que persuade pela entonação do coração, como um sopro de vida que se comunica. Ela ganhou sua alma como o dia se faz pouco a pouco, após a noite profunda. Tal como a aurora límpida que se levanta sobre a cinzenta Palestina. As aparições de Cristo se graduam para produzir efeitos cada vez maiores. No início ligeiras e furtivas como sombras, elas aumentam depois em força e em brilho.

Como, pois, o corpo de Jesus desapareceu? Teria sido ele consumido pelo Fogo Primordial *(Feu-Principe),* sob o sopro das Potências, como os de Zoroastro, de Moisés e de Elias, e a terra teria tremido derrubando os guardas, como quer o Envagelista? Ou então, purificado, espiritualizado a ponto de quase não ser mais matéria, teria ele por si mesmo se misturado nos elementos, da mesma forma que um aroma num líquido ou um perfume no ar? Seja o que for, por uma maravilhosa alquimia, sua deliciosa quintessência tinha sido bebida pela atmosfera.

Mas, eis Maria Madalena, a portadora de bálsamos, que vê no sepulcro vazio "dois anjos cujas faces são como o relâmpago e as vestes brancas como a neve". Assustada, ela se volta e percebe uma pessoa que não reconheceu, de tão perturbada, mas, diante da voz que pronuncia seu nome "Maria! ..." e que a comove até o âmago, ela viu o Mestre, jogando-se a seus pés para tocar a fímbria de sua veste. Ele, porém, como se temesse o toque muito material de quem ele havia "expulsado sete demônios", falou:

— "Não me toques... Vai dizer aos apóstolos que eu ressuscitei! "

Aqui o Salvador se dirige à mulher apaixonada, à pecadora convertida em adoradora do Senhor. Com uma só palavra ele derrama até o fundo de seu coração o bálsamo do eterno Amor. Ele sabe que através da Mulher atingirá a alma da humanidade.

Quando, em seguida, Jesus aparece aos onze apóstolos reunidos a portas fechadas, em uma casa de Jerusalém, e se reúne a eles na Galiléia, é o Mestre que junta de novo a elite de seu rebanho para a obra futura.

No crepúsculo patético de Emaús, é o divino curandeiro de almas que reacende a fé no coração ardente dos dois discípulos entristecidos.

Sobre as praias do lago de Tiberíades, ele aparece a Pedro e a João a fim de prepará-los para enfrentar seu penoso destino

Quando, enfim, ele se mostra aos seus pela derradeira vez, sobre uma montanha da Galiléia, é para lhes dizer estas palavras supremas:

— "Ide e pregai o Evangelho a todas as nações... E eis que eu estarei convosco até o fim dos séculos! " É o adeus solene do Mestre e o testamento do Rei dos Arcanjos solares.

Deste modo o fato místico da ressurreição, que despontou entre os apóstolos como uma tímida aurora, brilha e cresce para acabar em glorioso poente, que banha para sempre o pensamento deles com sua púrpura suntuosa e profética.

Uma vez ainda, alguns anos mais tarde, Cristo apareceu, de maneira excepcional, ao adversário Paulo, no caminho de Damasco, a fim de torná-lo seu mais arrebatado defensor. Se as aparições anteriores de Cristo são como que envolvidas de uma auréola de sonho, esta tem um caráter histórico incontestável. Mais inesperada do que as outras, ela é de uma claridade vitoriosa. Aqui também a quantidade de força ostentada se equivale ao efeito desejado, porquanto, desta visão e desta palavra fulminante, nascerá a missão do apóstolo dos Gentios, o qual deveria converter para Cristo o mundo greco-latino, e por meio deste todo o Ocidente.

Como uma estrela brilhante, promessa de um mundo futuro, paira, sobre a bruma espessa do horizonte, o acontecimento da ressurreição espiritual abrangendo a obra inteira de Cristo. Ele é a conclusão necessária e o resumo desta obra. Nem o ódio, nem a dúvida, nem o mal estão vencidos. Não o devem ser ainda, porque eles próprios constituem fermentos da evolução. Todavia, de hoje em diante a Esperança imortal não poderá mais ser arrancada do coração do homem. Por cima de todas as derrotas e todas as mortes, um coro inextinguível cantará através das idades:

— "Cristo ressuscitou! ... Os caminhos da terra para o céu foram reabertos!"

NOTA:

1. Esta barca era na realidade o próprio corpo etéreo do iniciado, arrancado pelo hierofante do corpo físico e carregado no turbilhão das correntes astrais.

CONCLUSÃO

O VIR A SER

Christus Luciferus Verus
SENTENÇA ROSACRUCIANA

Nós acabamos de atravessar, em grandes etapas, a evolução planetária e o desenvolvimento humano até o ponto central: a vinda de Cristo. Tenho consciência de todas as lacunas deste esboço. Espero, pelo menos, que ele prove uma coisa, a saber, que existe uma tradição esotérica ocidental e que ela se prende a Cristo como ao eixo da humanidade. Ele aí aparece como a realização de seu passado e a garantia de seu futuro.

A História não seria senão um exercício de pedantes ou um divertimento de narradores fúteis, se apenas desfilasse em série os acontecimentos esparsos dos anais humanos. Não, a História não é um carcereiro melancólico que nos fecha nas celas, mas uma Musa serena que nos liberta, transportando-nos sobre os cumes, onde tudo se desenrola livremente sob um imenso espaço. Que ela não represente o papel de uma Parca impassível, sempre preparada para cortar o fio da vida, mas de uma Ariadne inteligente, que nos guia em seu labirinto. Revelando-nos as Leis eternas e as Causas primeiras ela nos confia a chama exploradora para dissipar as trevas que nos envolvem. Assim armados, sabemos ver e querer, tanto no tocante à humanidade como ao homem. Dominar-se em seu passado, é concentrar toda sua força adquirida para se lançar na direção do futuro, sob os impulsos que nascem de nossa alma e do mistério do Infinito.

Duas grandes correntes se desenvolvem na superfície da história há dois mil anos, percebidas por toda a parte sobre este mar agitado que forma a humanidade em movimento. Ora elas se chocam furiosamente, ora elas se acalmam e se roçam insidiosamente com carícias, como se quisessem se unir nos poucos momentos de calmas enganadoras. Às vezes até elas se misturam e procuram fundir-se, mas sem consegui-lo. E sempre recomeça a luta de suas vagas arrepiadas. É a luta entre o mundo religioso e o mundo laico, entre a Fé e a Ciência, entre o Cristianismo e o Paganismo, entre o Eterno e o Presente. Luta obsessora, imperiosa, enfurecida, à qual ninguém escapa. É a infelicidade e a grandeza, o flagelo e a honra de nosso tempo, pois toda a história a isto conduz como a uma crise inevitável.

Neste livro tentamos remontar até as causas ocultas desta luta, que se chama na tradição esotérica *o Combate no Céu*, e dela encontramos as repercussões de planeta em planeta, de época em época, de raça em raça e de povo em povo.

Considerando-as sinteticamente em sua causa inicial e em seus efeitos de duração indeterminada, ser-nos-á permitido chamar estas duas correntes de *corrente de Cristo e corrente de Lúcifer.*

Vejamos primeiro os seus efeitos na história exterior.

O que Cristo tinha trazido ao mundo e ensinado aos apóstolos não era um dogma abstrato, mas uma vida nova, um impulso soberano, uma fé imensa na terra renovada, no céu reaberto, pela própria presença do Divino que irradiava de sua pessoa. Esta irradiação, prolongada por meio da ressurreição espiritual, criou as primeiras comunidades cristãs, para as quais era suficiente, pois para elas todo o passado humano, todas as religiões, toda a iniciação antiga, toda a ciência alcançada pela Ásia, o Egito e a Grécia, se confundia com a decadência greco-latina e lhes parecia a obra do demônio. Só Cristo existia. Não tinha ele caminhado sobre a terra como Deus mesmo? Apesar disto, durante os dois primeiros séculos, várias comunidades cristãs conservaram o princípio antigo da iniciação hierarquizada e graduada. É o que se chamava *gnose*. A união com o Cristo era para elas um fenômeno místico, superior a todos os outros, uma realidade ao mesmo tempo individual e coletiva. Porém, desde que Santo Agostinho afirmou o dogma que a fé na Igreja estabelecida substitui todo o resto, o princípio da iniciação foi suprimido e a fé cega tomou o lugar do verdadeiro conhecimento. A submissão à Igreja e às suas prescrições supriu a união com o Cristo vivo. Enquanto os santos e os mártires convertiam os povos do Norte por meio de sua exaltação sublime e seu sangue derramado, a Igreja, cada vez mais romanizada, encolheu-se em seu dogma, não sonhou mais senão com seu domínio temporal e com a escravização das almas pela mutilação do espírito. É verdade que os últimos grandes doutores da Igreja, conhecidos sob o nome de escolásticos, Alberto, o Grande, Scott Erigênio e Santo Tomás de Aquino, construíram uma metafísica notável, combinando os sistemas de Aristóteles e de Platão com o cristianismo. Todavia falta a suas doutrinas o que o espírito moderno exige, isto é, o conhecimento da natureza, já contido sinteticamente na iniciação antiga, e a idéia da evolução psíquica contida no princípio da reencarnação e da pluralidade das existências.

O retraimento intelectual da Igreja, já considerável desde Santo Agostinho, atingiu o máximo diante dos dois fenômenos paralelos da Reforma e da Renascença, a primeira reclamando a liberdade da consciência, e a segunda a liberdade da investigação científica. A Igreja queimou John Huss por sua fé independente; ela condenou Galileu porque afirmava que a terra girava ao redor do sol; ela queimou o dominicano Giordano Bruno porque ele via Deus no cosmos e o adorava no Infinito.

A proclamação do dogma da infalibilidade papal pode ser considerada como o último termo do agnosticismo religioso, do cesarismo espiritual e do materialismo da fé. Ele despoja a Igreja militante e pensante de suas armas e de sua dignidade.

Não existe mais a necessidade de Jesus Cristo, uma vez que temos o Papa. Que as trevas reinem na consciência, contanto que a carcaça da Igreja subsista! Estaria ali o que o pobre Brunetière chamava "o fato pontifical" e que ele adotou como único artigo de fé, por não ter encontrado nenhum outro?

Tal foi o recuo do cristianismo visto de fora, após seu magnífico desabrochar nos séculos XII e XIII, florescência devida à sua reserva esotérica e ao influxo misterioso das forças divinas. Sua marcha, do XIV.º ao XX.º século, representa antes uma contração do que um desenvolvimento.

Dizendo a seus discípulos e ao povo da Galiléia: "O reino do céu está em vós", Jesus havia prometido ao mundo a conquista do céu por meio da vida interior. No entanto acabamos de ver a que ponto a Igreja pôde velar o céu do cosmos e o céu da alma pela estreiteza intelectual e o espírito de dominação espiritual.

Vejamos agora a que resultado chegou *a corrente luciferiana da Ciência*, que não deixou de correr lado a lado com a *corrente cristã da Igreja*, de lutar com ela e que, no momento atual, extravaza até cobri-la por todos os lados.

A corrente luciferiana tem sua origem no mundo grego. Quando Sócrates colocou o axioma pelo qual se pode atingir a verdade através unicamente da razão e que a dialética é o caminho infalível que conduz à perfeição moral como à felicidade suprema, ele formulava de alguma maneira o princípio de toda a ciência contemporânea, cujo derradeiro termo deveria ser a filosofia positivista. Paralelamente, estabelecendo todas as ciências com base na observação dos fenômenos da natureza, Aristóteles inaugurava o novo método de investigação científica. Observação, análise, raciocínio, estas faculdades que se erigiram logo em mestras únicas da verdade, deviam afastar pouco a pouco do domínio científico a contemplação, a intuição e a vidência, as quais, sozinhas, atingem os princípios das coisas e tinham governado, até ali, as fortes raças humanas, por meio dos centros de iniciação e dos templos-escolas.

Adormecida pela atividade guerreira das raças do Norte e reprimida pela Igreja, a necessidade científica dormitou durante toda a primeira metade da Idade Média e só despertou por meio das explorações mundiais e dos esplêndidos descobrimentos por volta dos séculos XV e XVI. Cristóvão Colombo tendo provado que a terra era redonda, Galileu que ela gira em torno do Sol, Copérnico e Képler tendo medido os astros e suas distâncias, o espírito humano, dominado pelo universo físico, devia mudar completamente. Notemos que estes grandes astrônomos ainda eram, em larga dimensão, crentes e videntes à maneira antiga. Eles concebiam o universo como um ser vivo, animado por um princípio divino, provado por sua unidade e sua maravilhosa harmonia. Do mesmo modo que os últimos grandes doutores da Igreja, Alberto, o Grande, Scott Erigênio e Santo Tomás de Aquino, prestavam homenagem à razão humana, que eles se esforçavam para conciliar com a teologia, assim também aqueles pioneiros dos espaços estelares ainda sabiam ver e adorar Deus na Natureza. Pode-se mesmo afirmar que, sem esta fé que lhes vinha de sua intuição, eles jamais teriam conseguido penetrar nas leis que governam os mundos. Todavia não foi isto que se deu a seguir.

Se a Igreja se encolheu gradualmente, expulsando a Natureza da Religião, os sábios deviam obscurecer seu espírito expulsando os conceitos de Deus e da Alma da Ciência. Em nossos dias, aconteceu que o homem, à força de captar os elementos materiais da Natureza — corpos químicos, vapor, luz, eletricidade —, e deles se utilizar para suas necessidades, julga-se o único mestre, menosprezando as forças divinas, das quais eles não são senão os vestuários. Ele as trata como uma criança egoísta e tirânica, abusando delas, se bem que, por uma repercussão oculta, estas forças tornadas hostis se voltem contra ele, e o empurrem a um frenesi de cupidez e de materialismo cruel.

Foi deste modo que os novos apóstolos da ciência, que interpretam falsamente suas admiráveis descobertas, chegaram a não crer em mais nada além de seus instrumentos e da matéria decomposta que eles manejam em seus corníferos, a negar a Alma e Deus, que são dinamizados através de todos os reinos da imensa Natureza, mas que não se revelam a não ser nas alturas serenas da contemplação, com a intuição e a vidência. Este método exclusivo traz resultados terríveis que são a anarquia intelectual e social. Ele desagrega o ser humano, esteriliza sua força criadora e tende a matar nele o princípio imortal e até o princípio vital. Com todas suas máquinas, todos seus instrumentos e todas suas teorias, ele já conseguiu destruir a beleza exterior da vida.

Graças a esta mentalidade, acontece que, desviando o olhar da terra laboriosamente conquistada, o homem se transporta para si mesmo, e ali não encontra a não ser o caos anárquico de suas paixões desencadeadas, e, se se volta para o céu, então se perde num vazio assustador e gelado.

Tal é o duplo impasse a que conduz o cristianismo truncado pela supressão da iniciação e a ciência viúva de Deus. De um lado, a ossificação no dogma abstrato; de outro, a asfixia na matéria morta.

*
 * *

Todavia existiu, desde a origem de nossa era, uma minoria menosprezada e perseguida, mas indestrutível e poderosa, cujo fim supremo foi *reconciliar a corrente cristã com a corrente luciferiana*, unindo em um feixe vivo, em um todo orgânico, a Fé e a Razão, a Religião e a Ciência, e elevar deste modo a iniciação antiga à altura da revelação de Cristo. É bastante difícil adivinhar estas altas personalidades através dos documentos mutilados e deturpados que nos restam de sua passagem pela terra. Elas foram obrigadas mais freqüentemente a se esconderem, a se disfarçarem e se insinuarem como fantasmas na penumbra da história, porque eram igualmente suspeitas à religião estabelecida e à ciência oficial.

Estes desclassificados são quase sempre tachados de herejes ou de feiticeiros, e encontrados um pouco por toda parte, dispersos mas espalhados em todos os países, em todas as profissões, em todas as classes sociais. Filósofos solitários, médicos hábeis, sábios rabinos, monges silenciosos que ocultam seus vastos pensamentos sob diminutos escapulários, alquimistas que procuram o segredo dos elementos no fundo de seus cadinhos, astrólogos perscrutando a lei dos destinos no curso dos astros. São às vezes príncipes curiosos ou reis pensativos, no fundo de seus palácios; são também pastores sonhadores, perdidos em suas charnecas, ou humildes narradores de lendas no fundo de suas choupanas. Uma simpatia secreta une esta imensa confraria. Eles se reconhecem a um sinal, a um olhar, na atmosfera magnética que emana de seu ser, em seus silêncios mais ainda do que em suas palavras. São os irmãos da Alma e os mártires do Pensamento.

Tanto quanto os *Irmãos de Cristo*, eles têm necessidade *de amar e de crer*; tanto quanto *os Filhos de Lúcifer*, eles têm o desejo *de saber e de compreender*. Estas potências se unem em seu ser em uma só força, em uma só consciência, em uma só verdade. Sobre a fisionomia dos maiores dentre eles vê-se flutuar o véu de uma estranha melancolia, porque a grande tragédia do universo pesa inteiramente sobre seu coração e seu cérebro. Eles se sentem responsáveis por ela como parcelas da Providência terrestre que vela sobre os destinos humanos. Porém, através deste tênue véu, vê-se brilhar, como uma auréola, a alegria íntima daqueles que vêem o Divino. Eles sabem que as dores do mundo são as dores de Deus, como as cores do prisma são os sofrimentos da Luz. Eles se sentem ligados a todos os seres por um fio invisível. Eles têm a lembrança mais ou menos clara de suas existências passadas e preparam suas existências futuras; jamais, porém, eles consentiriam em falar à multidão sobre os mistérios que ocultam até de seus discípulos. Divulgá-los seria profaná-los, fomentar a superstição e o charlatismo. Pois estas coisas não têm valor senão para aqueles que as viram e viveram. Então elas se tornam a cidadela de diamante dos fortes e dos puros.

O traço essencial do esoterismo ocidental é, pois, ser ao mesmo tempo intelectual e místico. É um filho de Lúcifer e um servo de Cristo. Apresentei com isto a característica geral. Bem mais dramática e colorida seria sua história se fosse possível ressuscitar os heróis ilustres ou obscuros, todos atingidos pelo ostracismo e marcados na fronte com o fatal *signum reprobationis* dos heréticos e dos malditos.

Não posso aqui senão mostrar-lhes a filiação e enumerar sumariamente suas etapas.

Eles despontam com os Gnósticos. Através de seus escritos dissimulados e sua exposição confusa, adivinha-se que eles tiveram o sentido profundo do Verbo divino no universo e de suas substâncias, das quais a derradeira e a mais brilhante foi o Cristo.

Entretanto o esoterismo cristão somente se constitui solidamente no IV° século com o misterioso e poderoso Manes, pai do Maniqueísmo. Esta foi a primeira tentativa de fazer penetrar a corrente luciferiana na corrente cristã. Nenhuma personagem religiosa foi mais injuriosamente desfigurada, poder-se-ia dizer mais radicalmente extirpada da tradição do que o foi Manes pela Igreja oficial, que via nele um rival perigoso. Todos os seus escritos foram destruídos até as últimas folhas, os quais se conheceram apenas pelas refutações e as calúnias de seus adversários. Sua grande personalidade, entretanto, deixou sua marca nas cóleras que suscitou e nas confrarias que se inspiraram em suas doutrinas.

Discípulo dos magos persas, Manes teve uma revelação pessoal do Cristo. Como ele havia reunido numerosos adeptos, entre os quais se encontrava o filho do rei, a Igreja bisantina organizou uma espécie de concílio onde ele teve que se defender de seus numerosos acusadores. Excomungado e condenado, ele morreu pouco depois em uma fortaleza nas montanhas, uns dizem que pela vontade do rei, outros, pela instigação de cristãos fanáticos.

A originalidade de seu pensamento foi a concepção do mal como um contrapeso necessário ao bem no sistema do mundo e a idéia da reencarnação introduzida no cristianismo. Compreende-se que Santo Agostinho, que tinha sido maniqueísta, se transformasse no inimigo figadal desta doutrina que, restabelecendo a iniciação graduada, tirava da Igreja seu poder e controle. [1]

As idéias maniqueístas se expandiram no Ocidente. Os Cataros as propagaram na Hungria, os Albigenses na França, e os Templários, tornados tão poderosos durante as Cruzadas, espalharam-nas em toda a Europa e até no Oriente. Porém o rei da França e o Papa se entenderam para destruir a ordem dos Templários. Preparado por eles, o massacre geral começou no mesmo dia em toda a Europa, e prosseguiu até o extermínio de toda a ordem. Seus arquivos e instrumentos do ritual foram queimados. Tinha-se atacado com o mesmo rigor os Albigenses. Foram as Vésperas Sicilianas da monarquia absoluta contra a cavalaria independente e foi a São Bartolomeu do papado contra o esoterismo cristão.

Uma era fecunda não começa para a ciência oculta no Ocidente senão com o insaciável Rosenkreutz, fundador da Rosa-Cruz no século XIV. Ele teve a genialidade de prever a necessidade da união entre a mística cristã e a ciência nascente e de compreender que era preciso reatar a ciência do Ocidente à sabedoria oriental para preencher o abismo que se cavava no espírito humano e preparar um tampão para os terríveis choques do futuro.

Pode-se dizer que os grandes ocultistas do século XVI, como o alquimista Paracelso, o sapateiro visionário Jacob Boehm, o filósofo da magia Cornelius Agrippa, foram impregnados de seu sopro regenerador. A grande idéia, é o paralelismo absoluto, a harmonia profunda que reina entre o *microcosmo* e o *macrocosmo*, isto é, entre o homem e o universo. A hierarquia dos reinos na constituição do universo (reinos mineral, vegetal, animal e humano) corresponde à hierarquia das forças na constituição do homem (corpo físico, corpo etéreo ou vital, corpo astral ou dinâmico e eu consciente). O homem, sendo um extrato de todo o universo, torna-se assim a imagem de Deus. Aí está uma descoberta de alcance incalculável e o centro radiante da verdade esotérica. É certo que esta verdade se encontra implicitamente contida, sob formas de imagens e de símbolos, nas antigas mitologias. No entanto os ocultistas do século XVI pela primeira vez a expuseram e demonstraram cientificamente. Neles a visão intuitiva combina com a consciência refletida.

A situação dos ocultistas dos séculos XVII, XVIII e XIX aparece muito diversa. Menos perseguidos pela Igreja, que continua a temê-los mas cujo poder diminui, eles o são agora pela ciência oficial, cujo crédito aumenta, que se apodera pouco a pouco da direção intelectual e moral e se confina cada vez mais na observação dos fenômenos materiais. Não se pode mais queimar e enfocar os adeptos da ciência oculta como demoníacos ou como heréticos, mas procura-se destruí-los por meio do ridículo revelando apenas suas faltas e seus excessos.

Eles têm, entretanto, fornecido um fecundo e indispensável apoio à sabedoria esotérica através dos trabalhos de homens tais como Court de Gébelin, Saint-Martin, o teósofo do século XVIII, Fabre d'Olivet, Eliphas Levy, Saint-Yves d'Alveydre e muitos outros. Sobre a grande fraternidade humana, que é o pensamento moral do cristianismo, vem se enxertar com eles a fraternidade das religiões saídas de uma fonte comum e que aspiram ao mesmo fim. Deste modo os braços de Cristo se abrem, imensos, para estreitar todos os profetas e todos os iniciados.

Se, ao lado da tradição oculta propriamente dita, dá-se conta das subcorrentes que removem a consciência profunda da humanidade, correntes que resultam às vezes de influxos superiores, é preciso acrescentar a estas manifestações as inumeráveis e maravilhosas intuições dos poetas do século XIX. As verdades do além brilham a todo o momento em suas obras, como o firmamento através dos interstícios das nuvens. O *Fausto* de Goethe é, neste ponto de vista, uma espécie de enciclopédia do ocultismo. Que percepções surpreendentes no *Manfred* e no *Caim* de Byron, como no *Prometeu libertado* de Shelley! Que apanhados de pensamentos esotéricos poder-se-ia colher nas obras de Lamartine, de Vitor Hugo e mesmo de Alfred de Vigny, que, através de seu desespero tranqüilo e sua dúvida estóica, entrevê as mais sublimes verdades! Quanto a Richard Wagner, é o maior ocultista inconsciente que jamais viveu. Seu Votan, suas Valkírias, sua tetralogia evocam em símbolos fulgurantes todos os mistérios dos povos do Norte. Lohengrin e Parsifal enaltecem o iniciado cristão. Quanto à sua música, ela transborda de todas as magias e parece quase, como a de Beethoven, ter encontrado o verbo primordial, a palavra criadora.

Para completar esta enumeração devemos prestar uma homenagem respeitosa aos filósofos de profissão que se aventuram voluntária ou involuntariamente no oculto. Não teria Schelling saudado, na clarividência do estado sonambúlico, a personalidade superior e imortal do homem? O idealista Hegel não teria visto na natureza uma involução da matéria para o Espírito? Até o pessimista Schopenhauer, zombando de todos os seus contemporâneos, não teria ele ousado colocar a intuição acima da lógica, como instrumento do conhecimento? Retomando e determinando esta idéia, Bergson declarou que "a filosofia não passava de um retorno consciente e refletido aos dados da intuição". Não foi preciso muito mais para que o alto clero do ateísmo o catalogasse de "clerical". De seu lado, Boutroux encolerizou muitos dos intratáveis positivistas declarando que os estados profundos de hipnose, onde o eu muda de personalidade e se julga a si mesmo seu objeto, reabriam a porta à metafísica, depois de um meio século vergonhosamente exilado da filosofia.

Depois de tantas aberturas feitas no muro espesso do materialismo, podemos hoje lançar um olhar mais seguro sobre o futuro.

A ciência materialista, obstinadamente fechada na observação dos fenômenos do mundo visível e a Igreja endurecida em seus dogmas abstratos e nos ritos, cujo sentido profundo é cada vez menos compreendido, não estão certamente ao cabo de sua missão. Elas são suficientes aos espíritos e às almas que vivem mais no passado do que no futuro. Elas se transformarão aliás pela força das coisas, mas somente sob o choque de novas potências organizadas que, de fora, ameaçarão seu poder. Por outro lado, a Religião, a Ciência e a Arte futuras têm necessidade de novos agrupamentos, que não podem se obter senão por uma cristalização sob o impulso de um novo princípio.

De todo o movimento intelectual e espiritual de dois mil anos, cujas grandes linhas acabo de delimitar, conclui-se que esta cristalização somente é possível através de *uma síntese do princípio cristão e do princípio luciferiano.*

Um e outro se transformaram com o tempo e não nos revelam hoje senão seus arcanos. Eis como o mais profundo e o mais luminoso teósofo do tempo atual definiu o arcano do cristianismo:

"A terra é um cosmos de sabedoria, graças às forças cósmicas que elaboraram seus elementos e construíram seu organismo de acordo com uma sábia harmonia. A terra atual é composta destes elementos de sabedoria. O homem os encontra e uma nova força penetra naquela sabedoria, levando-o a se sentir membro independente de um mundo espiritual. *O cosmos da Sabedoria deve se transformar em cosmos do Amor.* Tudo o que o eu pode desabrochar em si mesmo deve tornar-se Amor, e o mais amplo, o mais compreensivo modelo do Amor é Cristo, o sublime espírito solar. Por meio dele o gérmen do Amor foi depositado no núcleo do ser humano. Daí o Amor dever se espalhar no mundo. Como a sabedoria primordial se exprimiu nas forças exteriores da terra, da mesma forma no futuro *o Amor se manifestará como uma força natural. Reside aí o segredo de todo o desenvolvimento futuro. Tudo o que o homem executar, em harmonia consciente com o conjunto da evolução terrestre, será uma semente de Amor.* Por sua própria essência, o conhecimento espiritual se transforma em amor... A sabedoria exterior do universo se interioriza no homem. O Amor ê a sabedoria recriada pelo eu."[2]

O princípio cristão, que é o Sacrifício a Deus, conduz, pois, ao Conhecimento pelo Amor sem limites. O princípio luciferiano, que é a Individualidade e o Poder, conduz inversamente ao Amor pelo Conhecimento. Porque, impelido ao fim, ele atinge o Sacrifício pela afirmação suprema da Individualidade e o desejo de criar por sua vez. O sacrifício voluntário, sendo sempre uma criação, não é mais uma morte, mas uma ressurreição. Deste modo os dois princípios se completam e se confirmam unindo-se. Sua colaboração torna-se, pois, a própria condição da cristalização futura.

De acordo com estes dados, podemos prever o que serão no futuro a Religião, a Ciência e a Arte. Podemos imaginá-las, não sem dúvida em sua fisionomia exterior, que será a obra do gênio e da liberdade humana, auxílio das nações livres e dos indivíduos criadores, mas em seus traços espirituais, intelectuais e morais, que ressaltam logicamente de toda evolução anterior.

Afirmei no prefácio desta obra que o esoterismo ocidental devia acentuar seu caráter helênico-cristão, porque a Grécia resume para nós todo o Oriente e é a maior inventora da Arte e da Ciência; que, por outro lado, Cristo é a mais alta manifestação religiosa da história e a mais sintética.

Jesus Cristo e os outros *Messias* seus irmãos continuarão, pois, a ter seu santuários, mais esplêndidos do que nunca, iluminados pela vidência e o amor divino.

Lúcifer, como representante da elite humana ascendente, corresponde ao *culto dos Heróis*, os maiores dos quais terão seus templos na religião futura.

Acima do *Verbo*, do *Filho* e de suas mais elevadas manifestações, honrar-se-á e adorar-se-á o Espírito universal, o grande Criador, o Insondável, o Invisível e o Eterno, o *Pai* e sua faculdade manifestante, a Natureza invisível, a Virgem Mãe de Hermes, a Alma Mater, a Luz incriada, Cibele, mãe de Deméter na religião órfica, o *Espírito Santo* da religião cristã, simbolizado pela Pomba Iona, Faculdade feminina de Deus.

Quanto a seus raios, os Eloim com seus exércitos de Arcanjos, que foram os Devas dos Árias e os Deuses dos Gregos, após ter reconhecido sua ação cósmica e psíquica, reinstalarão suas ciências, suas artes, seus cultos aprofundados.

Para uma religião nova é preciso uma nova arquitetura, exprimindo seu pensamento dominante.

O templo grego, com sua arquitrave e seu frontão pousado sobre a colunata, com sua *cela* nua onde se ergue a estátua de um deus olímpico ou de uma deusa, representava admiravelmente o Deus residente na terra e ensinando os homens, mas inacessível e impenetrável à sua inteligência.

A catedral gótica, último termo da arte cristã pura, representa maravilhosamente também, com suas ogivas e sua flecha aguda, a aspiração da alma em direção ao céu, a invocação dos fiéis, cujas mãos, postas em oração, atraem os santos e os anjos que pairam na nave.

O templo novo terá por missão representar os influxos das forças divinas sobre a terra e, no coração da humanidade, tornar sensível, de alguma maneira, sua penetração recíproca, por meio do movimento ascendente e descendente. Com este fim, ele tomará para motivos a coluna redonda, arremessada, de capitéis diversa e sabiamente floridos e a cúpula alongada. O plano do edifício terá por base não mais o quadrilátero como o templo grego, ou a cruz como o zimbório cristão, mas o círculo ou vários círculos entrelaçados. O friso anterior do templo será decorado pelos signos dos planetas e pelas constelações do zodíaco, que evocarão as fases anteriores e as fases futuras da terra.

Esta religião será explicada e sustentada por uma ciência nova, que se pode chamar a teosofia ou, melhor ainda, *a Ciência do Espírito*. Seu fim será procurar, por trás de todos os fenômenos, os princípios e as causas; será elevar-se por toda a parte do visível ao invisível, do material ao espiritual. Com este objetivo ela se esforçará por fazer a síntese das ciências da observação física cultivando, por meio das disciplinas próprias da iniciação graduada, as faculdades de vidência, de inspiração e de intuição necessárias para penetrar na esfera astral e na esfera espiritual.

O principal apóstolo e propagador destas novas formas da consciência será a *Arte iniciadora e salvadora*. Esta será verdadeiramente a intérprete inspirada, o hierofante e luzeiro da Ciência integral e da Religião universal. A palavra humana tornar-se-á novamente criadora e a poesia coisa santa. A narração lida ou falada, no círculo familiar ou na vida cívica, será, como outrora a epopéia, o passado ressuscitado ou a vida contemporânea idealizada. A poesia lírica aparecerá de novo, o que ela foi nas grandes épocas, a revelação da Alma imortal às almas encarnadas, a chama do entusiasmo acesa nas trevas da vida. O drama voltará a ser de novo a representação dos Mistérios sagrados. Então contemplar-se-ão os destinos humanos com suas perspectivas infinitas. Os Deuses ali reaparecerão sob formas novas e o drama divino aí se manifestará, através de passagens, por trás do drama humano como um poente de púrpura violeta em meio aos rasgões de uma tempestade. Nenhum dogma, nenhuma regra serão impostos, salvo a nobreza e a dignidade. Conforme a palavra de Cristo, é por seus frutos que se julgarão as obras e os homens. O fecundo será julgado verdadeiro. A elite adotará o que embeleza o corpo, o que alegra a alma e ilumina o espírito. Ela repelirá tudo o que as fere, contamina e dissocia.

Na organização social e na educação, como nos cultos e nas artes, ter-se-á em conta a *escala humana natural* e o *princípio hierárquico inerente* à natureza. Pois a humanidade se dividirá sempre em instintivos, em passionais, em intelectuais e em espirituais. A educação e a seleção social não podem se fazer a não ser de acordo com este princípio. Os homens podem se elevar de um degrau para o outro superior, mas observando-lhe as etapas.

O governo da humanidade pertence aos intelectuais inspirados pelos espirituais, que a dirigem do alto. A anarquia maltrata o corpo social por meio da discórdia daqueles, a harmonia nele se espalha por meio de seu entendimento.

Deste modo se formará pouco a pouco uma humanidade nova, em que se colocarão na primeira fila os sábios videntes, na segunda, o poeta e o artista, o pensador e o sábio. A mulher intuitiva e vidente terá seu papel no templo, sob o controle dos iniciados. O amor desinteressado, cujo modelo em ação será oferecido pelas altas confrarias, penetrará na elite e produzirá seus efeitos sobre os passionais e os instintivos. O amor entre homem e a mulher tornar-se-á mais intenso e mais profundo, pela fusão mais íntima das almas e dos espíritos. Os casais perfeitos oferecerão diversos modelos da união perfeita do Eterno-Masculino e do Eterno-Feminino, que reside no Mistério da Divindade e trabalha de alto a baixo no universo. Neles, a paixão transfigurada se tornará criadora da vida e da beleza. A mulher terá além do mais uma função imensa e capital na educação do filho e do povo.

Tal é, em seus traços mais gerais, a imagem ideal de elite humana que se selecionará fora da massa através do esforço individual e do agrupamento orgânico.

Porém não cremos que esta elite se formará e se manterá sem combate. A luta das forças de inércia, de discórdia e de destruição contra as forças de progresso, de harmonia e de criação, será incessante e obstinada, e até mesmo crescente. Pois, à medida que se agruparem e se organizarem as forças do Bem, as forças do Mal se reunirão em hordas mais numerosas e mais poderosas. Disto resultará uma luta tão terrível quanto a guerra de classes a que hoje assistimos. Esta é rude, sem dúvida, e o será muito mais ainda;

porém não se trata aí senão de interesses econômicos e de domínio material. Na luta futura entrarão em jogo interesses espirituais, verdades transcendentes e o domínio das almas. De um lado serão vistos o egoísmo, o ódio e o espírito de negação, armados de magia negra (pois esta ciência terá se espalhado por toda a parte); de outro, o amor, a sabedoria e a fé armados de magia branca (que foi a arte real dos iniciados de todos os tempos).

Assim se realizará o vaticínio de Cristo e do Apocalipse sobre a divisão da humanidade em dois campos, os Bons e os Maus, entre os quais o espírito de Cristo reaparecerá e se manifestará espiritualmente e deles será o juiz.[2] Então será reproduzida, sob as formas novas, mais sutis e mais agudas, a prodigiosa luta entre a magia branca e a magia negra, que marcou os últimos tempos da Atlântida e que será, como então, um pródromo de novos cataclismas terrestres. As únicas armas dos eleitos serão a ciência divina e o amor divino. Sua maior ambição será afastar da perversão, da destruição e da morte o maior número de almas possível. Na época dos Atlantes, a magia negra tinha dominado. Forçara a elite branca a se exilar para outros continentes, enquanto seus partidários triunfaram sobre o grande continente da Atlântida, que mais tarde se desmoronou e submergiu no Oceano. Na luta futura, a vitória final ficará com a ciência divina, com a magia branca, que, visível ou oculta, reconhecida ou negada, exaltada ou maldita, não deixou de governar o mundo desde a origem — e uma nova raça surgirá.

Os primeiros iniciados do Santo-Graal narravam sobre Lúcifer uma maravilhosa lenda. Os Rosa-Cruzes tomaram para si este símbolo, atribuindo-lhe todo o seu valor.

Desde sua queda, das esferas da luz incriada no círculo tenebroso da terra, o Arcanjo rebelde perdeu uma pedra preciosa que brilhava como uma estrela em sua coroa. Pois foi nesta pedra preciosa que foi talhado o cálice no qual José de Arimatéia recolheu o sangue de Cristo.

Assim, a alma humana, que recebeu de Lúcifer seu eu com a sede inextinguível da individualidade crescente, transbordará, gota a gota, do amor divino que vem de Cristo. Quando ela tiver compreendido todo o alcance de seu sacrifício e executado sua missão, o Arcanjo Lúcifer, liberado e mais brilhante do que nunca, se transformará no deus do planeta Vênus, que lhe foi primitivamente destinado e do qual sempre se ressente com uma nostalgia devoradora. Neste momento Cristo será completamente identificado com a terra e com a humanidade. A cruz negra, sinal do pecado, da expiação e da morte, se transformará na cruz branca, a cruz da luz, sinal resplendente da Ressurreição, de onde chovem rosas do Amor eterno, rosas vivas e perfumadas como bocas angelicais.

Quanto a Lúcifer, tendo reconquistado seu astro e seu diadema, reunirá suas legiões para novas criações. Atraídos pelas chamas de sua tocha, os espíritos celestes descerão até ele para se banhar na veste vaporosa de Vênus, e ele enviará aos homens da terra as mensagens das esferas desconhecidas. Então o archote de Lúcifer dirá: "Pelo Céu à Terra!" e a cruz de Cristo responderá: "Pela Terra ao Céu!"

Nosso planeta sofrerá ainda muitas metamorfoses e a humanidade atravessará muitas fases antes de sua transfiguração final. Porém, do meio das lutas presentes, nos é permitido contemplar este sonho dos iniciados como um símbolo fecundante. Que ele brilhe, pois, como uma estrela distante, mas cintilante e fixa, acima de nossas odisséias e de nossas tempestades.

NOTAS

1. Ver o importante livro de Beau sobre *Manès et le Manichéisme*.

2. Rudolf Steiner, Die Geheimwissenschaft Umriss, pp. 404-403.

3. Aqueles que falam de uma próxima reencarnação de Cristo provam que ainda não compreenderam a verdadeira natureza de Cristo e da missão do cristianismo. Cristo é um ser que devia se encarnar uma vez para provar aos homens que o Verbo existe e imprimir na humanidade um impulso definitivo para a espiritualidade. E este fenômeno não deve se renovar, e se ele se renovasse isto seria um recuo e não um progresso. Cristo prometeu voltar não em carne e osso, mas "sobre as nuvens", isto é, um corpo etéreo "para julgar os vivos e os mortos". Os vivos são as almas vivas que saberão vê-lo e que avançam. Os mortos são as almas mortas que vivem em suas trevas e que recuam.

Impresso na **Prol** *editora gráfica ltda.*
03043 Rua Martim Burchard, 246
Brás - São Paulo - SP
Fone: (011) 270-4388 (PABX)
com filmes fornecidos pelo Editor.